Parragon Books Ltd
Queen Street House
4 Queen Street
Bath BA1 1HE, UK

Satz und Redaktion: trans texas publishing, Köln

ISBN 978-1-4454-7680-3

Printed in China

HINWEIS

Sind Zutaten in Löffelmengen angegeben, ist immer ein gestrichener Löffel gemeint. Ein Teelöffel entspricht 5 ml, ein Esslöffel 15 ml.

Sofern nichts anderes angegeben ist, wird Vollmilch (3,5 % Fett) verwendet.

Bei Eiern und einzelnen Gemüsesorten, z. B. Kartoffeln, verwenden Sie mittelgroße Exemplare.

Pfeffer sollte stets frisch gemahlen sein.

Sofern die Schale von Zitrusfrüchten benötigt wird, verwenden Sie unbedingt unbehandelte Früchte.

Kinder, ältere Menschen, Schwangere, Kranke und Rekonvaleszenten sollten auf Gerichte mit rohen oder nur leicht gegarten Eiern verzichten.

Für jeden Geschmack und jede Gelegenheit das passende Rezept

PARTY-SNACKS

TAPAS, HÄPPCHEN, FINGERFOOD

Parragon

Bath • New York • Singapore • Hong Kong • Cologne • Delhi
Melbourne • Amsterdam • Johannesburg • Auckland • Shenzhen

Inhalt
Fingerfood

Tapas

Fingerfood

Einführung

Sie haben Gäste eingeladen und wollen sie mit kleinen kulinarischen Köstlichkeiten überraschen? Dann sind unsere Rezeptvorschläge genau das Richtige – entsprechen sie doch ganz unserem modernen Lebensstil: schnell und einfach in der Zubereitung, ungezwungen, optisch ansprechend und doch richtig lecker! In diesem Buch finden Sie eine Vielzahl von Rezepten, die Sie individuell für jede Gelegenheit zusammenstellen können, egal ob für eine Stehparty, ein Picknick, einen klassischen Cocktail-Abend oder einen feierlichen Umtrunk im Familienkreis.

Ein besonderer Partyknüller sind dabei die im zweiten Teil vorgestellten Rezepte für Tapas, einer Spezialität aus dem Süden Spaniens. Diese köstlichen Minigerichte dürfen heutzutage auf keiner Party fehlen, und auch in vielen Bars und Restaurants werden sie immer häufiger als Snack angeboten. In diesem Buch ist daher eine große Auswahl verschiedenster Tapas-Spezialitäten zusammengetragen, die mit ihrer Vielfalt überwältigen.

So werden Sie und Ihre Gäste jeden Bissen garantiert genießen!

In den Rezepten werden alle nur erdenklichen Zutaten und Aromen verwendet, darunter sind auch viele vegetarische Genüsse. Es ist also für jeden Geschmack etwas dabei.
Sie finden Gerichte aus den beliebtesten Küchen der Welt und auch alle internationalen Partyspezialitäten sind mit dabei.

Wichtigstes Kriterium der Rezepte in diesem Buch ist die schnelle und einfache Zubereitung: Natürlich soll es den Gästen schmecken, man selber möchte dafür aber nicht den ganzen Abend in der Küche stehen, sondern die Feier ebenfalls genießen.

Wichtig ist auch eine ansprechende Präsentation, durch die selbst ein einfaches Gericht seinen großen Auftritt hat – mit kreativen Garnierungsideen und vielen verführerischen Vorschlägen für Saucen, Dips und andere interessante Begleiter.

Viele Gerichte können im Voraus zubereitet werden, wie z. B. zahlreiche Saucen & Dips (s. S. 12–59). Servieren Sie sie mit leckerem Brot oder Crackern. Im Kapitel Pizza, Toast & Co. (s. S. 216–256) finden Sie Rezepte für Brotstangen mit Sesam oder Käse und andere Spezialitäten, die ausgezeichnet zu unseren Partyköstlichkeiten passen.

Viele Gerichte schmecken lauwarm oder kalt am besten. Sie eignen sich deshalb besonders gut für ein Partybuffet oder ein Picknick.

Sogar einige Häppchen, die vorzugsweise warm serviert werden, können im Voraus zubereitet und kurz vor dem Servieren im Backofen oder unter dem Grill wieder erwärmt werden, was bei den kleinen Snacks meist nur wenige Minuten dauert. So haben Sie die Möglichkeit, mehrere Gerichte in den von Ihnen gewünschten Zeitabständen zu servieren und nicht alles auf einmal auf den Tisch zu bringen. So wird Ihre nächste Feier auch für Sie entspannter und geselliger.

Aber warum sollte man eigentlich all diese Köstlichkeiten nur zu besonderen Anlässen servieren? Vielleicht haben Sie auch an einem ganz gewöhnlichen Tag Lust, Ihre Familie oder Freunde damit zu verwöhnen. Nicht vergessen: Alles in diesem Buch ist in erster Linie zum Genießen da!

Grundlagen

Gäste zu empfangen und mit einigen köstlichen Häppchen zu bewirten, sollte in erster Linie stets ein Vergnügen sein. Sie benötigen nur eine kleine Auswahl an Rezepten und ein wenig Vorbereitung.

Die richtige Basis

Im Supermarkt ist in der Regel eine große Auswahl küchenfertiger Partyhäppchen erhältlich, mit denen Sie Ihr Partybuffet ergänzen können. Brotstangen, Mais- oder Tortilla-Chips eignen sich bestens zum Dippen. Erdnüsse sind echte Partyklassiker, aber auch Cashewkerne, Mandeln und Pistazien werden Ihren Gästen schmecken. Eine kleine Käseplatte mit frischem Weißbrot und Butter erfordert fast gar keinen Aufwand und findet immer Anklang.

Wenn Sie einige besonders aufwändige Gerichte anbieten, ergänzen Sie sie mit einfacheren Speisen, zum Beispiel gegrillten Hähnchenschenkeln, Würstchen und belegten Broten mit Kaviar, Ei, Räucherlachs oder Salami, garniert mit frischen Kräutern, in Scheiben geschnittenen Oliven, Silberzwiebeln oder Gurkenscheiben.

Wenn Sie nicht nur Fingerfood anbieten möchten, sind Salate eine tolle Idee. In den meisten Supermärkten sind mittlerweile die verschiedensten schmackhaften Blattsalate erhältlich. Nudel- und Reissalate mit einer farbenfrohen Mischung aus Mais, roten und gelben Paprikastreifen, Tomatenwürfeln, Erbsen und Schinken sind rasch und einfach

zubereitet und schmecken mit einer Vinaigrette ebenso gut wie mit einem Mayonnaise-Dressing.

Rohkost

Rohes Gemüse passt perfekt zu den meisten Dips und sieht auf einem großen Servierteller einfach zum Anbeißen aus. Putzen Sie rote, gelbe oder orangefarbene Paprika, und schneiden Sie sie in Streifen. Maiskölbchen und Spargel sollten vorher in leicht gesalzenem Wasser blanchiert werden. Kirschtomaten, kleine Champignons und Radieschen müssen nicht klein geschnitten werden und wirken optisch sehr ansprechend. Chicoréeblätter und Salatherzen, Blumenkohlröschen sowie Karotten-, Sellerie- und Gurkenstifte ergänzen die Auswahl feiner Rohkost.

Gemüsechips

Hausgemachte Gemüsechips sind eine köstliche Alternative zu den handelsüblichen Kartoffelchips. Selbstverständlich können Sie auch Kartoffeln verarbeiten, aber versuchen Sie es doch auch einmal mit Chips aus Karotten, Sellerie, Roter Bete, Süßkartoffeln und Pastinaken. Das Gemüse wird geschält und in sehr dünne Scheiben gehobelt. Maiskeim- oder Erdnussöl in einer Fritteuse oder einer großen Pfanne auf 180–190 °C erhitzen (ein Brotwürfel sollte darin in 30 Sekunden goldbraun frittiert sein) und die Gemüsescheiben frittieren. Dann lassen Sie sie auf Küchenpapier abtropfen und würzen sie mit Meersalz, Paprikapulver oder Cayennepfeffer. Nach dem Abkühlen sollten die Gemüsechips bis zum Verzehr luftdicht verschlossen aufbewahrt werden.

Saucen & Dips

Saucen, Dips und Aufstriche sind rasch und einfach zubereitet und extrem vielseitig. Die Zutaten werden in der Küchenmaschine oder mit dem Pürierstab zerkeinert oder von Hand in einer Schüssel verrührt. So entstehen wunderbare internationale Spezialitäten wie Aïoli (s. S. 14), Hummus (s. S. 16), Taramasalata (s. S. 20), Guacamole (s. S. 22) oder Scharfe mexikanische Salsas (s. S. 36). Sie können mit knackiger bunter Rohkost, Brotstangen oder Tortilla-Chips serviert werden. Andere Aufstriche und Pâtés verwandeln Brot oder Cracker zu köstlichen kleinen Kanapees, die sich nicht nur vorzüglich für ein Partybuffet eignen, sondern auch als raffinierte Appetizer für ein mehrgängiges Menü, z. B. Tapenade (s. S. 24), Räucherheringpaste (s. S. 45) oder Hühnchenleberpaste (s. S. 46). In kleine Portionen abgepackt bereichern sie auch jeden Picknickkorb und jede Snack-Box.

Aïoli

Für 8 Personen

4 Knoblauchzehen
2 Eigelb
250 ml Olivenöl
etwas Zitronensaft
Salz und Pfeffer
ZUM SERVIEREN
Rohkost (s. S. 40)
8 hart gekochte Eier, gepellt

1 Die mit einer Prise Salz bestreuten Knoblauchzehen in eine Glasschüssel legen und mit einem Löffel zerdrücken. Eigelb zugeben und mit dem Handrührgerät schaumig rühren.

2 Das Öl sehr langsam tröpfchenweise zugießen und dabei kräftig weiterrühren, bis die Mischung eindickt. Das restliche Öl dann langsam zugießen und ständig weiterrühren.

3 Ein wenig Zitronensaft zugeben, bis die Mayonnaise die richtige Konsistenz hat. Nach Geschmack mit Salz und Pfeffer nachwürzen. Mit Frischhaltefolie abdecken und bis zum Verzehr im Kühlschrank aufbewahren.

4 Vor dem Servieren das Aïoli wieder auf Zimmertemperatur bringen und in eine Servierschüssel geben. Die Rohkost mit den Eiern auf einer Servierplatte anrichten und dazu Aïoli reichen.

Paprika-Dip

Für 8 Personen

3 rote Paprika, halbiert
225 g Doppelrahmfrischkäse oder Sahnequark
½ TL Cayennepfeffer
Salz
ZUM SERVIEREN
Kirschtomaten
Radieschen
Radicchioblätter
Champignons, halbiert
Blumenkohlröschen
Stangensellerie, in Stücke geschnitten

1 Den Backofengrill vorheizen. Die Paprikahälften mit der Schnittseite nach unten auf ein Backblech legen und 10–15 Minuten rösten, bis die Haut Blasen wirft und schwarz wird. Die Paprikahälften in einen Gefrierbeutel geben, verschließen und kurz abkühlen lassen.

2 Die Paprika aus dem Beutel nehmen und häuten. Das Fruchtfleisch grob hacken, in der Küchenmaschine zu einem glatten Püree verarbeiten und in eine Servierschale füllen.

3 Frischkäse oder Quark sorgfältig unterrühren. Mit Cayennepfeffer und Salz abschmecken. Mit Frischhaltefolie abgedeckt kalt stellen.

4 Zum Servieren die Schale mit dem Paprika-Dip auf einen großen Servierteller stellen und die Gemüse-Rohkost darauf anrichten.

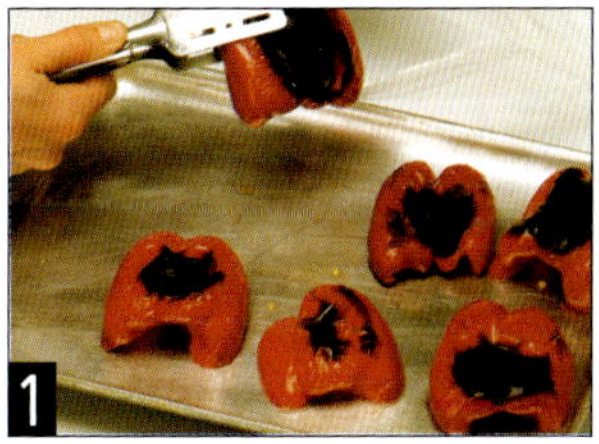

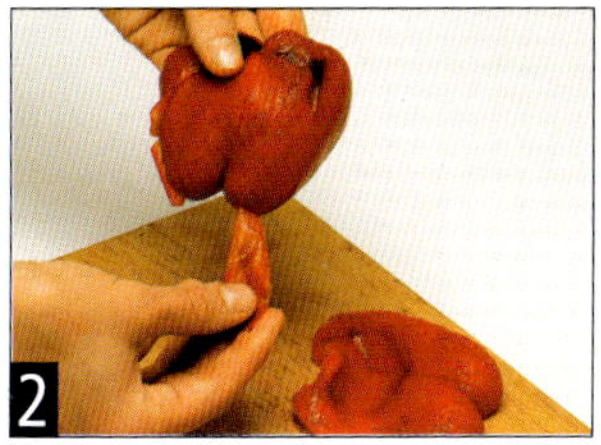

Hummus mit Mohn-Sesam-Brot

Für 8 Personen

350 g Kichererbsen aus der Dose, gewaschen und abgetropft
200 g Tahini (Sesampaste)
4 Knoblauchzehen
Saft von 3 Zitronen
6 EL Wasser
Salz und Pfeffer
2 EL Olivenöl
schwarze Oliven, zum Servieren

MOHN-SESAM-BROT
50 g Sesamsaat, geröstet
125 g Mohn
4 EL frisch gehackter Thymian
150 ml Olivenöl
6 Pita-Brote

GARNIERUNG
2 EL frisch gehackte glatte Petersilie
Cayennepfeffer

1 Den Backofengrill vorheizen. Für das Brot Sesam, Mohn und Thymian in einem Mörser leicht zerdrücken und das Öl unterrühren. Die Pita-Brote durchschneiden und die Schnittseiten mit der Körner-Öl-Mischung bestreichen. Unter dem Grill goldbraun toasten. Auskühlen lassen und bis zum Verzehr luftdicht verschlossen aufbewahren.

2 Kichererbsen, Tahini, Knoblauch, Zitronensaft und 4 Esslöffel Wasser in der Küchenmaschine zu einer glatten Paste verarbeiten. Evtl. das restliche Wasser unterrühren. Alternativ die Zutaten mit einer Gabel zerdrücken.

3 Das Hummus in eine Servierschale füllen und salzen und pfeffern. Eine flache Mulde in die Oberfläche drücken und das Olivenöl hineingeben. Hummus bis zum Servieren mit Frischhaltefolie abgedeckt im Kühlschrank aufbewahren.

4 Vor dem Servieren das Hummus mit Petersilie bestreuen und leicht mit Cayennepfeffer bestäuben. Dazu schwarze Oliven und Mohn-Sesam-Brot reichen.

Baba Ghanoush

Für 8 Personen

3 große Auberginen
3 Knoblauchzehen, gehackt
6 EL Tahini (Sesampaste)
6 EL Zitronensaft
1 TL gemahlener Kreuzkümmel
3 EL frisch gehackte glatte Petersilie
Salz und Pfeffer
frische glatte Petersilie, zum Garnieren
Gemüsechips (s. S. 11), zum Servieren

1 Den Backofengrill vorheizen. Die Auberginen mehrmals mit einer Gabel einstechen und der Länge nach halbieren. Mit der Schnittseite nach unten auf ein Backblech legen und unter dem Grill 15 Minuten rösten, bis die Haut Blasen wirft und schwarz wird. Das Fruchtfleisch sollte sehr weich sein. Kurz abkühlen lassen.

2 Die Auberginen häuten und die überschüssige Flüssigkeit auspressen. Grob hacken und in die Küchenmaschine geben. Knoblauch und 2 Esslöffel Tahini zugeben und zu einem Püree verarbeiten, 2 Esslöffel Zitronensaft zugeben und erneut pürieren. Abwechselnd nach und nach restliches Tahini und Zitronensaft hinzufügen.

3 Wenn das Püree glatt ist, in eine Schüssel füllen und Kreuzkümmel und Petersilie unterrühren. Mit Salz und Pfeffer abschmecken.

4 Das Baba Ghanoush in eine Servierschale füllen. Wenn es nicht sofort serviert wird, mit Frischhaltefolie abgedeckt im Kühlschrank aufbewahren. Vor dem Servieren rechtzeitig herausnehmen, das Baba Ghanoush sollte wieder zimmerwarm sein. Mit Petersilie garnieren und mit Gemüse-Chips servieren.

Tsatsiki

Für 8 Personen

1 Salatgurke
2 Knoblauchzehen
8 Frühlingszwiebeln
500 g Naturjoghurt
5 EL frisch gehackte Minze
Salz und Pfeffer

ZUM SERVIEREN
küchenfertige Mini-Pita-Brote
(erhältlich im Asia-Shop)
Sesam-Brotstangen (s. S. 250)

1 Gurke waschen, aber nicht schälen, fein würfeln. Knoblauch fein hacken und Frühlingszwiebeln in dünne Ringe schneiden.

2 Joghurt in einer Schüssel mit der Gabel glatt rühren.

3 Gurkenwürfel, Knoblauch, Frühlingszwiebeln und Minze

unterziehen und abschmecken. In eine Servierschüssel geben und abgedeckt bis zum Verzehr im Kühlschrank aufbewahren. Mit Mini-Pita-Broten und Sesam-Brotstangen servieren.

Taramasalata

Für 8 Personen

225 g altbackenes Weißbrot
350 g geräucherter Kabeljau-Rogen
2 Knoblauchzehen, gehackt
2 Scheiben Zwiebel
4 EL Zitronensaft
175 ml Olivenöl
schwarze Kalamata-Oliven, zum Garnieren
Baguette, zum Servieren

1 Das Brot von der Rinde befreien, dann grob zerteilen und in eine Schüssel geben. Mit kaltem Wasser bedecken und 10 Minuten einweichen.

2 Unterdessen den Rogen von der dicken Außenhaut abschaben. Mit Knoblauch, Zwiebel und Zitronensaft in die Küchenmaschine geben. Das Brot mit der Hand auspressen und ebenfalls in die Küchenmaschine geben. Alles 2 Minuten glatt pürieren.

3 Bei laufendem Gerät nach und nach das Öl hinzufügen, bis die Masse glatt und cremig ist. In eine Servierschale füllen und bis zum Servieren mit Frischhaltefolie abgedeckt im Kühlschrank aufbewahren.

4 Mit den Oliven garnieren und mit frischem Baguette servieren.

1

2

4

Guacamole

Für 8 Personen

4 Avocados
2 Knoblauchzehen
4 Frühlingszwiebeln
3 frische rote Chillies
2 rote Paprika
5 EL Olivenöl
Saft von 1½ Limetten
Salz
frisch gehackter Koriander, zum Garnieren
Tortilla-Chips, zum Servieren

1 Die Avocados halbieren und entsteinen. Das Fruchtfleisch mit einem Löffel von der Schale lösen. In eine Schüssel geben und mit einer Gabel grob zerdrücken.

2 Knoblauchzehen, Frühingszwiebeln, Chillies und Paprika fein hacken und mit dem Avocadopüree verrühren. 4 Esslöffel Öl und den Limettensaft unterrühren. Mit Salz abschmecken. Für eine cremigere Konsistenz sämtliche Zutaten in der Küchenmaschine pürieren.

3 Guacamole in eine Servierschüssel geben. Mit dem restlichen Öl beträufeln, mit gehacktem Koriander bestreuen und servieren. Dazu Tortilla-Chips reichen.

Auberginenmus

Für 6–8 Personen

2 große Auberginen
1 Tomate
1 Knoblauchzehe, gehackt
4 EL natives Olivenöl extra
2 EL Zitronensaft
2 EL Pinienkerne, leicht geröstet
Salz und Pfeffer
2 Frühlingszwiebeln, in dünne Ringe geschnitten

GARNIERUNG
gemahlener Kreuzkümmel
2 EL frisch gehackte glatte Petersilie

1 Backofen auf 230 °C vorheizen. Die Auberginen mit einer Gabel rundum einstechen. Auf ein Backblech legen und im Backofen 20–25 Minuten backen, bis sie sehr weich sind.

2 Die Auberginen mit einem sauberen Geschirrtuch vom Backblech nehmen und abkühlen lassen.

3 Die Tomate in eine Schüssel geben, mit kochendem Wasser bedecken und 30 Sekunden ruhen lassen. Abgießen und sofort in kaltes Wasser legen. Die Tomate häuten, halbieren und mit einem Teelöffel entkernen. Das Fruchtfleisch fein würfeln und beiseite stellen.

4 Die Auberginen längs halbieren. Das Fleisch mit einem Löffel von der Schale lösen und in eine Küchenmaschine geben. Knoblauch, Olivenöl, Zitronensaft und Pinienkerne zufügen und mit Salz und Pfeffer abschmecken. Die Mischung gründlich in der Maschine verarbeiten.

5 Die Mischung in eine Schüssel geben, Frühlingszwiebeln und Tomate gut unterrühren. Abgedeckt 30 Minuten kalt stellen.

6 Den Dip mit etwas Kreuzkümmel und gehackter Petersilie garnieren und servieren.

Tapenade

Für 6 Personen

SCHWARZE TAPENADE
250 g schwarze Oliven, entsteint
1 große Knoblauchzehe
1 EL grob gehackte Walnüsse
4 eingelegte Sardellenfilets, abgetropft
125 ml natives Olivenöl extra
Zitronensaft, zum Abschmecken
Pfeffer

GRÜNE TAPENADE
250 g grüne Oliven, entsteint
4 eingelegte Sardellenfilets, abgetropft
4 EL Mandeln, blanchiert und abgezogen
1 EL Kapern, abgetropft
125 ml natives Olivenöl extra
½–1 EL abgeriebene Orangenschale
Pfeffer

CROÛTES
Baguettescheiben (nach Belieben)
Olivenöl (nach Belieben)
frische glatte Petersilie, fein gehackt, zum Garnieren

1 Für die schwarze Tapenade Oliven, Knoblauch, Walnüsse und Sardellen in der Küchenmaschine zu einer glatten Masse pürieren.

2 Bei laufendem Gerät nach und nach das Olivenöl zugießen. Mit Zitronensaft und Pfeffer abschmecken. In eine Schüssel füllen, mit Folie abdecken und kalt stellen.

3 Für die grüne Tapenade Oliven, Sardellen, Mandeln und Kapern in eine Küchenmaschine geben und zu einer glatten Masse pürieren. Bei laufender Küchenmaschine langsam das Olivenöl zugießen. Mit Orangenschale und Pfeffer abschmecken. In eine Schüssel füllen und mit Frischhaltefolie abgedeckt kalt stellen.

4 Für die Croûtes die Baguettescheiben auf beiden Seiten knusprig rösten und sofort mit Olivenöl bepinseln.

5 Die Croûtes mit Tapenade bestreichen und mit Petersilie garniert servieren.

Kräuterrahm-Dip

Für 4 Personen

225 g Doppelrahmfrischkäse

125 g Naturjoghurt
oder saure Sahne

1 EL frisch gehackte Petersilie

1 EL frisch gehackter Thymian

2 Frühlingszwiebeln, fein gehackt

Salz

1 Den Frischkäse in einer Schüssel glatt und cremig rühren.

2 Joghurt oder saure Sahne, Kräuter und die Hälfte der Frühlingszwiebeln sorgfältig unterziehen und mit Salz abschmecken.

3 Mit Frischhaltefolie abgedeckt mindestens 30 Minuten kalt stellen. Gründlich umrühren und in eine Servierschale füllen.

4 Den Dip vor dem Servieren mit den restlichen gehackten Frühlingszwiebeln bestreuen.

Skordalia

Für 6 Personen

60 g Brot vom Vortag
150 g ganze Mandeln
4–6 große Knoblauchzehen, grob gehackt
150 ml natives Olivenöl extra
2 EL Weißweinessig
Salz und Pfeffer
frischer Koriander oder frische glatte Petersilie, zum Garnieren
Sesam-Brotstangen (s. S. 250), zum Servieren

VARIATION

Es gibt viele Versionen dieses herzhaften Dips. Sie können das Brot durch 4 Esslöffel weiße oder dicke Bohnen ersetzen oder statt des Weißweinessigs frisch gepressten Zitronensaft verwenden.

1 Das Brot von der Rinde befreien und in kleine Stücke schneiden. In eine Schüssel geben, mit Wasser bedecken und 10–15 Minuten quellen lassen. Das Brot gründlich ausdrücken und beiseite stellen.

2 Zum Blanchieren die Mandeln in eine Schüssel geben und mit kochendem Wasser bedecken. 30 Sekunden stehen lassen, dann abgießen. Die Haut sollte sich jetzt leicht abziehen lassen.

3 Mandeln und Knoblauch in eine Küchenmaschine geben und sehr fein zerkleinern. Das Brot zufügen und zu einer glatten Masse mixen.

4 Das Öl in einem dünnen Strahl zugießen, bis dicke Mayonnaise entsteht. Essig zugießen und erneut mixen. Mit Salz und Pfeffer würzen.

5 Die Mischung in eine Schüssel geben, abdecken und kalt stellen. Die Skordalia ist im Kühlschrank bis zu 4 Tage haltbar. Zum Servieren mit frischen Kräutern garnieren und dazu Sesam-Brotstangen reichen.

Gemüse mit Sesam-Dip

Für 4 Personen

225 g kleine Brokkoliröschen

225 g kleine Blumenkohlröschen

225 grüner Spargel, in 5 cm lange Stücke geschnitten

2 kleine rote Zwiebeln, geviertelt

1 EL Limettensaft

SESAM-DIP

1 TL Maiskeimöl

2 Knoblauchzehen, zerdrückt

½–1 TL Chilipulver

Salz und Pfeffer

2 TL Tahini (Sesampaste)

175 g fettarmer Naturjoghurt

2 EL frisch gehackter Schnittlauch

GARNIERUNG

2 TL geröstete Sesamsaat

1 EL frisch gehackter Schnittlauch

1 Den Boden eines Bambus-Dämpfers mit Backpapier auslegen und Brokkoli, Blumenkohl, Spargel und Zwiebeln hineingeben.

2 Wasser in einem großen Topf oder in einem Wok aufkochen und den Dämpfer hineinsetzen. Das Gemüse mit Limettensaft beträufeln und 10 Minuten bissfest dämpfen.

3 Für den Sesam-Dip das Öl in einer kleinen beschichteten Pfanne erhitzen. Knoblauch mit Chilipulver, etwas Salz und Pfeffer bei geringer Hitze 2–3 Minuten andünsten.

4 Die Pfanne vom Herd nehmen. Tahini und Joghurt unterrühren. Die Pfanne wieder auf den Herd stellen und 1–2 Minuten erhitzen, ohne dass die Masse kocht. Den Schnittlauch unterrühren.

5 Das Gemüse aus dem Dämpfer nehmen und auf einem vorgewärmten Servierteller anrichten. Mit Sesam und Schnittlauch garnieren und mit dem Sesam-Dip servieren.

Einfacher Zwiebel-Dip

Für 4 Personen

250 g saure Sahne

3 EL getrocknete Zwiebelflocken

2 Würfel Rinderbrühe, zerkrümelt

TIPP

Rühren Sie gehackte Petersilie oder Schnittlauch unter und bestäuben Sie den Dip mit Paprika.

1 Alle Zutaten in einer kleinen Schüssel sorgfältig verrühren.

2 Mit Frischhaltefolie abgedeckt mindestens 30 Minuten im Kühlschrank ziehen lassen.

3 Gründlich umrühren und in eine Servierschale füllen.

Linsen-Mandel-Mus

Für 4 Personen

4 EL Butter
1 kleine Zwiebel, gehackt
100 g rote Linsen
300 ml Gemüsebrühe
75 g Mandeln, blanchiert und abgezogen
75 g Pinienkerne
½ TL gemahlener Koriander
1 TL frisch gehackter Koriander
½ TL gemahlener Kreuzkümmel
½ TL frisch geriebener Ingwer
Salz und Pfeffer
frische Korianderzweige, zum Garnieren
ZUM SERVIEREN
Rohkost (s. S. 40)
Brotstangen

VARIATION

Sie können auch grüne oder braune Linsen verwenden – diese benötigen allerdings eine längere Garzeit. Die Mandeln können durch Erdnüsse ersetzt werden. Statt frischem kann ½ Teelöffel gemahlener Ingwer verwendet werden.

1 Die Hälfte der Butter in einem Topf zerlassen und die Zwiebel bei mittlerer Hitze unter häufigem Rühren goldgelb andünsten.

2 Linsen und Brühe zugeben und aufkochen. Die Hitze reduzieren und bei offenem Deckel 25–30 Minuten sanft köcheln lassen, bis die Flüssigkeit verkocht ist und die Linsen gar sind.

3 Die restliche Butter in einer kleinen Pfanne zerlassen. Mandeln und Pinienkerne bei geringer Hitze unter häufigem Rühren goldbraun braten. Die Pfanne vom Herd nehmen.

4 Linsen, Mandeln, Pinienkerne und die Butter aus der Pfanne, den gemahlenen und gehackten Koriander, Kreuzkümmel und Ingwer in die Küchenmaschine geben und 15–20 Sekunden glatt pürieren. Alternativ die Linsen mithilfe eines Holzlöffels durch ein Sieb streichen und mit den fein gehackten Nüssen und Gewürzen verrühren.

5 Nach Geschmack mit Salz und Pfeffer würzen und mit Korianderzweigen garnieren. Dazu Rohkost und Brotstangen reichen.

2

3

4

Himmlischer Knoblauch-Dip

Für 4 Personen

2 Knoblauchknollen
6 EL Olivenöl
1 kleine Zwiebel, fein gehackt
2 EL Zitronensaft
3 EL Tahini (Sesampaste)
2 EL frisch gehackte Petersilie
Salz und Pfeffer
ZUM SERVIEREN
frische Rohkost
Baguette oder warme Pita-Brote

VARIATION

Alternativ können Sie auch geräucherten Knoblauch verwenden. Da er nicht geröstet werden muss, lassen Sie den ersten Schritt aus. Mit diesem Dip können Sie auch Kebabs und vegetarische Burger bestreichen.

1 Die Knoblauchknollen in einzelne Zehen zerteilen. Auf ein Backblech legen und in einem auf 200 °C vorgeheizten Backofen 8–10 Minuten rösten. Beiseite stellen und einige Minuten abkühlen lassen.

1

2 Die Knoblauchzehen schälen und fein hacken.

3 Das Öl in einer Pfanne erhitzen. Knoblauch und Zwiebel zugeben und unter gelegentlichem Rühren bei geringer Hitze 8–10 Minuten weich dünsten. Dann die Pfanne wieder vom Herd nehmen.

3

4 Zitronensaft, Tahini und Petersilie einrühren. Salzen und pfeffern, dann in eine kleine feuerfeste Schüssel geben und warm stellen.

4

5 Den fertigen Dip mit der frischen Rohkost, Baguette oder warmem Pita-Brot servieren.

Auberginenmus mit Sesam

Für 4 Personen

1 Aubergine

4–6 EL Olivenöl

Saft von 1–2 Zitronen

4–6 EL Tahini (Sesampaste)

1–2 Knoblauchzehen, zerdrückt

1 TL Sesamsaat, zum Garnieren

2

3

5

1 Den Backofengrill oder eine Grillpfanne vorheizen und die Aubergine unter häufigem Wenden rösten, bis die Haut schwarze Blasen wirft.

2 Die Aubergine etwas auskühlen lassen und der Länge nach halbieren. Das Fruchtfleisch mit einem Löffel auslösen und in einer Schüssel mit einer Gabel grob zerdrücken.

3 Nach und nach Öl, Zitronensaft, Tahini und Knoblauch unterrühren, bis die gewünschte Konsistenz und Würze erreicht sind.

4 Das Auberginenmus in eine Servierschale füllen. Wenn es nicht sofort serviert wird, mit Frischhaltefolie abgedeckt im Kühlschrank aufbewahren. 30 Minuten vor dem Servieren herausnehmen. Das Auberginenmus sollte wieder zimmerwarm sein.

5 Kurz vor dem Servieren die Sesamsaat in einer sehr heißen beschichteten Pfanne ohne Fett einige Sekunden anrösten und über das Auberginenmus streuen.

Bohnen-Dip mit Minze

Für 6 Personen

175 g getrocknete weiße Bohnen
1 kleine Knoblauchzehe, zerdrückt
1 Bund Frühlingszwiebeln, in Ringe geschnitten
1 Hand voll frische Minze
2 EL Tahini (Sesampaste)
2 EL Olivenöl
1 TL gemahlener Kreuzkümmel
1 TL gemahlener Koriander
2–3 EL Zitronensaft
Salz und Pfeffer
frische Minzezweige, zum Garnieren
frische Rohkost, zum Servieren, z. B. Blumenkohlröschen, Karotten, Gurken, Radieschen und Paprika

1 Die Bohnen in eine Schüssel geben und mit kaltem Wasser bedecken. Mindestens 4 Stunden oder über Nacht einweichen.

2 Bohnen abtropfen lassen, mit kaltem Wasser abspülen. In einen Topf geben, mit Wasser bedecken, aufkochen und 10 Minuten sprudelnd kochen lassen. Die Hitze reduzieren und abgedeckt 60–90 Minuten köcheln lassen.

3 Bohnen abgießen, in die Küchenmaschine oder eine Schüssel geben. Knoblauch, Frühlingszwiebeln, Minze, Tahini und Öl zugeben und 15 Sekunden pürieren bzw. mit dem Kartoffelstampfer zerstampfen.

4 Die Gewürze und so viel Zitronensaft in die Masse einrühren, dass sie eine cremige Konsistenz annimmt. Mit Salz und Pfeffer abschmecken. Mit Frischhaltefolie abgedeckt 30 Minuten abkühlen lassen, aber nicht in den Kühlschrank stellen, damit sich die Aromen voll entfalten können.

5 Dip in Portionsschälchen geben und mit Minzezweigen garnieren. Die Schälchen auf große Servierteller stellen, Rohkost auf die Teller verteilen und bei Zimmertemperatur servieren.

3

3

4

Scharfe mexikanische Salsas

Für 4–6 Personen

TROPENFRUCHT-SALSA

½ Ananas, fein gewürfelt

1 Mango oder Papaya, fein gewürfelt

½–1 frische grüne Chili, gehackt

½–1 frische rote Chili, gehackt

½ rote Zwiebel, gehackt

1 EL Zucker

Saft von 1 Limette

3 EL frisch gehackte Minze

Salz

1 Für die Tropenfrucht-Salsa alle Zutaten in einer großen Schüssel mischen, mit Salz abschmecken, abdecken und bis zum Verzehr im Kühlschrank aufbewahren.

2 Für die Chili-Salsa Chillies und Paprika in einer heißen Pfanne anrösten. Abkühlen lassen, häuten, entkernen und fein würfeln. Dann mit Knoblauch, Limettensaft, Salz, Öl, Oregano und Kreuzkümmel mischen.

3 Für die Salsa Verde alle Zutaten in einer Schüssel mischen. Soll die Salsa weniger grob sein, die Zutaten in eine Küchenmaschine geben und kurz pürieren. In eine Schale füllen und servieren.

Für 4–6 Personen

FEURIGE CHILI-SALSA

2–3 frische grüne Chillies

1 grüne Paprika

2 Knoblauchzehen, fein gehackt

Saft von ½ Limette

1 TL Salz

2–3 EL Oliven- oder Pflanzenöl

1 Prise getrockneter Oregano

1 Prise gemahlener Kreuzkümmel

SALSA VERDE

450 g eingelegte Tomatillos, abgetropft und gewürfelt, oder Cocktailtomaten, gewürfelt

1–2 frische grüne Chillies, fein gehackt

1 grüne Paprika, fein gewürfelt

1 kleine Zwiebel, gehackt

1 Bund frischer Koriander, gehackt

½ TL gemahlener Kreuzkümmel

Salz

Chipotle-Salsa

Ergibt 450 ml

450 g reife Tomaten, gewürfelt
3–5 Knoblauchzehen, grob gehackt
½ Bund frischer Koriander, gehackt
1 kleine Zwiebel, gehackt
1–2 TL Adobo-Marinade (Saft von eingelegten Chipotle-Chillies, im Asia-Shop erhältlich)
½–1 TL Zucker
Limettensaft, zum Abschmecken
Salz
1 Prise Zimt (nach Belieben)
1 Prise Piment (nach Belieben)
1 Prise gemahlener Kreuzkümmel (nach Belieben)

TIPP

Einfacher wird es, wenn die frischen Tomaten durch 400 g klein geschnittene Tomaten aus der Dose ersetzt werden.

1 Tomaten, Knoblauch und Koriander in eine Küchenmaschine geben.

2 Das Gemüse fein pürieren, dann Zwiebel, Adobo-Marinade und Zucker unterrühren.

3 Die so entstandene Paste mit Limettensaft, Salz, Zimt, Piment und Kreuzkümmel würzen.

4 Sofort servieren oder abdecken und bis zum Verzehr kalt stellen. Salsa schmeckt allerdings am besten, wenn man sie frisch nach der Zubereitung serviert.

Rohkost mit Bagna Cauda

Für 8 Personen

1 gelbe Paprika, geputzt
3 Selleriestangen
2 Karotten
125 g Champignons
½ Blumenkohl
1 Fenchelknolle
1 Bund Frühlingszwiebeln
2 Rote Bete, gekocht und geschält
8 Radieschen
225 g neue Kartoffeln, gekocht
225 ml Olivenöl
5 Knoblauchzehen, zerdrückt
50 g Sardellenfilets in Öl, abgetropft und gehackt
115 g Butter
Ciabatta, zum Servieren

1 Die Paprika in dicke Streifen, den Sellerie in 7,5 cm lange Stücke und die Karotten in Stifte schneiden. Die Champignons kreuzförmig einschneiden. Den Blumenkohl in Röschen teilen. Den Fenchel längs halbieren, dann in 4 Streifen schneiden. Die Frühlingszwiebeln putzen. Rote Bete achteln, Radieschen putzen und große Kartoffeln halbieren. Das vorbereitete Gemüse auf einer großen Servierplatte ansprechend anrichten.

TIPP

Ein Fondue-Set ist ideal für diesen Rezeptvorschlag geeignet, um die Sauce bei Tisch warm zu stellen.

2 Das Öl langsam in einer Pfanne erhitzen. Knoblauch und Sardellen unter Rühren sanft darin anbraten, bis die Sardellen zerfallen. Den Knoblauch nicht bräunen oder anbrennen lassen.

3 Die Butter zugeben und zerlassen, dann sofort mit dem Gemüse und reichlich Ciabattabrot servieren.

Rohkost mit Garnelencreme

Für 4 Personen

750 g rohes Gemüse und Obst, z. B. Brokkoli, Blumenkohl, Äpfel, Ananas, Gurke, Sellerie, Paprika oder Pilze, in mundgerechte Stücke geschnitten

CREME

60 g getrocknete Garnelen

1 TL Garnelenpaste

3 Knoblauchzehen, zerdrückt

4 frische rote Chillies, gehackt

2 EL frisch gehackter Koriander

Saft von 2 Limetten

Fischsauce, zum Abschmecken

brauner Zucker, zum Abschmecken

1 Die Garnelen 10 Minuten in warmem Wasser einweichen.

2 Für die Creme Garnelenpaste, abgetropfte Garnelen, Knoblauch, Chillies und Koriander in einer Küchenmaschine fein zerkleinern, aber nicht zu glatt pürieren.

3 Die Mischung in einer Schüssel mit dem Limettensaft verrühren.

4 Mit Fischsauce und braunem Zucker abschmecken. Alles gut miteinander vermischen.

5 Die Creme sorgfältig abdecken und mindestens 12 Stunden im Kühlschrank ziehen lassen.

6 Die Creme zum Dippen in die Mitte einer Servierplatte stellen. Obst und Gemüse rundherum anrichten.

TIPP

Zu diesem traditionellen amerikanischen Gericht werden gern hart gekochte Wachteleier serviert.

1

2

3

Gemüseplatte mit Auberginen-Dip

Für 4 Personen

1 Aubergine, in 2,5-cm-Würfel geschnitten
3 EL Sesamsaat, in einer beschichteten Pfanne ohne Fett bei schwacher Hitze angeröstet
1 TL Sesamöl
abgeriebene Schale und Saft von ½ Limette
1 kleine Schalotte, gehackt
1 TL Zucker
1 frische rote Chili, in Ringe geschnitten
Salz und Pfeffer
125 g Brokkoliröschen
2 Karotten, in Stifte geschnitten
8 Maiskölbchen, längs halbiert
2 Selleriestangen, in Stifte geschnitten
1 kleiner Rotkohl, geachtelt

VARIATION

Sie können die Gemüseplatte natürlich ganz nach Geschmack oder Verfügbarkeit abwandeln. Gute Alternativen sind z. B. Blumenkohlröschen und Gurkenstifte.

1 Wasser in einem Topf aufkochen. Die Aubergine darin bei mittlerer Hitze 7–8 Minuten köcheln lassen. Gut abtropfen und etwas abkühlen lassen.

1

2 Sesam mit dem Öl in einer Küchenmaschine oder im Mörser zu einer Paste verarbeiten.

3 Aubergine, Limettenschale und -saft, Schalotte, Zucker und Chili zum Sesam geben. Mit Salz und Pfeffer würzen, dann pürieren bzw. mit einem Kartoffelstampfer zerstampfen.

3

4 Erneut abschmecken und in eine Schüssel geben.

4

5 Auberginen-Dip mit dem vorbereiteten Gemüse (Brokkoli, Karottenstifte, Maiskölbchen, Sellerie und Rotkohl) servieren.

Makrelenpaste

Für 4 Personen

350 g geräucherte Makrele

175 g Butter, zerlassen

100 g Schlagsahne extra
(mind. 36%)

3 EL Zitronensaft

Salz und Pfeffer

1 Prise Cayennepfeffer

1 Den Fisch häuten und entgräten. In die Küchenmaschine geben und mit der Hälfte der Butter zu einer glatten Paste verarbeiten.

2 Die Masse in eine Schüssel füllen und nach und nach die restliche Butter, Sahne und Zitronensaft unterrühren. Dann mit Salz und Pfeffer abschmecken.

3 In eine Servierschale füllen und mit Cayennepfeffer bestreuen.

4 Vor dem Servieren mit Frischhaltefolie abgedeckt mindestens 1 Stunde in den Kühlschrank stellen.

Räucherheringpaste

Für 8 Personen

900 g Räucherheringsfilet
2 Knoblauchzehen, fein gehackt
175 ml Olivenöl
6 EL Schlagsahne
Salz und Pfeffer
Zitronenscheiben, zum Garnieren
Cracker, zum Servieren

1 Die Räucherheringsfilets portionsweise in eine große Pfanne geben und knapp mit Wasser bedecken. Aufkochen, sofort die Hitze reduzieren und die Filets etwa 10 Minuten pochieren, bis sie zart sind.

2 Die Filets mit einem Pfannenwender auf ein Schneidebrett geben und häuten. Das Fleisch grob mit einer Gabel zerkleinern und letzte Gräten entfernen. Mit dem Knoblauch in einen Topf geben. Bei geringer Hitze andünsten und die Fischstücke mit einem Holzlöffel zerdrücken.

3 Das Öl nach und nach sorgfältig unterrühren. Die Sahne zugeben und die Mischung glatt rühren. Die Masse darf dabei nicht kochen.

4 Den Topf vom Herd nehmen. Die Paste eventuell mit Salz und Pfeffer abschmecken, in kleine Auflaufförmchen füllen und mit Frischhaltefolie abgedeckt auskühlen und fest werden lassen. Bis zum Servieren im Kühlschrank aufbewahren (hält sich bis zu 3 Tage).

5 Mit Zitronenscheiben garnieren und mit Crackern servieren.

1

2

3

Hühnchenleberpaste mit Knusper-Toast

Für 8 Personen

2 EL Olivenöl

2 Zwiebeln, gehackt

2 Knoblauchzehen, fein gehackt

675 g Hühnchenleber

3 EL Weinbrand

2 EL frisch gehackte Petersilie

1 EL frisch gehackter Salbei

Salz und Pfeffer

275 g Doppelrahmfrischkäse

frische Petersilie, zum Garnieren

KNUSPER-TOAST

8 Scheiben Weißbrot

1 Das Öl in einer Pfanne erhitzen. Zwiebeln und Knoblauch bei geringer Hitze unter gelegentlichem Rühren 5 Minuten andünsten.

2 Die Leber zugeben und unter gelegentlichem Rühren 5 Minuten anbraten und leicht bräunen. Die Pfanne vom Herd nehmen, Weinbrand, Petersilie und Salbei dazugeben, salzen und pfeffern. Danach alles leicht abkühlen lassen.

3 Die Leber in der Küchenmaschine glatt pürieren, dabei das Püree eventuell mehrmals von der Gefäßwand nach unten schaben. In eine Schüssel füllen und mit Frischhaltefolie abgedeckt ganz auskühlen lassen.

4 Unterdessen für den Knusper-Toast den Backofengrill vorheizen und die Brotscheiben von beiden Seiten anrösten. Die Rinden abschneiden und jede Scheibe quer in 2 dünne Scheiben schneiden. Mit der nicht getoasteten Seite nach oben so lange unter dem Grill rösten, bis sich die Ränder leicht nach oben biegen. Auskühlen lassen. Bis zum Verzehr luftdicht verschlossen aufbewahren.

5 Wenn die pürierte Leber kalt ist, sorgfältig mit dem Frischkäse verrühren. Mit Frischhaltefolie abgedeckt im Kühlschrank aufbewahren. Vor dem Servieren rechtzeitig herausnehmen, sie sollte bei Zimmertemperatur serviert werden. Mit Petersilie garnieren und dazu Knusper-Toast reichen.

Geflügelpaste

Für 4 Personen

225 g Hähnchenbrustfilet, gegart
100 g magerer Kochschinken, in Scheiben geschnitten
1 Bund Petersilie
1 TL abgeriebene Limettenschale
2 EL Limettensaft
1 Knoblauchzehe, geschält
125 g Magerquark oder fettarmer Naturjoghurt
Salz und Pfeffer
1 EL Limettenzesten, zum Garnieren
ZUM SERVIEREN
Limettenspalten
Knäckebrot

VARIATION

Für diese Paste eignet sich auch anderes gegartes, mageres Fleisch, etwa Pute, Rind oder Schwein. Statt Geflügelfleisch und Schinken können Sie auch geschälte Krabben, Krebsfleisch oder gut abgetropften Thunfisch aus der Dose verwenden.

1 Hähnchenfilet und Kochschinken grob würfeln.

2 Mit Petersilie, Limettenschale, -saft und Knoblauch in die Küchenmaschine geben und zerkleinern oder die Zutaten von Hand fein hacken und in einer Schüssel mit dem Limettensaft und der Limettenschale gut vermischen.

2

2

3 Die Mischung mit dem Quark oder Joghurt verrühren und mit Salz und Pfeffer abschmecken. Abdecken und etwa 30 Minuten kalt stellen.

3

4 Die Paste in Portionsschälchen füllen und mit Limettenzesten garnieren. Limettenspalten und Knäckebrot dazu reichen.

Kartoffel-Bohnen-Paste

Für 4 Personen

- 100 g mehlig kochende Kartoffeln, gewürfelt
- 225 g gemischte Bohnen, z. B. Kidney- oder weiße Bohnen aus der Dose, abgetropft
- 1 Knoblauchzehe, zerdrückt
- 2 TL Limettensaft
- 3 TL frisch gehackter Koriander
- Salz und Pfeffer
- 2 EL Naturjoghurt
- frischer Koriander, zum Garnieren
- Knäckebrot oder Toast, zum Servieren

TIPP

Diese Paste lässt sich auch gut zu Rohkost (s. S. 36) reichen. Wenn Sie eine gröbere Pastete vorziehen, zerdrücken Sie die Mischung einfach nur mit einer Gabel. Die Kartoffel-Bohnen-Pastete hält sich bis zu 2 Tage im Kühlschrank.

1 Die Kartoffeln in einem Topf mit kochendem Wasser 10 Minuten garen. Abgießen und zerstampfen.

2 Die Kartoffelmasse in eine Küchenmaschine geben. Bohnen, Knoblauch, Limettensaft und Koriander zufügen. Alles mit Salz und Pfeffer glatt pürieren oder Kartoffeln, Bohnen, Knoblauch, Limettensaft und Koriander gründlich mischen und mit dem Kartoffelstampfer zerdrücken.

3 Das Püree in eine Schüssel geben und den Joghurt unterrühren. Mit Salz und Pfeffer abschmecken.

4 Die Paste in eine Schüssel geben und mit Koriander garnieren. Sofort oder gekühlt mit Brot servieren.

Pilz-Maronen-Paste

Für 8 Personen

225 g getrocknete Maronen, über Nacht eingeweicht
einige getrocknete Steinpilze
4 EL heißes Wasser
4 EL Marsala oder halbtrockener Sherry
1 EL Olivenöl
675 g braune Champignons, in Scheiben geschnitten
1 EL Balsamico-Essig
1 EL frisch gehackte Petersilie
1 EL Sojasauce
Salz und Pfeffer
Radieschenscheiben, zum Garnieren
Baguette, zum Servieren

1 Die Maronen abtropfen lassen, in einen Topf geben, mit Wasser bedecken und aufkochen. Die Hitze reduzieren und die Maronen bei geschlossenem Deckel 45 Minuten weich köcheln lassen. Abtropfen und auskühlen lassen.

2 Unterdessen die Steinpilze in eine Schale geben, mit heißem Wasser und 1 Esslöffel Marsala übergießen und 20 Minuten einweichen lassen. Die Einweichflüssigkeit durch ein Haarsieb oder einen Papier-Kaffeefilter filtern und auffangen. Die Pilze abtropfen lassen und mit Küchenpapier trockentupfen.

3 Das Öl in einer Pfanne erhitzen und die Champignons bei geringer Hitze unter ständigem Rühren 5 Minuten weich dünsten.

3

4 Steinpilze, Einweichflüssigkeit und Essig zugeben. Unter ständigem Rühren 1 Minute dünsten. Die Hitze erhöhen, den restlichen Marsala dazugießen und die Mischung unter ständigem Rühren 3 Minuten garen. Die Pfanne vom Herd nehmen.

5 Die Maronen in der Küchenmaschine pürieren. Pilze und Petersilie dazugeben und zu einer glatten Paste verarbeiten. Mit Sojasauce, Salz und Pfeffer abschmecken und zum Mischen kurz pürieren.

5

6 Die Pastete in eine Servierschale füllen, abdecken und im Kühlschrank abkühlen lassen. Mit Radieschenscheiben garnieren und mit Baguette servieren.

Käsepaste mit Walnüssen

Für 4 Personen

1 Selleriestange
1–2 Frühlingszwiebeln
25 g Walnusskerne
1 EL frisch gehackte Petersilie
1 TL frisch gehackter Dill oder
½ TL getrockneter Dill
1 Knoblauchzehe, zerdrückt
1 Spritzer Worcestersauce
125 g Hüttenkäse
60 g Blauschimmelkäse
1 Ei, hart gekocht
25 g Butter
Salz und Pfeffer
frische Kräuter, zum Garnieren
ZUM SERVIEREN
Cracker, Toast oder Baguette
Rohkost

TIPP

Sie können die Paste auch als Gemüsefüllung verwenden. Den Deckel einer großen Tomate abschneiden, die Kerne mit einem Löffel entfernen, die Paste in die Aushöhlung füllen und gut festdrücken.

1 Selleriestange, Frühlingszwiebeln und Walnüsse fein hacken und in eine Schüssel geben.

2 Mit Kräutern, Knoblauch und Worcestersauce abschmecken und gut verrühren, dann den Hüttenkäse unter die Mischung rühren.

3 Den Blauschimmelkäse und das hart gekochte Ei fein in die Pastenmischung reiben und mit Salz und Pfeffer abschmecken.

4 Die Butter zerlassen und unter die Paste rühren. Mit einem Löffel in Servierschalen füllen, aber nicht zu fest hineindrücken. Bis zum Servieren kalt stellen.

5 Mit frischen Kräutern garnieren. Dazu Cracker, Toast oder Brot und Rohkost reichen.

1

2

4

Schwarze Olivenpaste

Für 4 Personen

250 g schwarze Oliven, entsteint
1 Knoblauchzehe, zerdrückt
abgeriebene Schale von 1 Zitrone
4 EL Zitronensaft
3 EL Semmelbrösel
60 g Doppelrahmfrischkäse
Salz und Pfeffer
Zitronenspalten, zum Garnieren
ZUM SERVIEREN
Weißbrotscheiben
Butter, zum Braten
Olivenöl, zum Braten

1 Die Oliven grob hacken und mit Knoblauch, Zitronenschale und -saft, Semmelbröseln und Frischkäse mischen, dann im Mixer sorgfältig pürieren und mit Salz und Pfeffer abschmecken.

2 Die Paste in ein Glas mit Schraubverschluss füllen und vor dem Servieren für mehrere Stunden in den Kühlschrank stellen, damit sich das Aroma entfalten kann.

3 Für Cocktailhäppchen mit einer Ausstechform kleine runde Scheiben aus dem Weißbrot ausstechen.

4 Etwas Butter und Öl in einer Pfanne erhitzen und die Brotscheiben darin goldbraun braten. Dann das Brot auf Küchenpapier sorgfältig abtropfen lassen.

5 Jede Brotscheibe mit etwas Paste bestreichen, mit Zitronenspalten garnieren und sofort servieren. Die Paste hält sich gekühlt bis zu 2 Wochen.

1

3

4

Ricotta-Bohnen-Paste

Für 8 Personen

800 g Cannellini-Bohnen aus der Dose, abgespült und abgetropft
350 g Ricotta
2 Knoblauchzehen, grob gehackt
4 EL Zitronensaft
125 g Butter, zerlassen
3 EL frisch gehackte glatte Petersilie
Salz und Pfeffer
Maiskeimöl, zum Einfetten
Brotstangen, zum Servieren

GARNIERUNG
glatte Petersilie
Zitronenspalten

1 Bohnen, Ricotta, Knoblauch, Zitronensaft und Butter in der Küchenmaschine glatt pürieren. Petersilie, Salz und Pfeffer dazugeben und zum Mischen kurz pürieren.

VARIATION

Für eine leichtere Variante kann der Ricotta durch abgetropften Hüttenkäse ersetzt werden.

2 Eine sehr kleine Springform leicht einfetten, die Masse hineingeben und glatt streichen. Dann mit Frischhaltefolie abgedeckt im Kühlschrank fest werden lassen.

3 Die Paste auf einen Servierteller stürzen und mit Petersilie und Zitronenspalten garnieren. Mit Brotstangen servieren.

Herzhaftes Gebäck

Bestimmte Beläge und Füllungen verlangen ihre jeweils besondere Teigart: feiner Mürbeteig für schwere Füllungen wie beim Spargel-Ziegenkäse-Kuchen (s. S. 72) oder dem Brokkoli-Cashew-Kuchen (s. S. 69), luftig lockerer Blätterteig für zartes Gemüse wie bei der Spinat-Kartoffel-Pastete (s. S. 82) und der Tarte provençale (s. S. 86) oder goldgelber Filo-Teig, der feinwürzige Füllungen umhüllt, zum Beispiel bei den Ingwer-Krebsfleisch-Taschen (s. S. 101) oder den Gemüse-Samosas (s. S. 96). Luftig-leichte Brandteigkörbchen werden mit einem Krabbencocktail (s. S. 100) gefüllt. Keineswegs fehlen dürfen in diesem Kapitel köstliche kleine Gebäckspezialitäten wie Käsetaler (s. S. 105) oder Frittierten Schwarzkümmelplätzchen (s. S. 106). All diese Häppchen sind ideales Fingerfood für jeden Anlass und für jede Tageszeit – ob nun frisch aus dem Ofen oder gut gekühlt!

Zwiebelkuchen

Für 4 Personen

250 g ungesüßter Mürbeteig, Tiefkühlware aufgetaut
Mehl, für die Arbeitsfläche
40 g Butter
75 g Schinkenspeck, gewürfelt
700 g Zwiebeln, in dünne Ringe geschnitten
2 Eier, verquirlt
50 g Parmesan, gerieben
1 TL getrockneter Salbei
Salz und Pfeffer

VARIATION

Als vegetarische Variante kann man Speck durch die gleiche Menge gehackter Pilze nach Wahl ersetzen.

1 Den Teig auf einer leicht bemehlten Arbeitsfläche ausrollen und eine Springform (24 cm Ø) damit auslegen. Dann den Teig mehrmals mit einer Gabel einstechen und 30 Minuten kalt stellen.

2 Unterdessen den Backofen auf 180 °C vorheizen. Die Butter in einem Topf zerlassen. Speck und Zwiebeln darin bei geringer Hitze etwa 25 Minuten weich dünsten, aber nicht bräunen. Werden die Zwiebelringe dennoch braun, 1 Esslöffel Wasser zufügen.

3 Den Topf vom Herd nehmen, die Eier mit der Zwiebelmischung verrühren. Käse und Salbei zugeben, alles mit Salz und Pfeffer würzen und gut

vermengen. Die fertige Mischung auf dem vorbereiteten Teig verteilen.

4 Dann den Kuchen 20–30 Minuten im vorgeheizten Backofen backen, bis die Füllung stockt. Anschließend einige Minuten in der Form abkühlen lassen und warm oder kalt servieren.

Käse-Zwiebel-Küchlein

Für 12 Personen

MÜRBETEIG

100 g Mehl, plus etwas mehr zum Bestäuben für die Arbeitsfläche

¼ TL Salz

80 g Butter, fein gewürfelt

1–2 EL Wasser

FÜLLUNG

1 Ei, verquirlt

100 g Schlagsahne

50 g mittelalter Gouda, gerieben

3 Frühlingszwiebeln, fein gehackt

Salz

Cayennepfeffer

TIPP

Wer es besonders eilig hat, kann die Küchlein auch mit 175 g küchenfertigem ungesüßten Mürbeteig aus dem Kühlregal zubereiten.

1 Für den Teig Mehl und Salz in eine große Schüssel sieben. Die Butter mit den Fingern in diese Mischung einkneten, bis ein krümeliger Teig entsteht. Das Wasser zugießen und alles zu einem glatten Teig verarbeiten.

2 Den Backofen auf 180 °C vorheizen. Den Teig auf einer leicht bemehlten Arbeitsfläche ausrollen, 12 Kreise von etwa 7,5 cm Ø ausstechen und ein Muffinblech (mit 12 Mulden) damit auslegen.

3 Für die Füllung Ei, Sahne, Käse und Frühlingszwiebeln in einem Mixbecher verquirlen und mit Salz und Cayennepfeffer würzen. Die fertige Mischung auf die Teigböden gießen und die Küchlein 20–25 Minuten im heißen Backofen backen, bis die Füllung stockt. Anschließend warm oder kalt servieren.

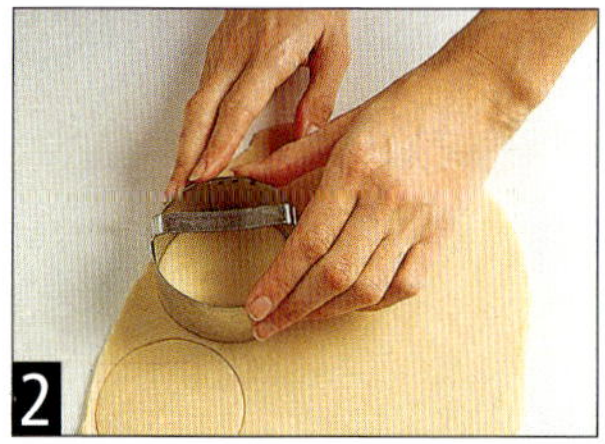
2

3

3

Kleine Feta-Oliven-Quiches

Ergibt 12 Stück

Butter, zum Einfetten
1 Portion Mürbeteig
(s. S. 66)
Mehl, für die Arbeitsfläche
1 Ei
3 Eigelb
300 g Crème Double
Salz und Pfeffer
125 g Feta
6 schwarze Oliven,
entsteint und halbiert
12 frische Rosmarinzweige

1 Backofen auf 200 °C vorheizen und 12 kleine Tortelettförmchen oder die 12 Vertiefungen eines Muffinblechs einfetten. Den Teig auf einer bemehlten Arbeitsfläche 3 mm dick ausrollen, die Formen damit auslegen und mit einer Gabel mehrmals einstechen. Ein quadratisches Stück Backpapier in jede Form drücken und den Teig 12 Minuten im vorgeheizten Backofen backen. Das Papier entfernen und den Teig weitere 3 Minuten backen.

1

TIPP

Da Fetakäse schon recht salzig ist, sollten Sie die Eimischung in Schritt 2 nur sparsam würzen.

2 Ei, Eigelb und Crème Double in eine Schüssel geben, salzen und pfeffern und verrühren.

2

3 Feta zerbröckeln und auf die Törtchen verteilen. Dann die Eimischung zugießen und eine Olivenhälfte sowie einen Rosmarinzweig auf jedes Törtchen geben. Die Quiches etwa 15 Minuten backen, bis die Füllung stockt. Warm oder kalt servieren.

3

Brokkoli-Cashew-Kuchen

Für 6–8 Personen

225 g ungesüßter Mürbeteig, Tiefkühlware aufgetaut
50 g Mehl, plus etwas mehr zum Bestäuben
450 g Brokkoli, in Röschen zerteilt
Salz und Pfeffer
75 g ungesalzene Cashewkerne, gehackt
50 g Butter
60 ml Milch
85 g geriebener Käse, z. B. Emmentaler, Parmesan oder Gruyère
1 Ei
1 Prise Cayennepfeffer

1 Backofen auf 200 °C vorheizen. Den Teig auf einer leicht bemehlten Arbeitsfläche ausrollen und eine Quicheform (24 cm Ø) damit auslegen. Den Teig blindbacken und auf einem Kuchengitter auskühlen lassen.

2 Den Brokkoli 5 Minuten dämpfen, zerteilen und auf dem gebackenen Teigboden verteilen. Salzen und pfeffern. Mit Cashewkernen bestreuen.

3 Butter bei mittlerer Hitze in einem Topf zerlassen und das Mehl anschwitzen. Milch unter Rühren langsam zugießen, bis die Sauce eindickt. Mit Salz und Pfeffer abschmecken. Den Käse unter Rühren darin schmelzen.

4 Das Ei trennen. Das Eigelb mit 2 Esslöffeln Sauce verquirlen und in die Sauce einrühren. Den Topf vom Herd nehmen. Das Eiweiß steif schlagen und unter die Sauce heben. Die Sauce über den Brokkoli gießen und mit Cayennepfeffer bestreuen. Den Kuchen auf ein Backblech setzen und 20 Minuten backen. Vor dem Anschneiden 5 Minuten ruhen lassen.

Austerntörtchen mit Ziegenkäse

Ergibt 12 Stück

100 g Mehl, plus etwas mehr zum Bestäuben
1 Prise Salz
100 g Butter, gewürfelt, plus etwas mehr zum Einfetten
1 Eigelb
1 Zwiebel, gehackt
12 Austern, gesäubert
2 EL frisch gehackte Petersilie
Salz und Pfeffer
200 g Ziegenkäse, zerkrümelt
frische glatte Petersilie, zum Garnieren

1 Mehl und Salz in eine Schüssel sieben und 90 g Butter mit den Fingern einarbeiten. Das Eigelb zugeben und die Mischung zu einem Teig verkneten. Falls nötig, etwas Wasser dazugeben. Den Teig zu einer Kugel formen und auf einer leicht bemehlten Arbeitsfläche 5 mm dick ausrollen. Zwölf kleine Briocheförmchen einfetten (ca. 7 cm Ø), mit dem Teig auslegen und die Ränder gerade abschneiden. Den Teig 45 Minuten im Kühlschrank ruhen lassen.

1

2 Den Backofen auf 200 °C vorheizen und den Teig 10 Minuten goldbraun backen.

3 Unterdessen die restliche Butter in einem Topf bei mittlerer Hitze zerlassen. Die Zwiebel unter Rühren 4 Minuten andünsten. Die Austern auslösen und mit der Petersilie in den Topf geben. Würzen und 1 Minute garen. Die Törtchen aus dem Ofen nehmen.

3

4 Die Hälfte des Ziegenkäses auf den Teigböden verteilen. Die Austernmischung darauf geben und mit dem restlichen Ziegenkäse bestreuen. Im Ofen 10 Minuten überbacken. Mit Petersilie garniert servieren.

4

Spargel-Ziegenkäse-Kuchen

Für 6 Personen

250 g ungesüßter Mürbeteig, Tiefkühlware aufgetaut
Mehl, zum Bestäuben
250 g grüner Spargel
1 EL Pflanzenöl
1 rote Zwiebel, fein gehackt
25 g Haselnüsse, gehackt
200 g Ziegenkäse
2 Eier, verquirlt
4 EL Schlagsahne
Salz und Pfeffer

VARIATION

Statt der Nüsse können Sie auch Parmesan verwenden. Der Käse wird dann vor dem Backen über den Kuchen gestreut.

1 Teig auf einer leicht bemehlten Arbeitsfläche ausrollen und eine Springform (24 cm Ø) damit auslegen. Dann mehrmals mit einer Gabel einstechen und 30 Minuten kalt stellen.

2 Unterdessen den Backofen auf 190 °C vorheizen. Den kalten Teig mit Backpapier und Backbohnen abdecken und 15 Minuten blindbacken. Dann Papier und Bohnen entfernen und den Teig weitere 15 Minuten backen.

2

3 Den geputzten Spargel 2–3 Minuten in kochendem Wasser blanchieren, dann abtropfen lassen und in mundgerechte Stücke schneiden. Das Öl in einem kleinen Topf erhitzen. Die Zwiebel darin glasig dünsten und mit dem Spargel und den Haselnüssen auf dem Teig verteilen.

3

4 Käse, Eier und Sahne glatt rühren. Die fertige Mischung mit Salz und Pfeffer würzen und über die Spargelmischung gießen. Den so vorbereiteten Kuchen in den vorgeheizten Backofen stellen und etwa 15–20 Minuten backen, bis die Füllung stockt. Warm oder kalt servieren.

4

Masa-Torteletts mit Bohnen und Avocado

Für 4 Personen

8–10 EL Masa-Harina-Mehl
3 EL Mehl
1 Msp. Backpulver
225 ml warmes Wasser
Pflanzenöl, zum Frittieren
225 g Pinto-Bohnen oder Bohnenmus, erwärmt
1 Avocado, gewürfelt und mit Limettensaft beträufelt
75 g Frischkäse oder zerkrümelter Feta
Salsa (nach Belieben)
2 Frühlingszwiebeln, in dünne Ringe geschnitten

GARNIERUNG
frische glatte Petersilie
Limettenspalten

1 Masa-Harina-Mehl, Mehl und Backpulver in eine Schüssel geben und gut vermischen. Warmes Wasser zugießen, bis ein fester, feuchter Teig entsteht.

2 Walnussgroße Teigstücke mit den Fingern zu kleinen, dünnen Torteletts formen. Den Vorgang so lange wiederholen, bis der gesamte Teig aufgebraucht ist.

3 Öl in einer Pfanne erhitzen, bis es zu dampfen beginnt. Eine Hand voll Torteletts in die Pfanne geben und von allen Seiten goldbraun frittieren.

4 Die Torteletts mit einer Schaumkelle aus dem heißen Fett heben und auf Küchenpapier abtropfen lassen. Auf ein mit Backpapier ausgelegtes Backblech in den Ofen stellen. Restliche Torteletts ebenso frittieren.

5 Jedes Tortelett mit Bohnen, Avocadostücken, Käse, Salsa und Frühlingszwiebeln füllen. Mit Petersilie und Limettenspalten garniert servieren.

Nusskuchen mit Champignons

Für 6 Personen

TEIG

100 g Margarine, gewürfelt
225 g Weizenvollkornmehl
4 EL Wasser
Magermilch, zum Bestreichen

FÜLLUNG

2 EL Margarine
1 Zwiebel, gehackt
1 Knoblauchzehe, fein gehackt
125 g Champignons, in Scheiben geschnitten
1 EL Mehl
150 ml Gemüsebrühe
175 g Paranüsse
1 EL Tomatenmark
75 g Vollkornsemmelbrösel
2 EL frisch gehackte Petersilie
½ TL Pfeffer

1 Die Margarine mit den Fingern in das Mehl einarbeiten, bis ein krümeliger Teig entsteht. Wasser zugeben und alles zu einem glatten Teig verkneten. Den Teig in Frischhaltefolie wickeln und 30 Minuten kalt stellen.

2 Für die Füllung die Margarine in einer Pfanne zerlassen. Zwiebeln, Knoblauch und Pilze darin 5 Minuten weich dünsten. Mehl zugeben und unter Rühren 1 Minute anschwitzen. Langsam die Brühe einrühren, bis eine glatte, sämige Sauce entsteht.

3 Den Backofen auf 200 °C vorheizen. Die Nüsse hacken, dann zusammen mit Tomatenmark, Semmelbröseln, Petersilie und Pfeffer zu der Pilzmischung in die Pfanne geben und alles verrühren. Die Füllung etwas abkühlen lassen.

4 Zwei Drittel des Teiges ausrollen und eine runde Springform (20 cm Ø) damit auslegen. Die Füllung darauf verteilen. Die Teigränder mit Milch bestreichen. Den restlichen Teig ausrollen und auf die Füllung legen. Die Teigränder zusammendrücken, die Oberfläche leicht einritzen und mit Milch bestreichen.

5 Den Kuchen im Backofen 30–40 Minuten goldbraun backen. Heiß servieren.

2

2

Kartoffel-Spinat-Taschen

Für 4 Personen

Butter, zum Einfetten
225 g fest kochende Kartoffeln
500 g frischer Spinat
2 EL Wasser
1 Tomate, gewürfelt
½ TL Chilipulver
½ TL Zitronensaft
Salz und Pfeffer
225 g Filo-Teig, Tiefkühlware aufgetaut
25 g Butter, zerlassen
frischer grüner Salat, zum Servieren

ZITRONEN-MAYONNAISE
150 g Mayonnaise
2 TL Zitronensaft
abgeriebene Schale von 1 Zitrone

1 Ein Backblech leicht mit Butter einfetten.

2 Die Kartoffeln schälen, würfeln und in einem Topf mit kochendem Wasser 10 Minuten weich garen, abgießen und in eine Schüssel geben.

3 Unterdessen den Spinat mit den 2 Esslöffeln Wasser in einen Topf geben, den Deckel aufsetzen und 2 Minuten dünsten, bis der Spinat leicht zusammengefallen ist. Abgießen und zu den Kartoffeln geben.

4 Tomate, Chilipulver und Zitronensaft zufügen, alles verrühren und gut mit Salz und Pfeffer abschmecken.

5 Teigblätter leicht mit zerlassener Butter einpinseln und je 2 davon aufeinander legen. Die doppellagigen Teigstücke in etwa 20 x 10 cm große Rechtecke schneiden.

6 Den Backofen auf 190 °C vorheizen. Die Kartoffel-Spinat-Füllung auf je eine Ecke des Teigrechtecks legen. Eine Ecke des Teigs so über die Füllung falten, dass am Ende ein Dreieck entsteht. Dieses auf das freie Rechteck klappen und die verbliebene Ecke wieder über die Teigtasche falten, sodass eine neue Dreiecktasche entsteht.

7 Die Teigtaschen auf das Backblech legen und im vorgeheizten Backofen 20 Minuten goldbraun backen.

8 Für die Mayonnaise alle Zutaten in einer Schüssel verrühren. Die Teigtaschen warm oder kalt mit der Mayonnaise und frischem grünem Salat servieren.

5

6

6

Filo-Quiches mit Avocado-Salsa

Ergibt 20 Stück

TEIGKÖRBCHEN

75 g Filo-Teig

3 EL zerlassene Butter, plus etwas mehr zum Einfetten

AVOCADO-SALSA

1 große Avocado

1 kleine rote Zwiebel, fein gewürfelt

1 frische Chili, fein gehackt

2 Tomaten, gehäutet, fein gewürfelt

Saft von 1 Limette

2 EL frisch gehackter Koriander

Salz und Pfeffer

TIPP

Die Teigkörbchen können bis zu 1 Woche im Voraus zubereitet und luftdicht verschlossen gelagert werden. Servieren Sie sie jedoch unmittelbar nach dem Füllen, da sie sonst rasch weich werden.

1 Den Backofen auf 180 °C vorheizen. Die Teigblätter nach und nach mit zerlassener Butter bestreichen und mit einem scharfen Messer in Quadrate (5 cm) schneiden. Während der Arbeit an einem Teigblatt die übrigen Blätter mit einem Tuch abdecken, damit sie nicht austrocknen.

1

2 20 Vertiefungen in mehreren Muffinblechen einfetten und mit jeweils 3 gefetteten, versetzt übereinander gelegten Filo-Teig-Quadraten auslegen. So fortfahren, bis der Teig verbraucht ist. Die Nester 6–8 Minuten im Ofen goldgelb und knusprig backen, dann auskühlen lassen.

2

3 Für die Salsa die Avocado schälen und entkernen. Das Fruchtfleisch fein würfeln und mit Zwiebel, Chili, Tomaten, Limettensaft und Koriander in eine Schüssel geben. Die Mischung mit Salz und Pfeffer abschmecken, dann auf die Teigkörbchen verteilen und diese sofort servieren.

3

Spinat-Käse-Taschen

Für 4 Personen

2 EL Olivenöl

2 EL fein gehackte Schalotten

200 g frischer Spinat, grob gehackt

Salz und Pfeffer

2 Blätter Filo-Teig

125 g Feta (Abtropfgewicht), zerkrümelt

6 getrocknete Tomaten, abgetropft, fein gehackt

115 g Butter, zerlassen, plus etwas mehr zum Einfetten

1 Den Backofen auf 200 °C vorheizen. Das Öl in einem Topf erhitzen. Die Schalotten bei mittlerer Hitze 2–3 Minuten andünsten. Den Spinat dazugeben, die Hitze erhöhen und den Spinat unter ständigem Rühren 2–3 Minuten garen. Den Spinat abtropfen lassen, salzen und pfeffern, dann auskühlen lassen.

2 Die Teigblätter in jeweils 6 Streifen schneiden. Esslöffelgroße Spinatportionen auf jeweils eine Ecke der Teigstreifen setzen und mit etwas Käse und Tomatenwürfeln bestreuen. Den Teig im rechten Winkel über die Füllung schlagen und den Teig bis zum Ende auffalten, sodass dreieckige Teigtaschen entstehen.

3 Die Teigtaschen an den Kanten mit Butter bestreichen, auf ein Backblech legen und die Oberfläche ebenfalls mit Butter bestreichen. Im Ofen 10 Minuten goldbraun und knusprig backen. Sofort servieren.

Sardellen-Oliven-Ecken

Ergibt 40 Stück

- 50 g Sardellenfilets in Olivenöl, abgetropft und grob gehackt
- 50 g schwarze Oliven, grob gehackt
- 125 g Manchego, fein gerieben
- 100 g Mehl, plus etwas mehr zum Bestäuben
- 115 g Butter, gewürfelt
- ½ TL Cayennepfeffer, plus etwas mehr zum Bestreuen

1 Sardellenfilets, Oliven, Käse, Mehl, Butter und Cayennepfeffer in der Küchenmaschine zu einem Teig verarbeiten. Den Teig zu einer Kugel formen und in Frischhaltefolie eingeschlagen 30 Minuten im Kühlschrank ruhen lassen.

2 Den Backofen auf 200 °C vorheizen. Den Teig auf einer leicht bemehlten Arbeitsfläche durchkneten. Dünn ausrollen und in ca. 5 cm breite Streifen schneiden. Diese in Dreiecke schneiden.

3 Die Dreiecke auf 2 Backbleche legen und leicht mit Cayennepfeffer bestreuen. Im Ofen 10 Minuten goldbraun backen. Auf einem Kuchengitter vollständig auskühlen lassen.

1

2

3

Feta-Spinat-Hörnchen

Ergibt 16 Stück

450 g frischer Spinat, dicke Stiele entfernt
4 Schalotten, fein gehackt
2 Eier, leicht verquirlt
1 EL frisch gehackte Petersilie
1 EL frisch gehackter Dill
350 g Feta
Pfeffer
8 Blätter Filo-Teig (ca. 12 cm x 18 cm), Tiefkühlware aufgetaut
Olivenöl, zum Bestreichen

1 Den Backofen auf 190 °C vorheizen. Einen großen Topf 1 cm hoch mit Wasser füllen und dieses aufkochen. Den Spinat unter einmaligem Wenden 1–2 Minuten dünsten, bis die Blätter zusammenfallen. Den Spinat abtropfen lassen und möglichst viel Flüssigkeit ausdrücken. Den Spinat fein hacken und mit Schalotten, Eiern, Petersilie und Dill in eine Schüssel geben. Den Feta hineinkrümeln. Pfeffern und alles sorgfältig mischen.

2 Die Teigblätter mit Frischhaltefolie abdecken, damit sie nicht austrocknen. Ein Teigblatt mit Öl bestreichen und quer halbieren. Etwas Füllung auf einer Teigecke verteilen, dabei auf beiden Seiten einen kleinen Rand lassen. Das Teigstück diagonal locker aufrollen, zu einem Hörnchen formen und auf ein Backblech legen. Mit den restlichen Teigblättern ebenso verfahren.

3 Die Hörnchen mit Öl bestreichen und im Ofen 25 Minuten goldbraun und knusprig backen. Fünf Minuten auf dem Backblech ruhen lassen, auf ein Kuchengitter heben und vollständig auskühlen lassen. Zimmerwarm servieren.

1

2

3

Spinat-Kartoffel-Pastete

Für 4 Personen

350 g Blätterteig,
Tiefkühlware aufgetaut
Mehl, zum Bestäuben
450 g frischer Spinat oder Mangold
Salz und Pfeffer
½ TL fein geriebene Muskatnuss
350 g kleine neue Kartoffeln, gekocht, geschält und in dicke Scheiben geschnitten
225 g Mozzarella, in Scheiben geschnitten oder gerieben
1 Ei
1 EL Wasser
Butter, zum Einfetten

1 Backofen auf 190 °C vorheizen. Den Blätterteig auf einer leicht bemehlten Arbeitsfläche zu einem Rechteck ausrollen und in ein großes (⅔) und ein kleines Rechteck (⅓) teilen. Die Kanten gerade schneiden. Die Teigreste für die Verzierung aufbewahren.

2 Den Teig 10 Minuten ruhen lassen. Spinat oder Mangold bei mittlerer Hitze 3–4 Minuten dünsten. Abgießen, hacken und mit Salz, Pfeffer und Muskat würzen. Das größere Rechteck mit Kartoffelscheiben auslegen, dabei ringsum einen Rand lassen. Salzen und pfeffern. Spinat auf den Kartoffeln verteilen, mit Käse bestreuen und mit den restlichen Kartoffeln belegen.

3 Ei und Wasser in einer Schale verquirlen. Die Teigränder nach oben klappen und mit Ei bestreichen. Mit dem kleineren Rechteck bedecken und die Ränder leicht andrücken.

4 Die Pastete auf ein gefettetes Backblech legen und mit Ei bestreichen. Die Teigreste ausrollen, Formen ausstechen, die Pastete damit verzieren und ebenfalls mit Ei bestreichen. Die Pastete im Ofen 30 Minuten backen. Vor dem Anschneiden und Servieren 5 Minuten ruhen lassen.

Spinattorte

Für 4 Personen

Butter, zum Einfetten
2 Portionen Pasteten-Mürbeteig (s. S. 90), gekühlt
Mehl, zum Bestäuben
1 Ei, leicht verquirlt, zum Bestreichen

FÜLLUNG
450 g Spinat, Tiefkühlware aufgetaut
2 EL Olivenöl
1 große Zwiebel, gehackt
2 Knoblauchzehen, fein gehackt
2 Eier, leicht verquirlt
225 g Ricotta
50 g frisch geriebener Parmesan
1 Prise frisch geriebene Muskatnuss
Salz und Pfeffer

1 Den Ofen auf 200 °C vorheizen. Für die Füllung den Spinat abtropfen lassen und so viel Flüssigkeit wie möglich herauspressen. Das Olivenöl in einer großen Pfanne erhitzen. Die Zwiebel hineingeben und unter gelegentlichem Rühren 5 Minuten weich dünsten. Knoblauch und Spinat zugeben und unter gelegentlichem Rühren 10 Minuten garen. Die Pfanne vom Herd nehmen und leicht abkühlen lassen, dann Eier, Ricotta und Parmesan unterrühren. Mit Muskatnuss, Salz und Pfeffer abschmecken.

2 Eine Obstkuchenform (22 cm Ø) dünn mit Butter ausstreichen. ⅔ des Teigs auf einer leicht bemehlten Arbeitsfläche ausrollen. Die Form so mit dem Teig auslegen, dass er an der Kante übersteht. Spinatmischung hineingeben und gleichmäßig verteilen.

3 Den restlichen Teig auf einer leicht bemehlten Arbeitsfläche ausrollen und in 1 cm breite Streifen schneiden. Diese Streifen gitterförmig über die Torte legen und am Rand festdrücken, überstehende Teigreste abschneiden. Mit dem Ei bestreichen und 45 Minuten im Ofen goldbraun backen. Die Torte auf einem Kuchengitter ein wenig abkühlen lassen, dann erst aus der Form nehmen.

1

2

3

TIPP

Den Teig für den Boden behutsam in eine Richtung vom Körper weg ausrollen und dabei jedes Mal ein Stück drehen, damit er gleichmäßig dick wird.

VARIATION

Durch das Bestreichen mit Ei erhält die Pastete eine glänzende Oberfläche. Sie können den Teig stattdessen auch mit Milch bestreichen.

Tarte provençale

Für 6 Personen

200 g Blätterteig, Tiefkühlware aufgetaut
Mehl, zum Bestäuben
3 EL Olivenöl
2 rote Paprika, gewürfelt
2 grüne Paprika, gewürfelt
150 g Crème double
1 Ei
Salz und Pfeffer
2 Zucchini, in Scheiben geschnitten

TIPP

Dieses Rezept kann auch für 6 Minitörtchen verwendet werden. Dafür 6 kleine Backformen (15 cm x 10 cm) mit Teig auslegen, füllen und 20 Minuten backen.

1 Den Teig auf einer leicht bemehlten Arbeitsfläche ausrollen und eine Springform (20 cm Ø) damit auslegen. Anschließend 20 Minuten kalt stellen.

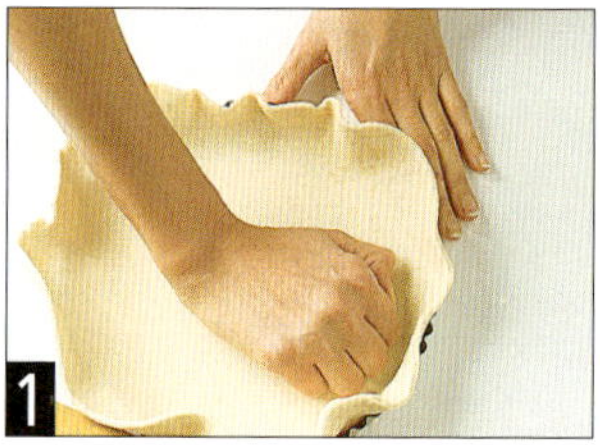
1

2 Unterdessen den Backofen auf 180 °C vorheizen. 2 Esslöffel Olivenöl in einer Pfanne erhitzen, die Paprikawürfel zufügen und etwa 8 Minuten unter Rühren weich dünsten. Crème double und Ei in einer Schüssel verquirlen und mit Salz und Pfeffer würzen. Anschließend die Paprikawürfel einrühren.

2

3 Das restliche Öl in der Pfanne erhitzen und die Zucchinischeiben darin 5 Minuten anbraten, bis sie leicht gebräunt sind. Die Paprikamischung in die vorbereitete Form füllen. Die Zucchinischeiben darauf anrichten.

3

4 Die so vorbereitete Tarte 35–40 Minuten in den vorgeheizten Backofen geben, bis die Füllung gestockt und der Teig goldbraun und knusprig ist.

Linsen-Paprika-Kuchen

Für 6 Personen

TEIG

225 g Weizenvollkornmehl

100 g Pflanzenmargarine, gewürfelt

4 EL Wasser

FÜLLUNG

175 g rote Linsen, gewaschen

300 ml Gemüsebrühe

15 g Pflanzenmargarine

1 Zwiebel, gehackt

2 rote Paprika, gewürfelt

1 TL Hefe-Extrakt

1 EL Tomatenmark

3 EL frisch gehackte Petersilie

Pfeffer

VARIATION

Etwas farbiger wird es, wenn Sie bei Schritt 4 Maiskörner zur Füllung geben.

1 Für den Teig das Mehl in eine Schüssel geben. Die Margarine mit den Fingern einarbeiten, bis ein krümeliger Teig entsteht. Das Wasser zufügen und alles zu einem glatten Teig verkneten. Den Teig 30 Minuten kalt stellen.

2 Für die Füllung Linsen und Brühe in einem Topf aufkochen. Die Hitze reduzieren und alles 10 Minuten köcheln lassen, bis die Linsen so weich sind, dass sie zu Püree verarbeitet werden können.

3 Die Margarine in einem kleinen Topf zerlassen, Zwiebel und Paprika darin weich dünsten.

4 Linsenpüree, Hefe-Extrakt, Tomatenmark und Petersilie zugeben. Alles mit Pfeffer würzen und gut vermengen.

5 Den Teig auf einer bemehlten Arbeitsfläche ausrollen und eine Springform (24 cm Ø) damit auslegen. Den Teigboden mehrmals mit einer Gabel einstechen und die Linsenmischung darauf verteilen.

6 Den so vorbereiteten Kuchen in einem auf 200 °C vorgeheizten Backofen 30 Minuten backen.

1

2

4

Pilz-Zwiebel-Quiche

Für 4 Personen

Butter, zum Einfetten
1 Portion Pasteten-Mürbeteig (s. S. 90), gekühlt
Mehl, zum Bestäuben
FÜLLUNG
50 g Butter
3 rote Zwiebeln, halbiert und in Scheiben geschnitten
350 g gemischte Wildpilze, z. B. Steinpilze, Pfifferlinge, Morcheln
2 TL frisch gehackter Thymian
1 Ei
2 Eigelb
100 g Crème double
Salz und Pfeffer

TIPP

Der Mürbeteig kann bereits im Voraus zubereitet und tiefgekühlt werden. Dann den Teig vor Gebrauch jedoch vollständig auftauen, damit er nicht bricht.

1 Den Ofen auf 190 °C vorheizen. Eine Quicheform (22 cm Ø) dünn mit Butter ausstreichen. Den Teig auf einer leicht bemehlten Arbeitsfläche ausrollen, die Form damit auslegen und den Teigboden mit einer Gabel einstechen. 30 Minuten kalt stellen, dann mit Alufolie auslegen, mit getrockneten Bohnen belegen und 25 Minuten blindbacken. Alufolie und Bohnen entfernen und den Teig auf einem Kuchengitter abkühlen lassen. Ofen auf 180 °C herunterschalten.

2 Für die Füllung die Butter in einer großen Pfanne zerlassen. Die Zwiebeln hineingeben, abdecken und bei geringer Hitze unter gelegentlichem Rühren 20 Minuten dünsten. Pilze und Thymian zugeben und unter gelegentlichem Rühren weitere 10 Minuten dünsten. Die Mischung auf dem abgekühlten Quicheboden verteilen und die Form auf ein Backblech stellen.

3 Ei, Eigelb und Crème double leicht verquirlen und salzen und pfeffern. Die Mischung über die Pilzfüllung gießen. 20 Minuten im Ofen backen, bis die Füllung gestockt ist. Heiß oder warm servieren.

Quiche Lorraine

Ergibt 1 Quiche

PASTETEN-MÜRBETEIG

125 g Mehl, plus etwas mehr zum Bestäuben

1 Prise Salz

125 g Butter, gewürfelt

25 g Pecorino, gerieben

4–6 EL Eiswasser

BELAG

125 g Gruyère, in dünne Scheiben geschnitten

50 g Roquefort, zerkrümelt

175 g Schinkenspeckwürfel

3 Eier

125 g Crème Double

Salz und Pfeffer

1 Für den Teig Mehl und Salz in eine Schüssel sieben. Die Butter mit den Fingern einarbeiten, bis ein krümeliger Teig entsteht. Den Käse untermischen und so viel Wasser einkneten, bis der Teig geschmeidig wird. Zu einer Kugel formen und in Frischhaltefolie eingeschlagen 15 Minuten im Kühlschrank ruhen lassen.

2 Den Backofen auf 190 °C vorheizen. Den Teig auf einer leicht bemehlten Arbeitsfläche ausrollen und einen quadratischen Tortenboden (24 cm Seitenlänge) damit auslegen. Den Tortenboden auf ein Backblech setzen. Den Teig mehrmals mit einer Gabel einstechen, mit Backpapier auslegen und mit getrockneten Bohnen beschweren. Im Ofen 15 Minuten blindbacken. Backpapier und Bohnen entfernen und den Boden weitere 5–7 Minuten goldbraun backen. Leicht abkühlen lassen.

3 Für den Belag den Käse auf dem Teigboden verteilen und mit den Speckwürfeln bestreuen. Eier und Crème Double in einer Schüssel gut verquirlen. Salzen und pfeffern. Über die Speckwürfel gießen und 20 Minuten im Ofen backen, bis die Eimasse fest und goldbraun ist.

4 Die Quiche 10 Minuten in der Backform abkühlen lassen. Auf ein Kuchengitter heben und vollständig auskühlen lassen. Bis zum Servieren abgedeckt im Kühlschrank aufbewahren. Zimmerwarm servieren.

2

3

3

Provenzalischer Zwiebelkuchen

Für 4 Personen

4 EL Olivenöl, plus etwas mehr zum Einfetten
700 g rote Zwiebeln, in dünne Ringe geschnitten
2 Knoblauchzehen, zerdrückt
2 TL Feinzucker
2 EL Rotweinessig
Salz und Pfeffer
350 g frischer Blätterteig
1–2 EL Mehl, zum Bestäuben

BELAG

100 g eingelegte Sardellenfilets
12 grüne Oliven, entsteint
1 TL getrockneter Majoran

1 Ein Backblech leicht mit Öl einfetten. Das restliche Öl in einem großen Topf erhitzen. Zwiebeln und Knoblauch bei geringer Hitze unter gelegentlichem Rühren 30 Minuten dünsten.

2 Zucker und Essig zugeben, salzen und pfeffern.

3 Den Backofen auf 220 °C vorheizen. Den Blätterteig auf einer leicht bemehlten Arbeitsfläche auf die Größe des Backblechs ausrollen und das Backblech damit auslegen.

4 Topf vom Herd nehmen und die Zwiebeln auf dem Teig verteilen.

5 Gleichmäßig mit Sardellen und Oliven belegen und mit dem Majoran bestreuen.

6 Im Backofen 20–25 Minuten goldbraun backen. Sofort und noch sehr heiß servieren.

TIPP

In Rechtecke oder Dreiecke geschnitten eignet sich diese Spezialität ideal für Freiluft-Partys.

2

3

5

Gefüllte Dim-Sums

Für 4 Personen

4 TL Pflanzenöl
1–2 Knoblauchzehen, zerdrückt
225 g Schweinehack
225 g Pak Choi, klein geschnitten
5 TL helle Sojasauce
½ TL Sesamöl
8 Blätter Frühlingsrollen-Teig
(je 25 cm x 25 cm)
Öl, zum Frittieren

CHILISAUCE
60 g Zucker
50 ml Reisessig
2 EL Wasser
2 rote Chillies, fein gehackt

1 Das Öl in einem heißen Wok erhitzen. Den Knoblauch zugeben und 30 Sekunden anbraten. Das Schweinehack zugeben und 2–3 Minuten rühren, bis es leicht gebräunt ist.

2 Pak Choi, Sojasauce und Sesamöl zugeben und 2–3 Minuten anbraten. Vom Herd nehmen, beiseite stellen und abkühlen lassen.

3 Die Teigblätter auf einem Küchenbrett ausbreiten. Je 2 Esslöffel Schweinefleischmischung auf den Rand jedes Teigblatts geben. Die Teighülle einmal über die Füllung falten, die Seiten einschlagen und mit ein wenig Wasser bestreichen. Ganz aufrollen, die Ränder mit Wasser einpinseln und andrücken. 10 Minuten beiseite stellen.

4 Für die Chilisauce Zucker, Essig und Wasser in einem kleinen Kochtopf erhitzen und rühren, bis der Zucker aufgelöst ist. Die Mischung dann aufkochen und zu einem hellen Sirup reduzieren. Vom Herd nehmen und die roten Chillies einrühren. Die Sauce abkühlen lassen.

5 Das Frittieröl erhitzen, bis es dampft. Die Hitze leicht reduzieren und die Teigröllchen portionsweise 3–4 Minuten goldbraun frittieren. Mit einem Schaumlöffel herausheben und auf Küchenpapier abtropfen lassen. Zu den Dim-Sums Chilisauce servieren.

2

3

3

Böreks

Ergibt 20 Stück

225 g Feta
2 EL frisch gehackte Minze
2 EL frisch gehackte Petersilie
1½ EL frisch gehackter Dill
1 Prise frisch geriebene Muskatnuss
Pfeffer
20 Blätter Filo-Teig (ca. 12 cm x 18 cm)
Olivenöl, zum Bestreichen

1 Den Backofen auf 190 °C vorheizen. Den Feta in eine Schüssel krümeln und die Kräuter sowie Muskat dazugeben. Mit Pfeffer würzen und sorgfältig mischen.

2 Die Teigblätter mit Frischhaltefolie abdecken, damit sie nicht austrocknen. Ein Teigblatt mit Öl bestreichen, ein zweites darauf legen und ebenfalls mit Öl bestreichen. Der Länge nach halbieren. Eine teelöffelgroße Portion Fetamischung auf eine Ecke setzen. Den Teig im 45°- Winkel darüber schlagen und bis zum Ende des Streifens falten, sodass eine dreieckige Teigtasche entsteht.

3 Mit den restlichen Teigblättern ebenso verfahren. Die Böreks auf ein Backblech legen, mit etwas Öl bestreichen und im Ofen 15–20 Minuten goldbraun und knusprig backen. Auf ein Kuchengitter heben und vollständig auskühlen lassen. Zimmerwarm servieren. Böreks eignen sich auch zum Frittieren.

1

2

2

Gemüse-Samosas

Ergibt 30 Stück

3 große Kartoffeln, gewürfelt
Salz
125 g Erbsen, Tiefkühlware aufgetaut
60 g Mais, Tiefkühlware aufgetaut
2 Schalotten, fein gehackt
1 TL gemahlener Kreuzkümmel
1 TL gemahlener Koriander
2 frische grüne Chillies, fein gehackt
2 EL frisch gehackte Minze
2 EL frisch gehackter Koriander
4 EL Zitronensaft
12 Blätter Filo-Teig (ca. 12 cm x 18 cm)
zerlassene Butter, zum Bestreichen
Erdnuss- oder Maiskeimöl, zum Frittieren
Mango-Chutney, zum Servieren

1 Die Kartoffeln in einem Topf mit leicht gesalzenem Wasser aufkochen. Die Hitze reduzieren und die Würfel bei geschlossenem Deckel 15–20 Minuten garen. Unterdessen die Erbsen entsprechend der Packungsangabe garen, dann abtropfen lassen. Die Kartoffeln abgießen, mit einem Kartoffelstampfer oder einer Gabel grob zerdrücken und in eine Schüssel geben. Die Erbsen dazugeben.

1

2

3

2 Mais, Schalotten, Gewürze, Chillies, Kräuter und Zitronensaft hinzufügen, salzen und gut vermengen.

3 Die Teigblätter mit Frischhaltefolie abdecken, damit sie nicht austrocknen. Ein Teigblatt mit Butter bestreichen und längs halbieren. 1 Esslöffel Füllung auf eine Ecke setzen. Den Teig im rechten Winkel darüber schlagen und bis zum Ende des Streifens auffalten, sodass eine dreieckige Teigtasche entsteht. Mit den restlichen Teigblättern ebenso verfahren.

4 Das Öl in einer großen Pfanne oder einer Fritteuse auf 180–190 °C erhitzen; ein Brotwürfel sollte in 30 Sekunden goldbraun frittiert sein. Die Samosas portionsweise im heißen Fett goldbraun frittieren. Mit einem Schaumlöffel herausnehmen und auf Küchenpapier abtropfen lassen. Alternativ die Samosas bei 200 °C im Ofen backen. Die Samosas heiß oder zimmerwarm mit Mango-Chutney servieren.

Würstchen im Schlafrock

Ergibt 48 Stück

450 g Wurstbrät

1 TL Worcestersauce

1 Ei, verquirlt, zum Bestreichen

TEIG

200 g Mehl

1 Prise Salz

½ TL Senfpulver

125 g Butter, gewürfelt

2–3 EL Eiswasser

1 Für den Teig Mehl, Salz und Senfpulver in eine Schüssel sieben. Die Butter dazugeben und mit den Fingern einarbeiten. So viel Wasser einkneten, bis ein weicher, aber nicht klebriger Teig entstanden ist. Den Teig zu einer Kugel formen und in Frischhaltefolie eingeschlagen 20 Minuten im Kühlschrank ruhen lassen.

2 Brät und Worcestersauce in einer Schüssel gut verrühren. Die Masse in 12 Portionen teilen und zwischen den Handflächen zu 15 cm langen Würsten rollen.

3 Den Backofen auf 190 °C vorheizen. Den Teig auf einer leicht bemehlten Arbeitsfläche zu einem 20 cm x 45 cm großen Rechteck ausrollen, mit einem scharfen Messer in 12 Rechtecke von ca. 5 cm x 15 cm schneiden. Die Würste auf die Teigrechtecke legen, den Teig zu beiden Seiten mit Wasser bestreichen, aufrollen und in 4 Stücke schneiden.

4 Die Teigrollen auf 2 Backbleche legen, mit Ei bestreichen und im vorgeheizten Ofen 10 Minuten goldbraun backen. Auf ein Kuchengitter heben und auskühlen lassen.

2

3

4

Brandteigkörbchen mit Krabbencocktail

Ergibt 22 Stück

BRANDTEIG
55 g Butter, plus etwas mehr zum Einfetten
150 ml Wasser
75 g Mehl, gesiebt
2 Eier, verquirlt

FÜLLUNG
2 EL Mayonnaise
1 TL Tomatenmark
150 g Krabben
1 TL Worcestersauce
Salz
Tabasco
einige Blätter Eisbergsalat, in Streifen geschnitten
Cayennepfeffer, zum Garnieren

TIPP

Die Brandteigkörbchen können bis zu 3 Stunden im Voraus gefüllt und bis zum Verzehr kalt gestellt werden. Vor dem Servieren sollten sie jedoch auf Zimmertemperatur erwärmt werden.

1 Backofen auf 180 °C vorheizen und ein Backblech mit Butter einfetten. Für den Teig Butter und Wasser in einem großen Topf aufkochen. Das gesamte Mehl auf einmal zugeben. Die Masse kräftig rühren, bis sie sich vom Topfrand löst, dann leicht abkühlen lassen. Zuletzt die beiden Eier nacheinander kräftig unterrühren. Die Masse in 22 walnussgroßen Portionen im Abstand von etwa 2 cm auf das vorbereitete Backblech setzen. Anschließend den Teig 35 Minuten goldgelb und knusprig backen und auf Kuchengittern abkühlen lassen. Dann je einen kleinen Deckel abschneiden.

2 Für die Füllung Mayonnaise, Tomatenmark, Krabben und Worcestersauce in eine Schüssel geben. Salz und Tabasco zufügen und alles gut vermengen.

3 Die Teigkörbchen mit einigen Salatstreifen füllen und ein wenig Krabbenmischung obenauf löffeln. Die fertigen Körbchen mit Cayennepfeffer garnieren und sofort servieren.

Ingwer-Krebsfleisch-Taschen

Ergibt 12 Stück

Butter, zum Einfetten
200 g Krebsfleisch aus der Dose, abgetropft
6 Frühlingszwiebeln, fein gehackt
2 TL Sojasauce
2,5-cm-Stück frische Ingwerwurzel, gerieben
Pfeffer
12 Blätter Filo-Teig
75 g Butter, zerlassen
gehackte Frühlingszwiebel, zum Garnieren

1 Den Backofen auf 180 °C vorheizen und ein Backblech mit Butter einfetten. Krebsfleisch mit Frühlingszwiebeln, Sojasauce und Ingwer in einer Schüssel vermengen, pfeffern und beiseite stellen. Ein Filo-Teigblatt mit etwas Butter bestreichen, dann längs falten und erneut buttern; die übrigen Teigblätter mit einem Tuch abdecken.

2 1 Löffel Krebsfleischmischung auf eine Schmalseite des vorbereiteten Teigblatts geben. Einen Teigzipfel schräg über die Füllung falten, sodass ein rechtwinkliges Dreieck entsteht. Dieses so lange nach unten bzw. zur Seite klappen, bis der Teigstreifen zu einem dreieckigen Paket geworden ist.

3 Das fertige Paket auf das vorbereitete Backblech legen. Mit den übrigen Teigblättern und der restlichen Krebsfleischmischung ebenso verfahren. Die fertigen Pakete mit zerlassener Butter bestreichen und im vorgeheizten Backofen 20–25 Minuten knusprig und goldbraun backen. Dann mit gehackter Frühlingszwiebel garnieren und warm servieren.

TIPP

Falls möglich, sollten Sie frisches Krebsfleisch verwenden, es schmeckt viel aromatischer als Dosenfleisch.

Neptuns Schatzbeutel

Ergibt 24 Stück

100 g roter Lachs aus der Dose, abgetropft
100 g Krebsfleisch aus der Dose, abgetropft
2 EL frisch gehackte Petersilie
8 Frühlingszwiebeln, fein gehackt
8 Blätter Filo-Teig (ca. 20 x 30 cm)
zerlassene Butter, zum Bestreichen
Maiskeimöl, zum Einfetten

1 Den Lachs häuten und entgräten, in eine Schüssel geben und mit einer Gabel grob zerkleinern. Das Krebsfleisch in einer zweiten Schüssel ebenfalls zerkleinern. Jeweils die Hälfte der Petersilie und der Frühlingszwiebeln in die Schüsseln geben und gut unterrühren.

2 Den Backofen auf 200 °C vorheizen. Die Teigblätter mit Frischhaltefolie abdecken, damit sie nicht austrocknen. Ein Teigblatt mit Butter bestreichen, ein zweites Blatt darauf legen und in 10 cm große Quadrate schneiden. Teelöffelgroße Portionen Lachs in die Mitte der Quadrate setzen. Die Kanten mit Butter bestreichen und zu Beuteln formen. Zum Schließen gut zusammenpressen. Den Vorgang mit zwei weiteren Blättern und der Lachsmischung wiederholen, dann ebenso mit der Krebsfleischmischung verfahren.

3 Ein Backblech leicht einfetten und die Beutel darauf legen. Im Ofen 15 Minuten goldbraun backen und warm servieren.

1

2

3

Thymianhörnchen

Ergibt 8 Stück

100 g weiche Butter, plus etwas mehr zum Einfetten
250 g Blätterteig, Tiefkühlware, aufgetaut
Mehl, zum Bestäuben
1 Knoblauchzehe, zerdrückt
1 TL Zitronensaft
1 TL getrockneter Thymian
Salz und Pfeffer

TIPP

Getrockneter Thymian würzt sehr aromatisch. Für diese Hörnchen können Sie statt Thymian auch andere getrocknete Kräuter, wie beispielsweise Rosmarin oder Salbei, verwenden.

1 Backofen auf 200 °C vorheizen. Ein Backblech leicht einfetten.

2 Den Teig auf einer leicht mit Mehl bestäubten Arbeitsfläche zu einem Teigkreis (etwa 25 cm Ø) ausrollen und in 8 Dreiecke schneiden.

2

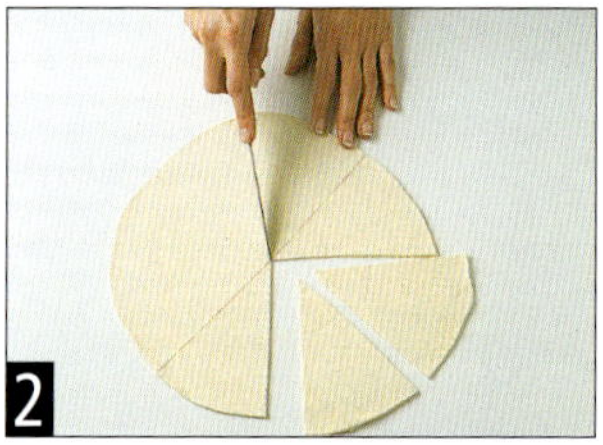
2

5

3 Butter, Knoblauch, Zitronensaft und Thymian in einer kleinen Schüssel mischen und mit Salz und Pfeffer würzen.

4 Die Dreiecke gleichmäßig mit der Butter-Thymian-Mischung bestreichen.

5 Jedes Dreieck von seinem breiten Ende aus vorsichtig aufrollen.

6 Die entstandenen Hörnchen 30 Minuten kalt stellen.

7 Das Backblech mit kaltem Wasser besprühen, damit beim Backen Feuchtigkeit entsteht und der Teig gut aufgehen kann.

8 Die Hörnchen auf das Blech legen und im vorgeheizten Backofen 10–15 Minuten goldbraun backen.

Käsetaler

Ergibt ca. 35 Stück

150 g Mehl, plus etwas mehr zum Bestäuben
150 g reifer, pikanter Käse, gerieben
150 g Butter, gewürfelt, plus etwas mehr zum Einfetten
1 Eigelb
Sesamsaat, zum Bestreuen

1 Backofen auf 200 °C vorheizen. Mehrere Backbleche einfetten.

2 Mehl und Käse in einer Schüssel mischen.

3 Die Butter mit den Fingern in die Mehlmischung einarbeiten, bis ein krümeliger Teig entsteht.

4 Das Eigelb zugeben und die Mischung zu einem glatten Teig verarbeiten. In Frischhaltefolie einwickeln und etwa 30 Minuten kalt stellen.

5 Den Teig auf einer bemehlten Arbeitsfläche dünn ausrollen und mehrere runde Scheiben von ca. 6 cm Ø ausstechen. Den Vorgang mit den Teigresten so lange wiederholen, bis etwa 35 Taler entstanden sind.

6 Die Taler auf die Backbleche legen und mit Sesamsaat bestreuen.

7 Die Käsetaler im vorgeheizten Backofen 20 Minuten hellbraun backen.

8 Aus dem Ofen nehmen und vor dem Servieren auf einem Rost etwas abkühlen lassen.

3

5

6

VARIATION

Für eine süße Version den Käse durch die abgeriebene Schale einer Zitrone ersetzen und am Ende von Schritt 2 125 g Zucker unterrühren. Eigelb mit 1 Esslöffel Cognac oder Rum verquirlen, dann unter den Teig mischen. Wie oben beschrieben ausrollen, ausstechen und backen.

TIPP

Sie können diesem Gebäck auch andere Formen verleihen. Kinder mögen oft Tierformen aller Art am liebsten.

Frittierte Schwarzkümmelplätzchen

Für 4 Personen

150 g Mehl

1 TL Backpulver

½ TL Salz

1 EL Schwarzkümmel

100 ml Wasser

300 ml Öl

Dhaal, zum Servieren

TIPP

Wegen seines intensiven Geschmacks wird hier Schwarzkümmel (Nigella) verwendet. Kreuzkümmel ist als Ersatz nicht zu empfehlen.

1 Das Mehl in eine große Schüssel sieben.

2 Mit Backpulver, Salz und Schwarzkümmel vermischen.

2

3 Das Wasser zugeben und die Mischung zu einem weichen, geschmeidigen Teig verarbeiten.

3

4 Den Teig auf einer Arbeitsfläche ca. 6 mm dick ausrollen.

5 Aus dem Teig rautenförmige Plätzchen schneiden. Die verbliebenen Teigränder erneut ausrollen und weitere rautenförmige Plätzchen ausschneiden, bis der Teig verbraucht ist.

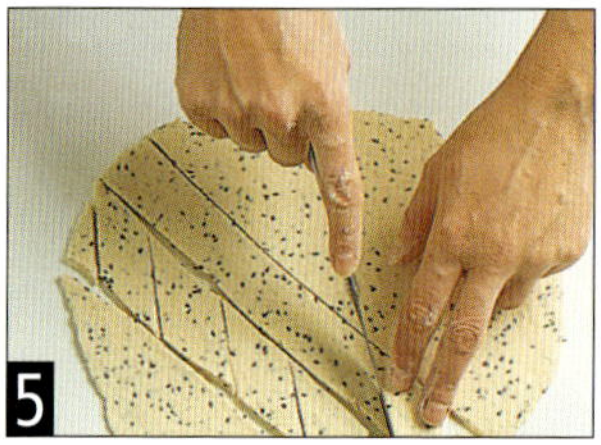

5

6 Das Öl in einem großen Topf auf ca. 180–190 °C erhitzen (ein Brotwürfel sollte in 30 Sekunden gebräunt sein).

7 Die Plätzchen vorsichtig, wenn nötig portionsweise ins Öl geben und goldbraun frittieren.

8 Die frittierten Plätzchen mit einem Schaumlöffel aus dem Topf heben und auf Küchenpapier abtropfen lassen. Mit Dhaal zum Dippen servieren oder luftdicht verschlossen bis zum Verzehr aufbewahren.

Snacks mit Fleisch & Geflügel

In diesem Kapitel kommen Fleischliebhaber auf ihre Kosten. Wie wäre es mit mundgerechten Häppchen wie Chicken Wings, paniert, mit Ingwer oder mit Honigglasur (s. S. 110, 115 und 118)? Oder Hähnchenschenkel mit Senf-Honig-Glasur (s. S. 112)? Wer es kräftig mag, hat die Wahl zwischen Spareribs mit Honig-Chili-Glasur oder mit Honig und Sojasauce (s. S. 128 und 134). Ganz einfach und allseits beliebt sind Spieße, etwa mit zartem Rinderfilet, saftigem Hähnchenfleisch und knackigem Gemüse (s. S. 113 und 114), knusprigem Schweinefleisch (s. S. 125) oder mit würziger Satay-Sauce (s. S. 122). Ebenfalls köstlich sind kleine Leckereien wie Pflaumen oder Würstchen im Speckmantel (s. S. 126 und 130) – damit kommt jede gesellige Runde in Schwung.

Chicken Wings aus dem Ofen

Für 4 Personen

12 Hähnchenflügel
1 Ei
125 ml Milch
4 gehäufte EL Mehl
1 TL Paprika
Salz und Pfeffer
250 g Paniermehl
50 g Butter

VARIATION

Schärfer werden die Wings mit Chilipulver statt Paprika.

1 Den Backofen auf 220 °C vorheizen. Die Hähnchenflügel in 3 Teile trennen, dabei die knochigen Flügelspitzen entfernen. Ei und Milch in einem tiefen Teller verquirlen. Mehl, Paprika, Salz und Pfeffer auf einem zweiten Teller mischen. Das Paniermehl auf einen dritten geben.

1

1

2

2 Die Hähnchenteile in das Ei tauchen, dann im Mehl wenden. Das überschüssige Mehl abschütteln und die Teile im Paniermehl wenden, leicht andrücken und das überschüssige Paniermehl abschütteln.

3 Die Butter in einem Bräter oder einer Grillform (die Hähnchenteile sollten in einer Lage hineinpassen) im Ofen zerlassen. Die Hähnchenflügel mit der Hautseite nach unten in den Bräter legen und 10 Minuten im Ofen garen, bis sie zart sind; bei der Garprobe mit einem Holzstäbchen sollte der Fleischsaft klar austreten.

4 Die Hähnchenflügel auf einem Servierteller anrichten. Heiß oder zimmerwarm servieren.

Hähnchenschenkel mit Senf-Honig-Glasur

Ergibt 12 Stück

12 Hähnchenunterschenkel

175 ml Honig

6 EL körniger Senf

2 EL Dijon-Senf

2 EL Weißweinessig

3 EL Maiskeimöl

frische Petersilie, zum Garnieren

1 Die Hähnchenunterschenkel mehrmals mit einem scharfen Messer leicht einritzen. In eine große Auflaufform legen.

2 Honig, Senf, Essig und Öl gründlich in einem Becher verrühren und über die Hähnchenschenkel gießen. Die Hähnchenschenkel wenden, sodass sie gut mit der Glasur überzogen sind. Abgedeckt 2–3 Stunden oder vorzugsweise über Nacht im Kühlschrank marinieren.

3 Den Backofengrill vorheizen. Die Hähnchenschenkel auf das Backofengitter legen, eine Fettpfanne darunter schieben und die Schenkel unter häufigem Wenden und Bestreichen mit der Glasur 25 Minuten grillen; bei der Garprobe mit einem Holzstäbchen sollte der Fleischsaft klar austreten. Auskühlen lassen, auf einem Servierteller anrichten und mit Petersilie garniert servieren.

Mini-Kebabs

Für 4 Personen

125 g Rinderfilet oder Rumpsteak
4 Champignons, in 1-cm-Würfel geschnitten
½ kleine Zwiebel, in 1-cm-Würfel geschnitten

MARINADE
60 ml Tomatensaft
60 ml Rinderbrühe
1 EL Worcestersauce
1 EL Zitronensaft
2 EL trockener Sherry
einige Tropfen Tabasco
2 EL Pflanzenöl
1 EL klein gehackter Sellerie

1 Das Fleisch in 1 cm große Würfel schneiden. Die Zutaten für die Marinade in einer großen Schüssel verrühren. Fleisch, Pilze und Zwiebeln hineingeben und gut mischen. Abgedeckt 30 Minuten kalt stellen.

2 Die Marinade abgießen und beiseite stellen. Fleisch- und Gemüsewürfel abwechselnd auf kleine Spieße stecken.

3 Eine Grillpfanne oder eine gusseiserne Pfanne stark erhitzen und die Spieße unter häufigem Wenden 5 Minuten leicht bräunen. Gelegentlich mit der Marinade bestreichen.

4 Die Spieße auf einem Servierteller anrichten und sofort servieren.

Mini-Hähnchenkebabs

Für 4 Personen

1 doppeltes Hähnchenbrustfilet, in 1 cm Würfel geschnitten
½ kleine Zwiebel
½ rote Paprika, in 1-cm-Würfel geschnitten
½ grüne Paprika, in 1-cm-Würfel geschnitten

MARINADE
125 ml Orangen-, Ananas- oder Grapefruitsaft
1 EL süßer Sherry
60 ml dunkle Sojasauce
60 ml Hühnerbrühe
2 EL Apfelessig
1 TL Tomatenmark
2 EL brauner Zucker
1 Prise gemahlener Ingwer

1 Für die Marinade alle Zutaten in einer Schüssel verrühren. Die Fleischwürfel hineingeben und vermengen, sodass sie gut mit der Marinade überzogen sind.

2 Abgedeckt 30 Minuten im Kühlschrank marinieren.

3 Die Zwiebel in Spalten schneiden und mit dem Gemüse und den Fleischwürfeln abwechselnd auf kleine Spieße stecken. Die Marinade aufbewahren.

4 Eine Grillpfanne oder gusseiserne Pfanne stark erhitzen und die Kebabs unter häufigem Wenden 10 Minuten braten, bis sie gut gebräunt und gar sind. Während der ersten 5 Minuten mit der Marinade bestreichen.

5 Die Kebabs auf einem Servierteller anrichten und sofort servieren.

1

3

3

Chicken Wings mit Ingwer

Für 4 Personen

2 Knoblauchzehen, geschält
1 Ingwerpflaume, abgetropft
1 TL Koriandersamen
2 EL Ingwersirup
2 EL dunkle Sojasauce
1 EL Limettensaft
1 TL Sesamöl
12 Hähnchenflügel
GARNIERUNG
Limettenspalten
frische Korianderblätter

1

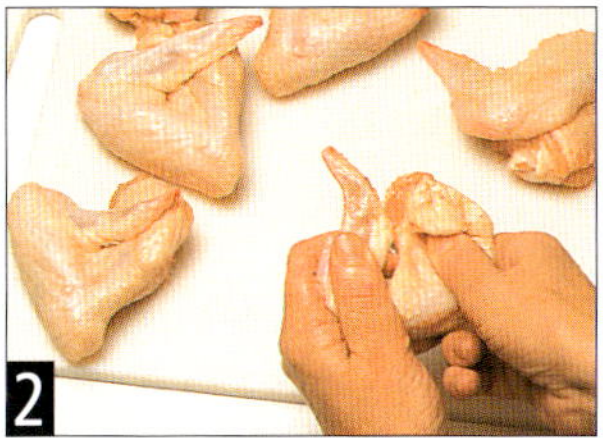

2

3

1 Knoblauch und Ingwer grob würfeln. Mit den Koriandersamen im Mörser zu einer Paste verarbeiten, dabei nach und nach Ingwersirup, Sojasauce, Limettensaft und Sesamöl zugießen.

VARIATION

Statt Hähnchenflügel können Sie für dieses Rezept auch Hähnchenschenkel verwenden. Achten Sie darauf, dass das Fleisch komplett durchgegart wird.

2 Die spitzen Enden der Hähnchenflügel unter die Flügel stecken, um gleichmäßige Dreiecke zu erhalten. Fleisch in eine große Schüssel geben.

3 Die Ingwerpaste in die Schüssel geben und die Hähnchenflügel darin wenden. Abdecken und einige Stunden oder über Nacht im Kühlschrank marinieren.

4 Die Hähnchenflügel nebeneinander in eine mit Alufolie ausgelegte Grillpfanne legen und unter den vorgeheizten Backofengrill schieben. Bei mittlerer Hitze unter gelegentlichem Wenden 12–15 Minuten grillen, bis das Fleisch goldbraun und gar ist.

5 Alternativ auf einem leicht eingeölten Grillrost auf dem Holzkohlegrill 15 Minuten grillen. Mit Limettenspalten und frischem Koriander servieren.

Geflügelklößchen mit Dip

Für 4–6 Personen

2 große Hähnchenbrustfilets
3 EL Öl
2 Schalotten, fein gehackt
½ Selleriestange, fein gehackt
1 Knoblauchzehe, zerdrückt
2 EL helle Sojasauce
1 kleines Ei, leicht verquirlt
Salz und Pfeffer
1 Bund Frühlingszwiebeln
Frühlingszwiebel-Quasten, zum Garnieren

DIP
3 EL dunkle Sojasauce
1 EL Reiswein
1 TL Sesamsaat

1 Das Fleisch in 2 cm große Würfel schneiden. Die Hälfte des Öls in einem Wok oder einer Pfanne erhitzen. Das Fleisch darin bei starker Hitze 2–3 Minuten goldbraun anbraten. Mit einem Schaumlöffel aus dem Wok nehmen und beiseite stellen.

2 Schalotten, Sellerie und Knoblauch in den Wok geben und kurz weich dünsten, aber nicht bräunen.

3 Fleisch, Schalotten, Sellerie und Knoblauch in eine Küchenmaschine geben und fein zerkleinern. 1 Esslöffel helle Sojasauce und gerade so viel Ei zugeben, dass eine feste Masse entsteht. Mit Salz und Pfeffer würzen.

4 Die Frühlingszwiebeln putzen und in 5 cm lange Stücke schneiden. Für den Dip die dunkle Sojasauce, den Reiswein und die Sesamsaat verrühren und beiseite stellen.

5 Aus dem Teig 16–18 walnussgroße Kugeln formen. Das restliche Öl in der Pfanne erhitzen und die Klößchen portionsweise 4–5 Minuten unter Rühren goldbraun braten. Auf Küchenpapier abtropfen lassen und warm stellen.

6 Die Frühlingszwiebeln 1–2 Minuten anbraten, bis sie weich werden, dann die restliche helle Sojasauce zugeben. Mit den Klößchen und dem Dip auf einer Platte anrichten und anschließend mit Frühlingszwiebel-Quasten garniert servieren.

Chicken Wings mit Honigglasur

Für 4 Personen

450 g Hähnchenflügel
2 EL Erdnussöl
2 EL helle Sojasauce
2 EL Hoisin-Sauce
2 EL Honig
2 Knoblauchzehen, zerdrückt
1 TL Sesamsaat

GEWÜRZMISCHUNG
1 getrocknete rote Chili
½–1 TL Chilipulver
½–1 TL gemahlener Ingwer
abgeriebene Schale von 1 Limette

TIPP

Die Chicken Wings können im Voraus zubereitet und nach dem Abkühlen tiefgekühlt werden. Die aufgetauten Hähnchenflügel abgedeckt im Ofen aufwärmen.

1 Für die Gewürzmischung die Chili in einem Mörser zerdrücken und mit den anderen Zutaten in einer kleinen Schüssel mischen.

2 Die Hähnchenflügel sorgfältig mit der Gewürzmischung einreiben. Abgedeckt mindestens 2 Stunden im Kühlschrank ruhen lassen, damit das Fleisch das Gewürzaroma annimmt.

3 Das Öl in einem vorgewärmten Wok oder einer Pfanne erhitzen.

4 Die Hähnchenflügel unter häufigem Wenden 10–12 Minuten goldbraun und knusprig braten. Das Bratfett abgießen.

5 Sojasauce, Hoisin-Sauce, Honig, Knoblauch und Sesamsaat in den Wok geben und die Hähnchenflügel mehrmals darin wenden.

6 Die Hitze reduzieren und die Hähnchenflügel unter häufigem Wenden weitere 20–25 Minuten garen; bei der Garprobe mit einem Holzstäbchen sollte der Fleischsaft klar austreten. Heiß servieren.

San-Francisco-Wings

Ergibt 12 Stück

5 EL dunkle Sojasauce
2 EL trockener Sherry
1 EL Reisessig
5-cm-Stück Orangenschale, ohne weiße Innenhaut
Saft von 1 Orange
1 EL brauner Zucker
1 Sternanis
1 TL Speisestärke, mit 3 EL Wasser verrührt
1 EL frisch gehackter Ingwer
1 TL Chilisauce
1,5 kg Hähnchenflügel

1

2

1 Backofen auf 200 °C vorheizen. Sojasauce, Sherry, Essig, Orangenschale und -saft, Zucker und Sternanis in einem Topf verrühren. Bei mittlerer Hitze aufkochen und die Speisestärke einrühren. Die Mischung unter Rühren 1 Minute kochen und eindicken lassen. Den Topf vom Herd nehmen und Ingwer und Chilisauce einrühren.

2 Die Flügelspitzen von den Hähnchenflügeln abtrennen. Die Hähnchenflügel in einer Lage in eine flache Auflaufform oder einen Bräter legen, mit der Sauce übergießen und wenden, bis sie gut mit Sauce überzogen sind.

3 Im Ofen 35–40 Minuten garen, dabei mehrmals wenden und mit Sauce bestreichen, bis das Fleisch gut gebräunt ist; bei der Garprobe mit einem Holzstäbchen sollte der Fleischsaft klar austreten. Heiß oder warm servieren.

Hähnchenunterschenkel mit Mango-Salsa

Für 4 Personen

8 Hähnchenunterschenkel ohne Haut
3 EL Mango-Chutney
2 TL Dijon-Senf
2 TL Maiskeimöl
1 TL Paprikapulver
1 TL schwarze Senfkörner, leicht zerstoßen
½ TL gemahlene Kurkuma
2 Knoblauchzehen, gehackt
Salz und Pfeffer

SALSA
1 Mango, gewürfelt
1 Tomate, fein gewürfelt
½ rote Zwiebel, in Ringe geschnitten
2 EL frisch gehackter Koriander

VARIATION

Statt Kurkuma kann mildes Currypulver verwendet werden.

1 Jeden Unterschenkel mit einem Messer drei- oder viermal einschneiden und in einen Bräter legen.

2 Mango-Chutney, Senf, Öl, Gewürze, Knoblauch, Salz und Pfeffer in einer kleinen Schüssel mischen und auf das Fleisch geben. Die Schenkel wenden, um sie rundum mit der Glasur zu überziehen.

3 Den Backofen auf 200 °C vorheizen. Die Unterkeulen 40 Minuten backen und mehrfach mit der Glasur bestreichen.

4 Für die Salsa die Mango mit Tomate, Zwiebel und Koriander vermischen und kalt stellen.

5 Die Unterschenkel auf einem Teller anrichten und heiß oder kalt mit der Mango-Salsa servieren.

Hähnchen- oder Rindfleisch-Satay

Für 6 Personen

4 Hähnchenbrustfilets
oder 750 g Rumpsteak
Limettenspalten, zum Servieren

MARINADE
1 kleine Zwiebel, fein gehackt
1 Knoblauchzehe, zerdrückt
2,5-cm-Stück Ingwerwurzel, gerieben
2 EL dunkle Sojasauce
2 TL Chilipulver
1 TL gemahlener Koriander
2 TL brauner Zucker
1 EL Zitronen- oder Limettensaft
1 EL Pflanzenöl

SAUCE
300 ml Kokosmilch
4 EL grobe Erdnusscreme
1 EL Fischsauce
1 TL Zitronen- oder Limettensaft
Salz und Pfeffer

1 Das Fleisch mit einem scharfen Messer von Fett befreien und in dünne, etwa 7 cm lange Streifen schneiden.

2 Für die Marinade alle Zutaten in eine flache Schüssel geben und gut verrühren. Die Fleischstreifen gründlich darin wenden. Mit Frischhaltefolie abdecken und 2 Stunden oder über Nacht im Kühlschrank marinieren.

3 Das Fleisch aus der Marinade nehmen und die Streifen auf dünne Bambus- oder Holzspieße (Satays) aufstecken, die zuvor in Wasser eingeweicht werden müssen.

4 Die Fleischspieße unter dem vorgeheizten Grill 8–10 Minuten grillen. Dabei gelegentlich wenden und mit der Marinade bestreichen.

5 Unterdessen für die Sauce die Kokosmilch mit Erdnusscreme, Fischsauce und Zitronen- oder Limettensaft in einem Topf mischen. Aufkochen und 3 Minuten garen. Mit Salz und Pfeffer abschmecken.

6 Die Sauce in eine Servierschüssel füllen und zusammen mit den Satay-Spießen und den Limettenspalten servieren.

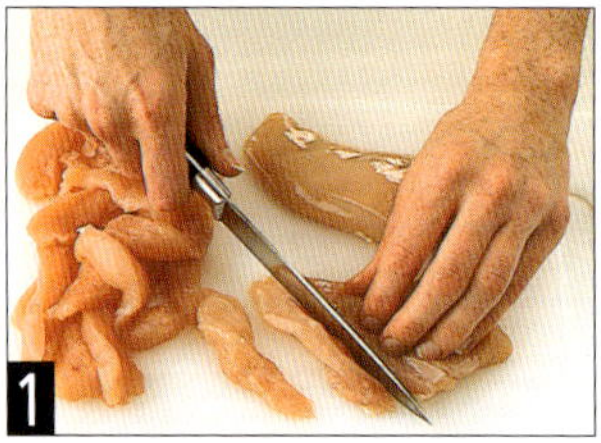
1

2

Rindfleisch-Kebabs

Für 4 Personen

8 Frühlingszwiebeln

700 g Rumpsteak, in Würfel geschnitten

8 Kirschtomaten, halbiert

1 EL körniger Senf

1 TL Worcestersauce

½ TL Balsamico-Essig

4 EL Maiskeimöl

Salz und Pfeffer

1 Den Backofengrill auf 180 °C vorheizen. Frühlingszwiebeln in 10–13 cm lange Stücke schneiden und längs halbieren. Fleischwürfel, Frühlingszwiebel- und Kirschtomatenhälften abwechselnd auf 4 Spieße aus Metall oder eingeweichtem Holz aufspießen. Die Spieße auf einen Ofenrost legen.

TIPP

Hier lässt sich Zeit sparen, wenn Sie Metallspieße verwenden, denn Holzspieße müssen mindestens 30 Minuten in warmem Wasser eingeweicht werden, damit sie unter dem Grill nicht anbrennen.

2 Senf, Worcestersauce und Essig in einer kleinen Schüssel verrühren. Mit dem Schneebesen das Öl einrühren und salzen und pfeffern.

3 Die Kebabspieße mit der Ölmischung einstreichen und unter dem heißen Grill 4 Minuten rösten. Dann wenden, nochmals mit dem Öl einstreichen und weitere 4 Minuten rösten. Spieße auf einer großen Servierplatte anrichten und sofort servieren.

Schweinefleisch-Satay

Für 4 Personen

500 g Schweinefilet (Lendenstück)

SAUCE

125 g ungesalzene Erdnüsse

2 TL scharfe Chilisauce

175 ml Kokosmilch

2 EL Sojasauce

1 EL gemahlene Koriandersamen

1 Prise gemahlene Kurkuma

1 EL brauner Zucker

Salz

GARNIERUNG

glatte Petersilie oder Koriander

Gurkenblätter (s. Tipp)

rote Chillies

TIPP

„Gurkenblätter" erhalten Sie, wenn Sie eine dicke Gurkenscheibe aus dem Rand der Gurke in Blattform zuschneiden. Ritzen Sie dann blattaderartige Rillen in das Gurkenfleisch.

1 Für die Sauce die Erdnüsse auf einem Backblech ausbreiten und unter einem heißen Grill goldbraun rösten, dabei ein- oder zweimal wenden. Abkühlen lassen und dann in einem Mixer oder einer Küchenmaschine mahlen. Alternativ die Erdnüsse mit einem Messer sehr fein hacken.

2 Die gemahlenen Erdnüsse mit scharfer Chilisauce, Kokosmilch, Sojasauce, Koriander, Kurkuma, Zucker und Salz in einen Topf geben. Unter ständigem Rühren schwach erhitzen. Die Sauce dabei nicht anbrennen lassen. Bei geringer Hitze 5 Minuten leicht köcheln lassen.

2

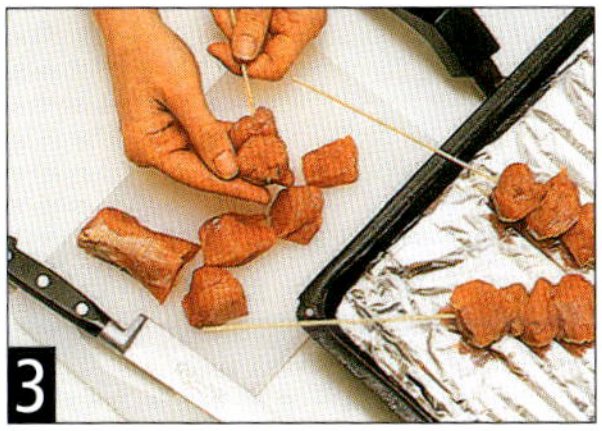
3

3 Unterdessen das Schweinefleisch von Fett befreien, in kleine Würfel schneiden und auf zuvor in Wasser eingeweichte Bambusspieße stecken. Diese auf einen mit Alufolie bedeckten Rost in eine Grillpfanne legen.

4 Die Hälfte der Erdnuss-Sauce in eine kleine Servierschüssel füllen. Die Spieße mit der restlichen Satay-Sauce bestreichen und 10 Minuten unter den vorgeheizten Grill legen, dabei oft wenden und mit Bratensaft beträufeln.

5 Das Fleisch zusammen mit der Erdnuss-Sauce servieren und mit Petersilie oder Koriander, Gurkenblättern und roten Chillies garnieren.

Pflaumen im Speckmantel

Für 4 Personen

12 Scheiben Frühstücksspeck

12 Backpflaumen, Datteln oder Wasserkastanien

1 Die Speckscheiben zum Glätten und Strecken auf dem Schneidebrett unter einem Messerrücken durchziehen.

2 Je 1 Backpflaume, Dattel oder Wasserkastanie auf eine Speckscheibe legen und aufrollen. Das Röllchen mit einem Holzstäbchen feststecken.

3 Eine Grillpfanne sehr stark erhitzen oder den Backofengrill vorheizen und die Pflaumen im Speckmantel 5–10 Minuten goldbraun und knusprig grillen, dabei einmal wenden. Welche Zutat Sie auch mit Speck umwickeln, sie sollte stets gut erhitzt und gegart werden. Alternativ die Speckröllchen auf dem Backblech 20–30 Minuten bei 200 °C im Backofen garen.

4 Auf einem Servierteller anrichten und sofort servieren.

VARIATION

Der Frühstücksspeck kann auch durch mit Öl bestrichenen Schinken ersetzt werden.

Dreierlei herzhafte Röllchen

Ergibt 50–60 Stück

MIT SCHINKEN UND FRISCHKÄSE
175 g Doppelrahmfrischkäse
4 große Scheiben Kochschinken
4 EL frisch gehackter Schnittlauch

MIT ROASTBEEF UND MEERRETTICH
100 g Crème Double
2 EL Sahne-Meerrettich
4 große Scheiben Roastbeef-Aufschnitt (medium gegart)

MIT LACHS UND DILLSAHNE
200 g Crème Double
2 EL frisch gehackter Dill
Pfeffer
4 große oder 8 mittlere Scheiben Räucherlachs
4 EL Zitronensaft

1 Für die Schinken-Frischkäse-Röllchen den Frischkäse gleichmäßig auf die Schinkenscheiben streichen. Mit Schnittlauch bestreuen. Die Schinkenscheiben fest aufrollen und in Frischhaltefolie einschlagen. Im Kühlschrank 1 Stunde kühlen.

2 Für die Roastbeef-Meerrettich-Röllchen die Crème Double steif schlagen, den Sahne-Meerrettich unterrühren und gleichmäßig auf die Roastbeefscheiben streichen. Die Roastbeefscheiben fest aufrollen und in Frischhaltefolie einschlagen. Im Kühlschrank 1 Stunde kühlen.

3 Für die Lachs-Dillsahne-Röllchen die Crème Double steif schlagen, Dill und Pfeffer unterheben und gleichmäßig auf die Lachsscheiben streichen. Die Lachsscheiben fest aufrollen und in Frischhaltefolie einschlagen. Im Kühlschrank 1 Stunde kühlen.

4 Vor dem Servieren die Rouladen nacheinander auswickeln und in Scheiben schneiden. Die Lachs-Dillsahne-Röllchen vor dem Schneiden mit etwas Zitronensaft beträufeln. Die Röllchen mit Holzstäbchen feststecken und auf einem Servierteller anrichten.

Spareribs mit Honig-Chili-Glasur

Ergibt 30 Stück

2 EL Erdnuss- oder Maiskeimöl
1 Zwiebel, fein gehackt
1 Knoblauchzehe, fein gehackt
1 frische grüne Chili, entkernt und und fein gehackt
3 EL Honig
2 EL Tomatenmark
1 EL Weißweinessig
1 Prise Chilipulver
150 ml Hühnerbrühe
800 g Spareribs

1 Den Backofen auf 190 °C vorheizen. Das Öl in einer Pfanne erhitzen. Zwiebel, Knoblauch und Chili bei mittlerer Hitze unter gelegentlichem Rühren 5 Minuten weich dünsten. Honig, Tomatenmark, Essig, Chilipulver und Brühe unterrühren und aufkochen. Die Hitze reduzieren und die Mischung unter gelegentlichem Rühren 15 Minuten köcheln und eindicken lassen.

2 Unterdessen die Spareribs in 5 cm lange Stücke hacken, in einen Bräter oder eine Grillform legen und mit der Sauce begießen. Die Rippchen wenden, bis sie gut mit Sauce überzogen sind. Im Backofen 1 Stunde garen, dabei häufig wenden und mit Sauce bestreichen, bis sie gut gebräunt sind.

3 Die Spareribs auf einer vorgewärmten Servierplatte anrichten und sofort servieren.

1

2

2

Thai-Klößchen

Für 4 Personen

400 g Schweinehack
4 EL gekochter Reis
1 Knoblauchzehe, zerdrückt
1 TL thailändische rote Currypaste
1 TL Pfeffer
1 TL gemahlener Koriander
½ TL Salz
3 EL Limettensaft
2 EL frisch gehackte Korianderblätter
3 EL Erdnussöl
Sojasauce, zum Servieren
GARNIERUNG
Gurkenscheiben
frische rote Chilistreifen

TIPP

Diese Klößchen sind auch eine ideale Vorspeise. Formen Sie dafür etwa 16 mundgerechte Stücke, und servieren Sie sie mit Soja-Dip.

1 Fleisch, Reis, Knoblauch, Currypaste, Pfeffer, gemahlenen Koriander, Salz, Limettensaft und frischen Koriander in einer Schüssel mit den Händen zu einer glatten Masse kneten.

2 Aus der Masse 12 kleine Klößchen formen. Alternativ den Teig in Wurstsaitling füllen und diesen in regelmäßigen Abständen abdrehen.

3 Das Öl in einer großen Pfanne auf mittlerer Stufe erhitzen. Die Klößchen portionsweise 8–10 Minuten unter gelegentlichem Wenden rundum goldbraun braten. Mit Gurkenscheiben und Chilistreifen garnieren und heiß mit Sojasauce servieren.

Würstchen im Speckmantel

Ergibt 48 Stück

16 große Bratwürste

4 EL Dijon Senf

48 Backpflaumen

16 Scheiben Frühstücksspeck

VARIATION

Backpflaumen können durch getrocknete Aprikosen und Dijon-Senf durch eine andere Sorte, z. B. körnigen Senf, ersetzt werden. Abwechslungsreicher wird es, wenn Sie verschiedene Bratwurstsorten verwenden.

1 Die Bratwürste der Länge nach aufschlitzen. Die Schlitze gleichmäßig mit Senf ausstreichen und je 3 Backpflaumen hineinsetzen. Die Bratwürste fest zusammendrücken.

2 Die Speckscheiben zum Glätten und Strecken auf dem Schneidebrett unter einem Messerrücken durchziehen. Die Bratwürste mit je einer Scheibe umwickeln.

3 Den Backofengrill vorheizen und die Bratwürste unter häufigem Wenden 15 Minuten knusprig grillen. Jede Bratwurst zweimal so durchschneiden, dass jedes Stück eine Backpflaume enthält. Mit einem Holzstäbchen feststecken, auf einem Servierteller anrichten und sofort servieren.

Chorizo-Oliven-Frittata

Für 4 Personen

50 g Butter
1 kleine Zwiebel, fein gehackt
1 kleine grüne oder rote Paprika, fein gehackt
2 Tomaten, gewürfelt
2 gekochte Kartoffeln, gewürfelt
125 g Chorizo oder Salami, fein gewürfelt
8 grüne oder schwarze Oliven, fein gehackt
8 große Eier
2 EL Milch
Salz und Pfeffer
50 g Gouda, gerieben
GARNIERUNG
Salatblätter
Peperonistreifen

1 Den Backofengrill vorheizen. Die Butter in einer großen Pfanne zerlassen. Zwiebel, Paprika und Tomaten bei mittlerer Hitze unter Rühren 3–4 Minuten weich dünsten. Kartoffeln, Chorizo oder Salami und Oliven dazugeben und 5 Minuten auf niedriger Stufe erhitzen. Eier, Milch, Salz und Pfeffer in einer Schüssel verquirlen.

2 Eimasse in die Pfanne gießen und bei geringer Hitze stocken lassen, dabei die Frittata gelegentlich vom Pfannenrand lösen und die Pfanne schwenken, damit sich die Eimasse gleichmäßig verteilt.

3 Wenn die Eimasse außen fest und nur noch in der Mitte etwas flüssig ist, mit Käse bestreuen und unter dem Grill 2 Minuten überbacken, bis der Käse geschmolzen ist. Die Frittata in der Pfanne auskühlen lassen. In Stücke schneiden und mit Salat und Peperonistreifen garniert servieren.

1

2

3

Chorizo-Artischocken-Quesadillas

Für 4–6 Personen

1 Chorizo
1 große milde grüne Chili oder grüne Paprika
4 Maismehl-Tortillas, erwärmt
8–10 eingelegte Artischockenherzen, abgetropft und gewürfelt
2 Knoblauchzehen, fein gehackt
350 g geriebener Käse
1 Tomate, gewürfelt
2 Frühlingszwiebeln, in Ringe geschnitten
1 EL frisch gehackter Koriander

1 Backofengrill auf mittlere Hitze vorheizen. Die Chorizo fein würfeln und in einer gusseisernen Pfanne leicht anbräunen.

2 Die Chili oder Paprika halbieren, entkernen und mit der Schnittseite nach unten für etwa 10 Minuten unter den vorgeheizten Grill legen, bis die Haut Blasen wirft und sich stellenweise schwarz verfärbt. Dann abkühlen lassen, häuten und in kleine Würfel schneiden.

3 Die Tortillas auf ein Backblech legen. Chorizo und Artischockenherzen darauf verteilen.

4 Knoblauch und Käse über die Tortillas streuen und diese unter dem Backofengrill erhitzen, bis der Käse Blasen wirft.

5 Tomate, Frühlingszwiebeln, Chili oder Paprika und Koriander auf die noch warmen Tortillas verteilen. Anschließend in kleine Dreiecke schneiden und servieren.

1

3

4

Spareribs mit Honig und Sojasauce

Für 4 Personen

1 kg Spareribs, zerteilt
½ Zitrone
½ kleine Orange
2,5-cm-Stück Ingwerwurzel, geschält
2 Knoblauchzehen, geschält
1 kleine Zwiebel, gehackt
2 EL Sojasauce
2 EL Reiswein
½ TL thailändisches Sieben-Gewürze-Pulver
2 EL Honig
1 EL Sesamöl
Zitronenscheiben, zum Garnieren
Orangenspalten, zum Servieren

TIPP

Wer keine Küchenmaschine hat, reibt die Schale von den Zitrusfrüchten ab und presst den Saft aus. Ingwer reiben, Knoblauch pressen und Zwiebel fein würfeln. Dann mit den restlichen Zutaten vermischen.

1 Backofen auf 180 °C vorheizen. Die Rippchen in einen großen Bräter legen, locker mit Alufolie abdecken und 30 Minuten in den Ofen stellen.

2 Die Kerne aus der Zitrone und Orange entfernen. Die Früchte mit Ingwer, Knoblauch, Zwiebel, Sojasauce, Reiswein, Sieben-Gewürze-Pulver, Honig und Sesamöl vermischen und alles in der Küchenmaschine glatt pürieren.

3 Das Fett aus dem Bräter abgießen, dann das Püree gleichmäßig auf den Spareribs verteilen.

4 Die Spareribs in dem Püree wenden. Wieder in den Ofen geben und die Temperatur auf 200 °C erhöhen. Unter gelegentlichem Wenden und Bestreichen 40 Minuten bräunen. Mit Zitronenscheiben garniert und mit Orangenspalten angerichtet servieren.

Häppchen mit Fisch & Meeresfrüchten

Gerichte mit Fisch und Meeresfrüchten umgibt stets ein gewisser Hauch von Eleganz und Raffinesse, umso mehr, wenn sie ansprechend garniert und präsentiert werden. In diesem Kapitel finden Sie klassische Häppchen und Kanapees wie Eier mit Sardellen-Thunfisch-Füllung (s. S. 138) oder Calamari fritti (s. S. 152) ebenso wie ausgefallenere Kreationen, z. B. Karibische Krebsküchlein (s. S. 149) oder Garnelentaschen mit süßer Sojasauce (s. S. 142). Andere Häppchen eignen sich besonders zum Dippen delikater Saucen, wie die Fischküchlein mit Petersilie (s. S. 148) oder die Thailändischen Fischküchlein (s. S. 154). Viele machen schon beim bloßen Hinsehen Appetit, wie die Knusprigen Krebsfleisch-Wantans (s. S. 150) oder die Muscheln im würzigen Teigmantel (s. S. 151), die in ihren dekorativen Schalen serviert werden.

Eier mit Sardellen-Thunfisch-Füllung

Für 4 Personen

8 hart gekochte Eier
2 EL Thunfisch aus der Dose, abgetropft und zerkleinert
4 Sardellenfilets in Olivenöl, abgetropft (1 TL Öl auffangen), grob gehackt
6 schwarze Oliven, entsteint
1 TL Kapern

TIPP

Wenn weder Thunfisch noch Sardellen in Olivenöl eingelegt sind, können Sie natives Olivenöl extra oder Kräuteröl verwenden, um die Eipaste cremig zu rühren.

1 Die Eier pellen und halbieren. Das Eigelb mit einem Teelöffel herauslösen und mit dem Thunfisch, 2 Sardellenfilets, 4 Oliven und den Kapern in die Küchenmaschine geben.

2 Die Zutaten zu einer glatten Paste verarbeiten und so viel Sardellenöl unterrühren, dass die Paste geschmeidig wird.

3 Eiweißhälften auf einem Servierteller anrichten und die Mulden mit der Eipaste füllen, entweder mithilfe eines Teelöffels oder eines Spritzbeutels.

4 Die restlichen Sardellenfilets und Oliven in feine Streifen schneiden und die Eier damit garnieren. Anschließend sofort servieren.

1

2

3

Buttergarnelen

Für 8 Personen

275 g Butter

3 ganze Muskatblüten (erhältlich im Feinkosthandel)

1 Prise frisch geriebene Muskatnuss

1 Prise Cayennepfeffer

450 g gekochte Garnelen, ausgelöst

GARNIERUNG

frische Petersilie

Zitronenscheiben

gebuttertes Brot, zum Servieren

1 175 g Butter mit den Muskatblüten, Muskat und Cayennepfeffer in einer Pfanne bei kleinster Hitze unter gelegentlichem Rühren zerlassen.

2 Die Garnelen dazugeben und unter ständigem Rühren 2 Minuten erhitzen. Die Mischung darf auf keinen Fall kochen.

3 Die Pfanne vom Herd nehmen und die Muskatblüten entfernen. Die Mischung in eine Servierschale füllen und die Oberfläche glatt streichen. Abdecken und nach dem Auskühlen im Kühlschrank fest werden lassen. (Traditionell wird dieses englische Gericht als Vorspeise in Portionsförmchen serviert. Dafür die Garnelenmischung auf 8 Förmchen verteilen.)

4 Wenn die Buttergarnelen fest sind, die restliche Butter in einer kleinen Pfanne bei geringer Hitze zerlassen. Den Schaum an der Oberfläche abschöpfen, das klare Butterfett vorsichtig in eine Schüssel gießen, dabei darauf achten, dass das Milcheiweiß in der Pfanne zurückbleibt. Die Buttergarnelen mit einer dünnen Schicht geklärter Butter bedecken. Dann abdecken und im Kühlschrank fest werden lassen.

5 Die Buttergarnelen mit Petersilie und Zitronenscheiben garnieren und mit gebuttertem Roggen- oder Vollkornbrot servieren.

Garnelentaschen mit süßer Sojasauce

Ergibt 16 Stück

DIP

1 frische kleine rote Chili

1 TL Honig

4 EL Sojasauce

TASCHEN

2 EL frische Korianderblätter

1 Knoblauchzehe

1½ TL thailändische rote Currypaste

16 Wantan-Hüllen

1 Eiweiß, leicht verquirlt

16 rohe Riesengarnelen, ausgelöst

Sonnenblumenöl,
zum Frittieren

1 Für den Dip die Chili fein hacken und mit dem Honig und der Sojasauce in einer kleinen Schüssel verrühren. Dann beiseite stellen. Für die

Garnelen-Taschen Koriander und Knoblauch fein hacken, mit der Currypaste verrühren.

2 Die Wantan-Hüllen mit etwas Eiweiß bestreichen.

3 Jede bestrichene Wantan-Hülle vorsichtig mit 1 Teelöffel Koriandermischung bestreichen und eine Garnele darauf setzen.

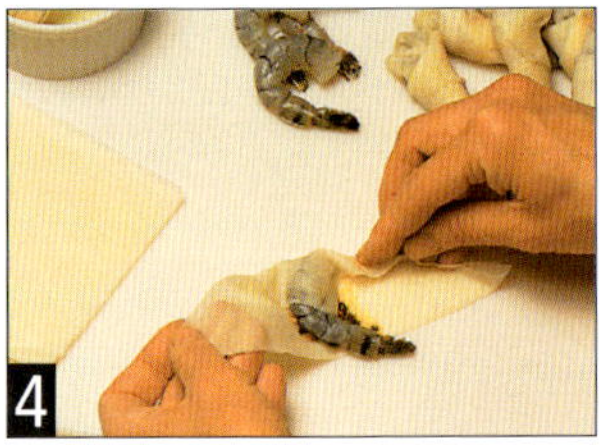

4 Den Teig so falten, dass der Schwanz frei bleibt.

5 Das Öl auf 180 °C erhitzen (ein Brotwürfel sollte in 30 Sekunden darin bräunen). Die Garnelen portionsweise 1–2 Minuten goldbraun und knusprig frittieren. Auf Küchenpapier abtropfen lassen und mit Dip servieren.

VARIATION

Die Wantan-Hüllen können durch Frühlingsrollen-Teig ersetzt werden. Das Teigblatt in lange Streifen schneiden. Koriandermischung und je 1 Garnele auf ein Ende geben, das andere mit Eiweiß bestreichen. Umwickeln und frittieren.

Frühlingsröllchen mit Garnelen

Ergibt ca. 30 Stück

50 g getrocknete Reis-Vermicelli
1 Karotte, in feine Stifte geschnitten
50 g Zuckererbsen, in feine Längsstreifen geschnitten
3 Frühlingszwiebeln, fein gehackt
100 g gekochte Garnelen, ausgelöst
2 Knoblauchzehen, zerdrückt
1 TL Sesamöl
2 EL helle Sojasauce
1 TL Chilisauce
200 g Filo-Teig, in 15 cm große Quadrate geschnitten
1 Eiweiß, verquirlt
625 ml Pflanzenöl, zum Frittieren
dunkle Sojasauce, süße Chilisauce oder süß-saurer Chili-Dip (s. S. 154), zum Servieren

1 Die Reis-Vermicelli nach Packungsanweisung garen. Gut abtropfen lassen, grob zerkleinern und beiseite stellen. Leicht gesalzenes Wasser in einem Topf aufkochen. Karotte und Zuckererbsen 1 Minute blanchieren. Abtropfen lassen und unter kaltem Wasser abschrecken. Erneut abtropfen lassen, mit Küchenpapier trockentupfen und mit den Nudeln, Frühlingszwiebeln, Garnelen, Knoblauch, Sesamöl, Soja- und Chilisauce vermengen.

2 Die Teigquadrate zu Dreiecken falten und so auf die Arbeitsfläche legen, dass die Spitze nach oben zeigt. Je 1–2 Esslöffel Nudelmischung in die Mitte setzen. Die Spitze des Dreiecks über die Füllung rollen, dabei die seitlichen Ecken einschlagen. Die Spitze des Dreiecks mit Eiweiß bestreichen und zum Schließen des Päckchens nach unten klappen. Auf diese Weise etwa 30 Frühlingsrollen herstellen.

3 Eine große Pfanne oder eine Fritteuse zu ⅓ mit Öl füllen und auf 180–190 °C erhitzen (ein Brotwürfel sollte in 30 Sekunden goldbraun frittiert sein). Die Frühlingsrollen portionsweise (4–5 Stück) 1–2 Minuten goldbraun und knusprig frittieren. Auf Küchenpapier abtropfen lassen und warm stellen, bis alle Frühlingsrollen frittiert sind.

4 Die Frühlingsrollen mit Sojasauce, süßer Chilisauce oder süß-saurem Chili-Dip servieren.

1

2

3

Sesamtoast mit Krabben und Huhn

Ergibt 72 Stück

4 Hähnchenkeulen ohne Haut und Knochen
100 g Krabben
1 kleines Ei, verquirlt
3 Frühlingszwiebeln, fein gehackt
2 Knoblauchzehen, zerdrückt
2 EL frisch gehackter Koriander
1 EL Fischsauce
½ TL frisch gemahlener schwarzer Pfeffer
¼ TL Salz
12 Scheiben Weißbrot ohne Rinde
8 EL Sesamsaat
Sonnenblumenöl, zum Braten
Frühlingszwiebel-Streifen, zum Garnieren

1 Hähnchenfleisch und Krabben im Mixer fein pürieren. Ei, Frühlingszwiebeln, Knoblauch, Koriander, Fischsauce, Pfeffer und Salz zugeben und noch einige Sekunden durchmixen. In eine Schüssel geben.

2 Die Mischung gleichmäßig auf den Brotscheiben verteilen und bis an den Rand verstreichen. Den Sesam auf einen Teller streuen und die bestrichenen Seiten der Brotscheiben fest hineindrücken.

3 Jede Brotscheibe in 6 gleich große Rechtecke schneiden.

TIPP

Für eine Party kann man den Toast im Voraus zubereiten. In Frischhaltefolie eingewickelt lässt er sich im Kühlschrank 3 Tage aufbewahren, in Gefrierbeuteln im Tiefkühlfach 1 Monat. Über Nacht im Kühlschrank auftauen lassen, dann 5 Minuten im vorgeheizten Backofen erhitzen.

4 Eine große Pfanne 1 cm hoch mit Öl füllen und stark erhitzen. Das Brot portionsweise 2–3 Minuten goldbraun braten, dabei einmal wenden.

5 Den Sesamtoast auf Küchenpapier gut abtropfen lassen. Heiß servieren und mit dünnen Frühlingszwiebel-Streifen garnieren.

Tortilla-Ecken mit pikantem Garnelenbelag

Für 8–10 Personen

500 g gekochte Garnelen, ausgelöst
4 Knoblauchzehen, zerdrückt
½ TL mildes Chilipulver
½ TL gemahlener Kreuzkümmel
Saft von 1 Limette
1 reife Tomate, gewürfelt
Salz
6 weiche Maismehl-Tortillas
Pflanzenöl, zum Frittieren
2 Avocados
200 g saure Sahne
mildes Chilipulver, zum Garnieren

1 Garnelen, Knoblauch, Chilipulver, Kreuzkümmel, Limettensaft und Tomatenwürfel in eine Schüssel geben, salzen und vorsichtig vermengen. Für mindestens 4 Stunden oder über Nacht im Kühlschrank marinieren.

1

2 Die Tortillas in kleine Dreiecke schneiden. Öl in einer beschichteten Pfanne erhitzen, eine Portion Tortilla-Ecken zugeben und bei mittlerer Hitze knusprig braten. Alles mit den restlichen Tortilla-Ecken wiederholen.

2

3 Avocados halbieren, Kerne entfernen, Fruchtfleisch von der Schale lösen, in kleine Würfel schneiden und mit der Garnelenmischung vermengen.

4 Die Tortillas auf einem Servierteller anrichten und je 1 Teelöffel Garnelen-Avocado-Mischung darauf geben. Einen Löffel saure Sahne zugeben, mit etwas mildem Chilipulver bestreuen und sofort servieren.

4

TIPP

Wenn es einmal schnell gehen soll, können auch Tostadas oder leicht gesalzene Tortilla-Chips verwendet werden.

VARIATION

Die Garnelen durch gewürfelten Mozzarella oder frischen milden Pecorino ersetzen.

Fischküchlein mit Petersilie

Für 4 Personen

450 g weißes Fischfilet, ohne Haut
1 Zwiebel, geviertelt
2 Eier
4 EL Semmelbrösel
1 EL frisch gehackte Petersilie
Salz und Pfeffer
Öl, zum Frittieren
süß-saurer Chili-Dip (s. S. 154), zum Servieren

1 Die Fischfilets in große Stücke schneiden und zusammen mit der Zwiebel in der Küchenmaschine grob hacken. In eine Schüssel füllen.

2 Eier und Semmelbrösel zugeben und gut verrühren. Petersilie, Salz und Pfeffer untermischen.

3 Öl in einem Wok oder einer großen Pfanne auf 180–190 °C erhitzen (ein Brotwürfel sollte in 30 Sekunden goldbraun frittiert sein).

4 Die Fischmasse zu kleine Küchlein oder Kugeln formen. Vorsichtig in das heiße Fett gleiten lassen und goldbraun frittieren. Mit einem Schaumlöffel herausnehmen und auf Küchenpapier abtropfen lassen.

5 Die Fischküchlein auf einem Servierteller anrichten und entweder heiß oder zimmerwarm mit dem süß-sauren Chili-Dip servieren.

1

2

4

Karibische Krebsküchlein

Ergibt 16 Stück

1 Kartoffel, in Stücke geschnitten
Salz und Pfeffer
4 Frühlingszwiebeln, gehackt
1 Knoblauchzehe, gehackt
1 EL frisch gehackter Thymian
1 EL frisch gehacktes Basilikum
1 EL frisch gehackter Koriander
225 g weißes Krebsfleisch aus der Dose, abgetropft
½ TL Dijon-Senf
½ frische grüne Chili, fein gehackt
1 Ei, leicht verquirlt
Mehl, zum Bestäuben
Maiskeimöl, zum Frittieren
Limettenspalten, zum Garnieren
Dip oder Salsa nach Wahl, zum Servieren

1 Die Kartoffelstücke in einen kleinen Topf geben und mit reichlich Wasser bedecken. Eine Prise Salz hinzufügen und die Kartoffelstücke aufkochen. Die Hitze reduzieren und die Kartoffel bei geschlossenem Deckel 10–15 Minuten garen. Abtropfen lassen, in eine große Schüssel geben und mit einem Stampfer oder einer Gabel zu einem glatten Püree verarbeiten.

2 Unterdessen Frühlingszwiebeln, Knoblauch, Thymian, Basilikum und Koriander in einem Mörser zu einer glatten Kräuterpaste verarbeiten und mit dem Krebsfleisch, Senf, Chili, Ei und Pfeffer zum Kartoffelpüree geben. Gut vermengen und mit Frischhaltefolie abgedeckt 30 Minuten im Kühlschrank ruhen lassen.

3 Etwas Mehl auf einem Teller verteilen. Die Krebsfleischmischung esslöffelweise zwischen den Handflächen zu Kugeln formen und flach drücken. Im Mehl wenden und das überschüssige Mehl abschütteln. Das Öl in einer Pfanne stark erhitzen und die Küchlein portionsweise 2–3 Minuten goldbraun frittieren. Dann mit einem Schaumlöffel herausnehmen, auf Küchenpapier abtropfen und auskühlen lassen.

4 Auf einem Servierteller anrichten und mit Limettenspalten garnieren. Mit einem Dip oder einer Salsa nach Wahl servieren.

1

2

3

Calamari fritti

Für 4 Personen

100 g Mehl
1 TL Salz
2 Eier
175 ml Mineralwasser
450 g Tintenfische
625 ml Pflanzenöl, zum Ausbacken

GARNIERUNG
Zitronenspalten
frische Petersilie

TIPP

Bitten Sie Ihren Fischhändler, den Tintenfisch für Sie auszunehmen und zu säubern. Tintenfischringe sind teils auch küchenfertig im Feinkosthandel erhältlich.

1 Mehl und Salz in eine Schüssel sieben. Mit den Eiern und der Hälfte des Mineralwassers verrühren. Nach und nach das restliche Mineralwasser unterrühren, bis ein glatter Teig entstanden ist.

2 Zum Säubern des Tintenfischs den Körper festhalten, die Tentakel greifen und samt den Innereien herausziehen. Das transparente Fischbein ebenfalls entfernen. Die Flossen abschneiden und die Außenhaut abziehen. Die Tentakel unterhalb der Schnabelöffnung abschneiden.

3 Den Tintenfischmantel und die Tentakel unter fließend kaltem Wasser waschen. Den Mantel in 1 cm breite Ringe schneiden. Auf Küchenpapier gut abtropfen.

4 Unterdessen eine Fritteuse oder eine große Pfanne zu einem Drittel mit Öl füllen und auf 180–190 °C erhitzen (ein Brotwürfel sollte in 30 Sekunden goldbraun frittiert sein).

5 Tintenfischringe und Tentakel portionsweise in den Teig tauchen und 1–2 Minuten im heißen Fett goldgelb ausbacken. Auf Küchenpapier abtropfen und warm halten, bis alle Ringe und Tentakel ausgebacken sind. Auf einem Servierteller anrichten, mit Zitronenspalten und Petersilie garnieren und sofort servieren.

1

3

5

Thailändische Fischküchlein

Ergibt 16 Stück

450 g Weißfischfilet wie Seehecht, Schellfisch oder Dorsch, gehäutet und gehackt
1 EL thailändische Fischsauce
1 EL rote Currypaste
1 Kaffir-Limettenblatt, klein geschnitten
2 EL frisch gehackter Koriander
1 Ei
1 TL brauner Zucker
1 Prise Salz
50 g grüne Bohnen, diagonal in dünne Scheiben geschnitten
Öl, zum Ausbacken

SÜSS-SAURER CHILI-DIP
4 EL Zucker
1 EL kaltes Wasser
3 EL weißer Reisessig
2 kleine scharfe Chillies, gehackt
1 EL Fischsauce
Chiliblüten und Frühlingszwiebel-Quasten, zum Garnieren

1 Fischfilets, Fischsauce, Currypaste, Limettenblatt, Koriander, Ei, Zucker und Salz im Mixer zu einer glatten Masse verarbeiten. In eine Schüssel geben und die grünen Bohnen einrühren. Beiseite stellen.

2 Für den Dip Zucker, Wasser und Reisessig in einem kleinen Topf langsam erhitzen, bis der Zucker aufgelöst ist. Aufkochen und 2 Minuten köcheln lassen. Vom Herd nehmen, Chillies und Fischsauce einrühren und zum Abkühlen beiseite stellen.

3 Eine Pfanne mit reichlich Öl erhitzen. Die Fischmischung in 16 kleine Kugeln aufteilen. Die Kugeln leicht flach drücken und 1–2 Minuten von jeder Seite im heißen Öl goldgelb ausbacken. Auf Küchenpapier abtropfen lassen. Mit Chiliblüten und Frühlingszwiebel-Quasten garnieren und heiß mit dem Dip servieren.

TIPP

Für dieses Rezept müssen Sie nicht unbedingt teure Filetteile verwenden, da die Geschmacksnoten der Zutaten sehr kräftig sind.

Reisbällchen

Für 4 Personen

175 g gekochter Reis
175 g weißes Krebsfleisch, zerkleinert
3 Frühlingszwiebeln, fein gehackt
2 EL Mayonnaise
125 g geriebener Käse, z. B. Gruyère oder Mozzarella
1 Prise Cayennepfeffer
1 EL frisch gehackte Petersilie
2 Eier
Öl, zum Frittieren
2 EL Mehl
Paniermehl

1 Reis, Krebsfleisch, Frühlingszwiebeln, Mayonnaise, Käse, Cayennepfeffer, Petersilie und 1 Ei in einer großen Schüssel mischen. Mit Frischhaltefolie abgedeckt 2 Stunden oder vorzugsweise über Nacht im Kühlschrank ruhen lassen.

2 Mit angefeuchteten Händen je 1–2 Esslöffel Reismischung zu Kugeln formen. Abgedeckt 30 Minuten kalt stellen.

3 Öl in einem Wok oder einer Pfanne stark erhitzen (ein Brotwürfel sollte in 30 Sekunden bräunen).

4 Unterdessen das zweite Ei in einem tiefen Teller verquirlen. Mehl und Paniermehl auf zwei separate Teller geben. Die Reiskugeln erst im Mehl, dann im Ei wenden. Überschüssiges Ei abschütteln.

5 Die Reiskugeln im Paniermehl rollen. Leicht andrücken und überschüssiges Paniermehl abschütteln. Im heißen Fett 5 Minuten goldbraun und knusprig frittieren. Gut abtropfen lassen. Anschließend warm oder kalt servieren.

1

1

5

Hering nach Hausmacherart

Für 4 Personen

4 Rollmöpse mit Zwiebeln

2 hart gekochte Eier

1 Apfel

1 EL feine Semmelbrösel

1 Heringe häuten, in Stücke schneiden und in eine Schüssel geben.

2 Zwiebeln würfeln. Eier pellen und klein hacken. Den Apfel schälen, das Kerngehäuse entfernen und fein würfeln. Alles in die Schüssel geben.

3 Semmelbrösel dazugeben und alles gut vermengen. In eine Servierschüssel füllen. Wenn die Heringe nicht sofort serviert werden, abgedeckt kalt stellen. 10 Minuten vor dem Servieren herausnehmen.

TIPP

Hervorragend passt dazu in dünne Scheiben geschnittenes Roggenbrot oder Pumpernickel.

Engelchen und Teufelchen

Frgibt 32 Stück

TEUFELCHEN

8 Scheiben Frühstücksspeck

8 eingelegte Sardellenfilets, abgetropft

16 Mandeln, blanchiert und abgezogen

16 Backpflaumen

ENGELCHEN

8 Scheiben Frühstücksspeck

16 geräucherte Austern

1 Den Backofen auf 200 °C vorheizen. Für die Teufelchen die Speckscheiben der Länge nach halbieren und zum Strecken zwischen einem Messerrücken und einem Schneidebrett durchziehen. Die Sardellenfilets der Länge nach halbieren. Die Mandeln mit den Sardellenfilets umwickeln und in die Backpflaumen stecken. 1 Streifen Frühstücksspeck darumwickeln und mit einem Holzstäbchen feststecken.

2 Für die Engelchen die Speckscheiben der Länge nach halbieren und unter einem Messerrücken strecken. Die Austern mit einem Streifen Frühstücksspeck umwickeln und mit einem Holzstäbchen feststecken.

3 Engelchen und Teufelchen auf ein Backblech setzen und im Ofen 10–15 Minuten knusprig backen. Sofort servieren.

1

1

2

Meeresfrüchte-Spieße mit scharfer Salsa

Ergibt 8 Spieße

2 TL frisch geriebener Ingwer
2 Knoblauchzehen, fein gehackt
2 frische grüne Chillies, fein gehackt
2 EL Erdnuss- oder Maiskeimöl
1,5 kg Seeteufel, in 24 Stücke geschnitten
8 rohe Riesengarnelen, ausgelöst, aber mit Schwanzenden
Salz und Pfeffer

SALSA
2 Tomaten
4 frische rote Chillies
4 frische grüne Jalapeño-Chillies, fein gehackt
2 EL frisch gehackter Koriander
2 EL Olivenöl
1 EL Rotweinessig
Salz

1 Ingwer, Knoblauch, Chillies und Öl in einer großen Schüssel mischen. Fischwürfel und Garnelen hineingeben und gut vermengen. Mit Frischhaltefolie abgedeckt 1 Stunde im Kühlschrank marinieren.

2 Unterdessen für die Salsa die Tomaten kreuzförmig einschneiden, in eine feuerfeste Schüssel geben, mit kochendem Wasser übergießen und 30 Sekunden ziehen lassen. Abtropfen lassen und rasch häuten.

3 Den Backofengrill vorheizen. Die roten Chillies auf ein Backblech legen und unter häufigem Wenden rösten, bis die Haut Blasen wirft und schwarz wird. In einen Gefrierbeutel geben und verschließen.

4 Die Jalapeño-Chillies in eine Schüssel geben. Die Tomaten entkernen, das Fruchtfleisch würfeln und in die Schüssel geben. Die roten Chillies aus dem Gefrierbeutel nehmen, häuten, halbieren und entkernen. Das Fruchtfleisch fein hacken und mit dem Koriander in die Schüssel geben. Olivenöl und Essig in einer kleinen Schale verrühren. Mit Salz abschmecken und über die Salsa gießen. Mit Frischhaltefolie abgedeckt bis zum Servieren im Kühlschrank aufbewahren.

5 Backofengrill vorheizen. Fischwürfel und Garnelen abwechselnd auf 8 Spieße stecken. Unter häufigem Wenden 6–8 Minuten grillen, bis die Spieße gar sind. Auf einem Servierteller anrichten, mit Salz und Pfeffer würzen und mit der Salsa servieren.

1

4

5

Vegetarische Knabbereien

Gemüse bietet aufgrund seiner Vielfalt viele kreative Möglichkeiten. Chicoréeblätter und Selleriestangen haben die ideale Form, um Kräuterfrischkäse zu servieren (s. S. 180), Paprikaringe sind der perfekte bunte Rahmen für eine herrliche Käsecreme (s. S. 190), während Champignons sich über eine Spinat-Feta-Füllung freuen (s. S. 192). Knackiges Gemüse in einer knusprigen Hülle ist ein unvergleichlicher Genuss, zum Beispiel Frittiertes Gemüse (s. S. 198), Tofu-Tempura (s. S. 206) oder Champignonhäppchen mit Aïoli (s. S. 194). Einige der in diesem Kapitel vorgestellten Gerichte eignen sich sogar für eine Hauptmahlzeit, andere, wie Chinesische Pommes frites (s. S. 211) oder Chili-Polenta-Rauten (s. S. 176), sind köstliche kleine Häppchen für gesellige Runden.

Eingelegte Oliven

Ergibt je 1 Glas

PROVENZALISCHE OLIVEN

3 getrocknete rote Chillies
1 TL schwarze Pfefferkörner
300 g schwarze Oliven in Salzlake
2 Zitronenscheiben
1 TL schwarze Senfkörner
1 EL Knoblauch-Olivenöl
natives Olivenöl extra

KATALANISCHE OLIVEN

½ rote oder orangefarbene Paprika, gegrillt
150 g schwarze Oliven in Salzlake
150 g grüne, mit Paprika gefüllte Oliven
1 EL Kapern, abgetropft
1 Prise Chilipulver
4 EL frisch gehackter Koriander
1 Lorbeerblatt
1 Schalotte, sehr fein gehackt
1 EL Fenchelsamen, leicht zerdrückt
1 TL getrockneter Dill
natives Olivenöl extra

Ergibt 1 Glas

GRIECHISCHE OLIVEN

½ große Zitrone
300 g Kalamata- oder andere schwarze Oliven
4 frische Thymianzweige
natives Olivenöl extra

1 Für die provenzalischen Oliven Chillies und Pfefferkörner in einem Mörser grob zerstoßen. Die Oliven abgießen, abspülen und mit Küchenpapier trockentupfen. Alle Zutaten in ein Einmachglas (500 ml) füllen und mit Olivenöl übergießen, bis die Oliven gut bedeckt sind.

2 Das Glas verschließen und mindestens 10 Tage stehen lassen, täglich schütteln.

3 Für die katalanischen Oliven die Paprika fein hacken. Oliven abgießen, abspülen und mit Küchenpapier trockentupfen. Alle Zutaten in ein Einmachglas (500 ml) geben und mit Olivenöl übergießen, bis die Oliven bedeckt sind. Wie in Schritt 2 marinieren.

4 Für die griechischen Oliven die Zitrone in 4 Scheiben, dann jede Scheibe in Spalten schneiden. Die Oliven abgießen, abspülen und mit Küchenpapier trockentupfen. Jede Olive längs bis zum Stein einschneiden.

5 Alle Zutaten in ein Einmachglas (500 ml) geben und mit Olivenöl übergießen, bis die Oliven bedeckt sind. Wie in Schritt 2 marinieren.

1

3

4

Gemüse-Pickles marokkanischer Art

Für 12 Personen

225 g kleine Radieschen
225 g Babykarotten
8 Selleriestangen
1 Gurke
Salz und Pfeffer
125 g Feinzucker
125 ml Zitronensaft
2 EL rote Pfefferkörner
1 Bund Koriander,
fein gehackt

1 Radieschen und Karotten in eine große Schüssel geben. Sellerie in 5 cm lange Stücke schneiden und in die Schüssel geben. Die Gurke der Länge nach halbieren und entkernen, in dicke Scheiben schneiden und in die Schüssel geben. Das Gemüse kräftig salzen. Mit Frischhaltefolie abgedeckt 3–4 Stunden ziehen lassen.

2 Das Gemüse in ein Sieb geben und gründlich unter fließend kaltem Wasser abbrausen. Gut abtropfen lassen und mit Küchenpapier trockentupfen, in eine Schüssel geben.

3 Zucker, Zitronensaft und Pfefferkörner in einer anderen Schüssel verrühren, bis sich der Zucker ganz aufgelöst hat. Mit Pfeffer abschmecken.

4 Die Sauce über das Gemüse gießen und gut durchmischen. Mit Frischhaltefolie abgedeckt 8 Stunden oder über Nacht kalt stellen.

5 Kurz vor dem Servieren den gehackten Koriander untermischen und die Mischung in eine Servierschüssel füllen. Gekühlt servieren. Zum Aufspießen der Gemüsestücke Holzstäbchen daneben legen.

Falafel

Für 4 Personen

225 g getrocknete Kichererbsen
1 große Zwiebel, fein gehackt
1 Knoblauchzehe, zerdrückt
2 EL frisch gehackte Petersilie
2 TL gemahlener Kreuzkümmel
2 TL gemahlener Koriander
Cayennepfeffer
½ TL Backpulver
Salz
Öl, zum Frittieren
ZUM SERVIEREN
Hummus (s. S. 16)
Auberginenmus mit Sesam (s. S. 33)
Tomatenspalten
Pita-Brot

1 Die Kichererbsen in einem großen Gefäß mit Wasser bedecken und über Nacht einweichen. Abtropfen lassen, in einen Topf geben, mit frischem Wasser bedecken und aufkochen. Die Hitze reduzieren und 1 Stunde köcheln. Abtropfen lassen.

2 Die Kichererbsen in der Küchenmaschine zu einem groben Püree verarbeiten. Zwiebel, Knoblauch, Petersilie, Kreuzkümmel, Koriander, etwas Cayennepfeffer und Backpulver dazugeben. Salzen und gut pürieren.

3 Abdecken und 30 Minuten ruhen lassen. Die Kichererbsenmasse zu 8 Kugeln formen und weitere 30 Minuten ruhen lassen. Das Öl in einem Wok oder einer Pfanne stark erhitzen. Die Kugeln in das heiße Fett geben und goldbraun frittieren. Mit einem Schaumlöffel herausnehmen und auf Küchenpapier abtropfen lassen.

4 Auf einem Servierteller anrichten. Heiß oder zimmerwarm mit Hummus, Auberginenmus, Tomatenspalten und Pita-Brot servieren.

Vegetarische Frühlingsrollen

Für 4 Personen

25 g dünne Glasnudeln
2 EL Erdnussöl
2 Knoblauchzehen, zerdrückt
½ TL frisch geriebener Ingwer
50 g Austernpilze, in dünne Streifen geschnitten
2 Frühlingszwiebeln, gehackt
50 g Bohnensprossen
1 kleine Karotte, in feine Streifen geschnitten
½ TL Sesamöl
1 EL helle Sojasauce
1 EL Reiswein
¼ TL Pfeffer
1 EL frisch gehackter Koriander
1 EL frisch gehackte Minze
24 Blätter Frühlingsrollen-Teig
½ TL Speisestärke
Erdnussöl, zum Frittieren
frische Minze, zum Garnieren
süße Sojasauce (s. S. 142), zum Servieren

1 Nudeln in einer Schüssel mit kochendem Wasser übergießen und 4 Minuten quellen lassen. Abgießen, kalt abschrecken und abtropfen lassen. Die Nudeln in 5-cm-Stücke schneiden.

2 Das Erdnussöl in einem Wok oder einer Pfanne stark erhitzen. Knoblauch, Ingwer, Pilze, Frühlingszwiebeln, Bohnensprossen und Karotte zugeben und 1 Minute bissfest braten.

3 Sesamöl, Sojasauce, Reiswein, Pfeffer, Koriander und Minze sorgfältig einrühren, dann den Wok vom Herd nehmen. Die Glasnudeln vorsichtig unterheben.

4 Die Teigblätter diagonal auf der Arbeitsplatte auslegen. Die Speisestärke mit 1 Esslöffel Wasser verrühren und die Ränder jedes Teigblattes damit bestreichen. Etwas Füllung auf das vordere Drittel des Teigblattes geben.

5 Die untere Spitze des Teigblattes über die Füllung falten, dann die Seiten vorsichtig einschlagen. Anschließend den Teig aufrollen, die Spitze mit der restlichen angerührten Speisestärke bestreichen und die Rolle mit der Spitze verschließen.

6 Das Öl in einem Wok oder einer Fritteuse auf 180 °C erhitzen (ein Brotwürfel sollte in 30 Sekunden braun werden). Die Frühlingsrollen portionsweise 2–3 Minuten goldbraun frittieren. Mit frischer Minze garnieren und mit süßer Sojasauce servieren.

1

4

5

Auberginen mit Satay-Sauce

Für 4 Personen

2 Auberginen, in 2,5-cm-Würfel geschnitten

175 g kleine Champignons

MARINADE

1 TL Kreuzkümmelsamen

1 TL Koriandersamen

2,5-cm-Stück Ingwerwurzel, gerieben

2 Knoblauchzehen, leicht zerdrückt

½ Zitronengrasstängel, grob gehackt

4 EL helle Sojasauce

8 EL Sonnenblumenöl

2 EL Zitronensaft

SATAY-SAUCE

½ TL Kreuzkümmelsamen

½ TL Koriandersamen

3 Knoblauchzehen

1 kleine Zwiebel, püriert oder sehr fein gewürfelt

1 EL Zitronensaft

1 TL Salz

½ rote Chili, in Ringe geschnitten

125 ml Kokosmilch

250 g grobe Erdnusscreme

250 ml Wasser

1 Die Auberginen und Champignons abwechselnd auf 8 Metall- oder eingeweichte Holzspieße stecken.

2 Für die Marinade Kreuzkümmel, Koriander, Ingwer, Knoblauch und Zitronengras zerstoßen. Dann kurz scharf anbraten, bis sich die Aromen entfalten. Vom Herd nehmen und die restlichen Marinade-Zutaten zugeben. Die Spieße mit der Marinade beträufeln und 2–8 Stunden marinieren.

3 Für die Sauce Kreuzkümmel und Koriander mit dem Knoblauch zerstoßen. Alle Zutaten bis auf das Wasser untermengen und in einen Topf geben. Dann das Wasser einrühren und die Sauce so lange kochen lassen, bis sie eingedickt ist.

4 Die Spieße unter einem vorgeheizten Grill 15–20 Minuten garen. Häufig mit der Marinade bestreichen, einmal wenden und mit der Satay-Sauce servieren.

2

2

3

Käse-Bohnen-Quesadillas

Für 4–6 Personen

8 Weizenmehl-Tortillas

Öl, zum Einfetten

400 g Bohnenmus aus der Dose

200 g Gouda, gerieben

1 Zwiebel, gehackt

½ Bund frischer Koriander, gehackt, plus etwas mehr zum Garnieren

1 Portion scharfe Salsa (s. S. 160)

1 Die Tortillas kurz in einer leicht eingefetteten beschichteten Pfanne erwärmen, damit sie leichter zu verarbeiten sind.

2 Die warmen Tortillas mit erwärmtem Bohnenmus bestreichen und mit Käse, Zwiebel und Koriander belegen. Dann 1 Essöffel Salsa auf jede Tortilla geben und diese fest zusammenrollen.

3 Kurz vor dem Servieren eine beschichtete Pfanne auf mittlere Hitze erwärmen. Mit einigen Tropfen Wasser beträufeln und die Tortillarollen in die Pfanne legen. Abgedeckt erhitzen, bis der Käse schmilzt und der Teig leicht anbräunt.

4 Jede Tortilla-Rolle schräg in 4 Stücke schneiden und anschließend sofort servieren.

TIPP

Wenn Sie die Quesadillas in der Mikrowelle erwärmen möchten, dürfen sie nur kurz garen, damit der Teig nicht zäh wird.

VARIATION

Belegen Sie die Tortillas statt mit Bohnenmus mit kurz gedämpften Brokkoliröschen oder sautierten, in Scheiben geschnittenen Pilzen, wenn Sie eine leichtere Füllung bevorzugen. Statt Bohnenmus eignen sich auch gegarte schwarze Bohnen mit Chipotle-Salsa (s. S. 37); so ergibt sich ein etwas milderes Aroma.

Maisfladen

Für 6 Personen

325 g Mais aus der Dose, abgetropft
1 Zwiebel, fein gehackt
1 TL Currypulver
1 Knoblauchzehe, zerdrückt
1 TL gemahlener Koriander
2 Frühlingszwiebeln, in Ringen
3 EL Mehl
½ TL Backpulver
1 großes Ei
Salz
4 EL Maiskeimöl
1 Frühlingszwiebel, in Ringe geschnitten, zum Garnieren

TIPP

Statt des Currypulvers kann auch die Würzmischung Garam masala verwendet werden. Etwas frisch geriebener Ingwer verleiht dem Gericht noch mehr Aroma.

1 Mais in einer Schüssel leicht mit der Gabel zerdrücken. Zwiebel, Currypulver, Knoblauch, Koriander, Frühlingszwiebeln, Mehl, Backpulver und Ei zugeben. Gut verrühren und nach Geschmack salzen.

2 Maiskeimöl in einer Pfanne erhitzen. Die Mischung esslöffelweise so hineingeben, dass die entstehenden Fladen nicht ineinander laufen.

3 Die Maisfladen 4–5 Minuten goldbraun braten, dabei jeden Fladen einmal wenden. Nicht zu früh wenden, damit die Fladen nicht in der Pfanne zerfallen.

4 Die Fladen mit dem Pfannenwender herausnehmen und auf Küchenpapier abtropfen lassen. Sofort mit Frühlingszwiebeln garniert servieren.

Chili-Polenta-Rauten

Für 4 Personen

Salz und Pfeffer

350 g Polenta

2 TL Chilipulver

1 EL Olivenöl oder zerlassene Butter

PETERSILIEN-DIP

150 g saure Sahne

1 EL frisch gehackte Petersilie

TIPP

Instant-Polenta ist in gut sortierten Supermärkten oder Naturkostläden erhältlich und sehr rasch zubereitet. Die angerührte Polentamasse kann man bis zu 1 Woche im Kühlschrank aufbewahren.

1 1,5 l Wasser in einem Topf aufkochen. Das Salz zufügen, die Polenta gleichmäßig einstreuen und sorgfältig unterrühren.

2 Die Hitze reduzieren und die Polenta etwa 5 Minuten weiterrühren. Sie ist fertig, wenn sie so fest geworden ist, dass der Kochlöffel aufrecht darin stehen bleibt.

3 Chilipulver zufügen und gut unterrühren. Dann die Polenta mit etwas Salz und Pfeffer abschmecken.

4 Die Polenta ca. 4 cm dick auf eine Arbeitsfläche oder ein Küchenbrett streichen und auskühlen lassen.

5 Die abgekühlte Polenta in schmale Rauten schneiden.

6 Das Öl in einer Pfanne erhitzen und die Polentarauten darin von jeder Seite 3–4 Minuten goldbraun und knusprig frittieren. Auf Küchenpapier abtropfen lassen. Alternativ die Rauten mit zerlassener Butter bestreichen und 6–7 Minuten unter einem vorgeheizten Grill rösten.

7 Die saure Sahne und die Petersilie in einer Schüssel mischen.

8 Die fertigen Polentastreifen mit dem Petersilien-Dip servieren.

1

2

4

Knabbermischung

Für 4 Personen

2 EL Öl

60 g Popcornmais

60 g Butter

1 Knoblauchzehe, zerdrückt

60 g ungeschälte Mandeln

60 g ungesalzene Cashewkerne

60 g ungesalzene Erdnusskerne

1 TL Worcestersauce

1 TL Currypulver oder -paste

¼ TL Chilipulver

60 g Rosinen

Salz

VARIATION

Variieren Sie die Knabbermischung mit verschiedenen Nüssen nach Ihrem persönlichen Geschmack. Nur gesalzene Nüsse sollten vermieden werden. Für eine weniger scharfe Version statt Curry und Chilipulver in die Mischung 1 TL Kreuzkümmelsamen, 1 TL gemahlenen Koriander und ½ TL Paprikapulver geben.

1 Das Öl in einem Topf erhitzen. Die Maiskörner darin rundum mit Öl überziehen, abdecken und bei starker Hitze 3–5 Minuten platzen lassen. Den geschlossenen Topf dabei öfters rütteln, bis das Ploppen aufhört.

2 Das Popcorn in eine Schale füllen. Körner, die geschlossen geblieben sind, wegwerfen.

3 Butter in einer Pfanne zerlassen. Knoblauch, Mandeln, Cashew- und Erdnusskerne zugeben. Dann Worcestersauce, Currypulver oder -paste sowie Chilipulver untermischen und die Nüsse 2–3 Minuten bei mittlerer Hitze unter häufigem Rühren leicht anrösten.

4 Die Pfanne vom Herd nehmen und Rosinen und Popcorn untermischen. Alles salzen und nochmals durchmischen. In eine Schüssel geben und warm oder kalt servieren.

Chicorée- und Sellerie-Schiffchen

Ergibt ca. 40 Stück

- 450 g Doppelrahmfrischkäse
- 4 Frühlingszwiebeln, fein gehackt
- 4 EL gehackte getrocknete Tomaten
- 3 EL frisch gehackte Petersilie
- 1 EL frisch gehackter Schnittlauch
- 175 g grüne Oliven mit Paprika gefüllt, gehackt
- 1 EL Tabasco
- 2 Chicorée, Blätter abgezupft
- 12 Selleriestangen
- rote Paprikastreifen, zum Garnieren

1 Den Frischkäse in einer Schüssel mit einem Holzlöffel glatt rühren.

2 Frühlingszwiebeln, Tomatenstückchen, Petersilie, Schnittlauch, Oliven und Tabasco unterrühren.

3 Die Frischkäsemischung auf die Chicoréeblätter und die Selleriestangen geben. Die Selleriestangen dafür in 10-cm-Stücke schneiden. Die Schiffchen auf einem Servierteller mit Paprikastreifen garniert servieren.

Mais-Käse-Bällchen

Für 4 Personen

50 g Butter
150 ml Wasser
60 g Mehl, mit Salz und Pfeffer gewürzt
1 Ei, verquirlt
1 Prise Cayennepfeffer oder Chilipulver (nach Belieben)
25 g geriebener Käse, z. B. Emmentaler, Gruyère oder Gouda
1 EL Gemüsemais aus der Dose
1 EL sautierte gehackte Zwiebeln
1 EL gebratene gehackte Pilze
Öl, zum Frittieren

1 Für den Brandteig Butter und Wasser in einem Topf aufkochen. Das Mehl auf einmal hineingeben und rühren, bis sich die Masse vom Topfrand löst. Das Ei nach und nach unterrühren, bis ein glatter Teig entstanden ist.

2 Den Teig nach Belieben mit Cayennepfeffer oder Chilipulver würzen. Käse, Mais, Zwiebeln und Pilze unterrühren.

3 Öl in einem Wok oder einer Pfanne erhitzen. Esslöffelweise Teig in das heiße Fett gleiten lassen und goldbraun frittieren, bis die Bällchen aufgegangen sind. Herausnehmen und auf Küchenpapier abtropfen lassen. Auf einem Servierteller anrichten und sofort servieren.

Kleine Käsebällchen-Auswahl

Für 4 Personen

MIT BLAUSCHIMMELKÄSE

125 g Blauschimmelkäse, zerkrümelt

125 g saure Sahne

2 EL fein gehackte Frühlingszwiebeln oder frisch gehackter Schnittlauch

1 EL fein gehackter Sellerie

MIT FRISCHKÄSE

125 g geriebener Käse, z. B. Emmentaler oder Gouda

75 g Doppelrahmfrischkäse

3 EL trockener Sherry oder Martini

einige Tropfen Worcestersauce

2 EL fein gehackte Frühlingszwiebeln oder frisch gehackter Schnittlauch

1 EL fein gehackter Sellerie

MIT FETA

125 g Feta, zerkrümelt

125 g weiche Butter

½ TL Paprika

2 EL frisch gehackte Kräuter

GARNIERUNG

gehackte Nüsse, gewürfelte rote oder grüne Paprika, fein gehackter Sellerie, fein gehackte Kräuter

1 Für die Blauschimmelbällchen den Käse in einer Schüssel zerdrücken und mit der sauren Sahne zu einer glatten Creme verrühren. Frühlingszwiebeln oder Schnittlauch und Sellerie unterrühren. Mit angefeuchteten Händen teelöffelgroße Portionen zu Kugeln rollen. Abgedeckt kalt stellen.

2 Für die Frischkäse-Bällchen den geriebenen Käse mit dem Frischkäse glatt rühren. Sherry oder Martini und Worcestersauce unterrühren. Frühlingszwiebeln oder Schnittlauch und Sellerie unterheben. Wie in Schritt 1 formen und kalt stellen.

3 Für die Feta-Bällchen Feta und Butter in einer Schüssel zu einer glatten Creme rühren. Paprika und Kräuter unterrühren. Wie in Schritt 1 formen und kalt stellen.

4 Die Käsebällchen entweder in gehackten Nüssen, klein gewürfelter Paprika oder gehackten Kräutern rollen.

Bunte Käsebällchen

Für 4 Personen

125 g Ricotta

125 g alter Gouda, fein gerieben

2 TL frisch gehackte Petersilie

Pfeffer

60 g gemischte Nüsse, gehackt

3 EL frisch gehackte Kräuter, z. B. Petersilie, Schnittlauch, Majoran, Liebstöckel und Kerbel

2 EL mildes Paprikapulver

Kräuterzweige, zum Garnieren

1 Ricotta und Gouda mischen. Petersilie zugeben, mit Pfeffer würzen und gründlich verrühren.

2 Aus der Mischung kleine Bällchen formen und diese abgedeckt ca. 20 Minuten im Kühlschrank fest werden lassen.

3 Die gehackten Nüsse auf einem Backblech verteilen und unter dem vorgeheizten Grill leicht anbräunen. Vorsicht, sie brennen sehr schnell an! Abkühlen lassen.

4 Nüsse, Kräuter und Paprika in separate Schälchen geben. Die Käsebällchen in 3 gleich große Portionen aufteilen. Je 1 Portion in den Nüssen, in den Kräutern und im Paprikapulver wälzen.

5 Die fertigen Käsebällchen auf einer Servierplatte anrichten. Bis zum Servieren in den Kühlschrank stellen und dann mit den frischen Kräuterzweigen garnieren.

Frischkäse-Aprikosen-Häppchen

Ergibt ca. 20 Stück

225 g Doppelrahmfrischkäse
6 EL Milch
125 g alter Gouda, fein gerieben
Salz und Pfeffer
800 g Aprikosenhälften aus der Dose, abgetropft

GARNIERUNG
ca. 20 Walnusshälften
Paprika

1 Den Frischkäse in einer Schüssel mit einem Holzlöffel glatt rühren. Nach und nach Milch und geriebenen Käse unterrühren. Mit Salz und Pfeffer abschmecken.

2 Die Frischkäsecreme in einen Spritzbeutel mit 1 cm großer Sterntülle füllen und Rosetten auf die Aprikosenhälften spritzen.

3 Die Aprikosenhälften auf einem Servierteller anrichten, mit Walnusshälften garnieren und leicht mit Paprika bestreuen.

1

2

3

Gefüllte Weinblätter

Für 12 Personen

350 g Langkornreis
450 g Weinblätter, abgespült
2 Zwiebeln, fein gehackt
1 Bund Frühlingszwiebeln, fein gehackt
1 Bund Petersilie, fein gehackt
2 EL frisch gehackte Minze
1 EL Fenchelsamen
1 TL getrocknete Chili, zerdrückt
fein abgeriebene Schale von 2 Zitronen
250 ml Olivenöl
Salz
625 ml kochendes Wasser
Zitronenspalten, zum Garnieren
Tsatsiki (s. S. 19), zum Servieren

1 Den Reis in einen Topf mit leicht gesalzenem, kochenden Wasser geben, die Hitze reduzieren und in 15 Minuten gar köcheln lassen.

2 Falls eingelegte Weinblätter verwendet werden, diese in eine Schüssel geben, mit kochendem Wasser bedecken und 10 Minuten einweichen. Frische Weinblätter dagegen in einen Topf mit kochendem Wasser geben, die Hitze reduzieren und 10 Minuten köcheln lassen.

3 Den Reis abtropfen lassen und noch heiß mit Zwiebeln, Frühlingszwiebeln, Petersilie, Minze, Fenchelsamen, Chili, Zitronenschale und 3 EL Öl in einer großen Schüssel mischen. Mit Salz abschmecken.

4 Die Weinblätter gut abtropfen lassen. Ein Blatt mit der Unterseite nach oben auf einer Arbeitsfläche ausbreiten. 1 gehäuften Teelöffel Reis nahe dem Stielansatz auf das Blatt setzen. Das Blatt über die Reismischung falten, die Seiten einschlagen und aufrollen. Mit den anderen Weinblättern ebenso verfahren. Mit eventuell übrig gebliebenen Weinblättern den Servierteller garnieren.

5 Die gefüllten Weinblätter in einer Lage in eine große Pfanne legen (evtl. benötigen Sie zwei Pfannen). Das restliche Öl über die Weinblätter geben und das kochende Wasser darüber gießen. Mit einem Teller beschweren, um die Weinblätter unter Wasser zu halten. Mit geschlossenem Deckel 1 Stunde köcheln lassen.

6 Die Weinblätter im Topf auskühlen lassen. Mit einem Schaumlöffel auf einen Servierteller heben, mit Zitronenspalten garnieren und mit Tsatsiki servieren.

Gefüllte Pilze

Für 4 Personen

450 g weiße Champignons
3 Knoblauchzehen
2 EL gewürfelte Zwiebeln
175 g Butter
75 g frische Semmelbrösel
1 TL frisch gehackte Petersilie, plus etwas mehr zum Garnieren
1 EL frisch geriebener Parmesan

1 Den Backofen auf 180 °C vorheizen.

2 Die Stiele aus den Champignons herausdrehen und fein hacken. Zwei Knoblauchzehen fein hacken und mit den Zwiebelwürfeln und Champignonstielen mischen.

3 Die Hälfte der Butter in einer Pfanne zerlassen. Die Pilzmischung bei mittlerer Hitze 3 Minuten andünsten. Semmelbrösel, Petersilie und Parmesan mischen und unter die Pilzmischung rühren. Die Champignons mit der Pilzmischung füllen.

4 Die restliche Butter in einem Topf zerlassen. Die dritte Knoblauchzehe zerdrücken und 2 Minuten darin schwenken. Die Hälfte der Knoblauchbutter in eine flache Auflaufform gießen.

5 Die gefüllten Champignons hineinsetzen und mit der restlichen Knoblauchbutter beträufeln. Im Ofen 20 Minuten backen. Mit Petersilie garniert sofort servieren.

2

3

5

Gefüllte Tomaten

Für 4 Personen

2 EL Butter, zerlassen
2 EL Pinienkerne
8 Wasserkastanien, in Scheiben
100 g Langkornreis
250 ml Hühnerbrühe
4 große oder 8 kleine Tomaten
frischer Schnittlauch, zum Garnieren

1 Die Butter in einem Topf bei mittlerer Hitze zerlassen. Pinienkerne, Wasserkastanien und den Reis darin schwenken.

2 Mit der Brühe ablöschen und 20 Minuten köcheln lassen, bis die Brühe aufgesogen und der Reis gar ist. Auskühlen lassen.

3 Einen kleinen Deckel von den Tomaten abschneiden und die Früchte mit einem Teelöffel entkernen. Mit der Reismischung füllen und mit Schnittlauch garniert servieren.

1

2

3

Paprika mit Frischkäsefüllung

Für 4 Personen

4 rote, gelbe oder grüne Paprika

300 g Doppelrahmfrischkäse

1½ TL Zitronensaft

3 Karotten, fein gewürfelt und gedämpft

Salz und Pfeffer

VARIATION

Rühren Sie gehackten Dill oder Schnittlauch unter die Frischkäsemischung und garnieren Sie mit Dill. Anstelle von Karotten eignet sich auch eine Mischung aus Nüssen und Pilzen.

1 Einen Deckel von den Paprika abschneiden und die Stränge aus den Früchten entfernen.

2 Frischkäse und Zitronensaft in einer Schüssel mit einem Holzlöffel glatt rühren und die Karotten vorsichtig unterheben. Mit Salz und Pfeffer abschmecken.

3 Die Paprika mit der Frischkäsemischung füllen, dabei die Füllung leicht andrücken. Mit Frischhaltefolie abgedeckt 3–4 Stunden im Kühlschrank ruhen lassen.

4 Vor dem Servieren die Paprika in Scheiben schneiden und fächerförmig auf einem Servierteller anrichten.

Spinat-Champignons

Für 4 Personen

50 g Feta
12 große Champignons
3 EL trockener Weißwein
3 EL Wasser
1 Schalotte, gehackt
1 frischer Thymianzweig, fein gehackt
2 TL Zitronensaft
25 g Butter
Salz und Pfeffer
2 TL Olivenöl
1 Knoblauchzehe, fein gehackt
175 g frischer Spinat, gehackt

TIPP

Pilze müssen nicht geschält werden, es sei denn, ihre Haut ist ledrig oder verfärbt. Wischen Sie die Pilze nur sorgfältig mit feuchtem Küchenpapier ab.

1 Den Ofen auf 180 °C vorheizen. Den Feta zerkrümeln und beiseite stellen. Die Stiele der Pilze von den Hüten trennen und fein hacken.

2 Wein und Wasser in einen breiten Topf geben. Die Hälfte der Schalotte und des Thymians zugeben. Aufkochen und 2 Minuten köcheln lassen. Die Pilzhüte mit der glatten Seite nach unten hineinlegen und mit Zitronensaft beträufeln. Abdecken und 6 Minuten köcheln lassen, dann die Pilzhüte herausnehmen und auf einem Teller abtropfen lassen. Den Sud erneut aufkochen, Pilzstiele und Butter hineingeben und salzen. Ca. 6 Minuten kochen, bis die Flüssigkeit verdampft ist. Die Pilzstiele in eine Schüssel geben.

3 Das Olivenöl in einem sauberen Topf erhitzen. Den Rest der Schalotte, Knoblauch und Spinat hineingeben und mit Salz bestreuen. Bei mittlerer Hitze unter Rühren 3 Minuten garen, bis die ganze Flüssigkeit verdampft ist. Die Spinatmischung mit den Pilzstielen verrühren. Nach Geschmack pfeffern und den Feta unterrühren.

4 Die Mischung auf die Pilzhüte verteilen. Diese in einer Lage in einer Auflaufform verteilen und 15–20 Minuten im Ofen goldbraun backen. Warm servieren.

Champignonhäppchen mit Aïoli

Für 4 Personen

100 g frisches Weißbrot
2 EL frisch geriebener Parmesan
1 TL Paprikapulver
2 Eiweiß
250 g kleine Champignons, geputzt
AÏOLI
4 Knoblauchzehen, zerdrückt
Salz und Pfeffer
2 Eigelb
225 ml natives Olivenöl extra

1 Den Ofen auf 190 °C vorheizen. Für die Aïoli den Knoblauch mit 1 Prise Salz in eine Schüssel geben und mit einem Löffelrücken zerdrücken. Die Eigelb zugeben und alles 30 Sekunden mit dem elektrischen Handrührgerät cremig rühren. Das Öl zunächst tropfenweise zugeben, wenn die Mischung einzudicken beginnt, das Öl unter ständigem Rühren gleichmäßig zugeben. Nach Belieben mit Salz und Pfeffer abschmecken. Die Schüssel mit Frischhaltefolie abdecken und bis zum Verzehr in den Kühlschrank stellen.

2 Ein Backblech mit Backpapier auslegen. Das Brot mit der Reibe zu Krumen verarbeiten und diese mit Parmesan und Paprikapulver in eine Schüssel geben. Das Eiweiß in einer anderen Schüssel verquirlen. Jeden Pilz nun zuerst in das Eiweiß tauchen und dann in den Brotkrumen wenden. Auf das vorbereitete Backblech legen.

3 Im Ofen 15 Minuten backen, bis die Panade knusprig ist. Sofort mit der Aïoli servieren.

VARIATION

Für einen Kräuter-Sahne-Dip 4 Esslöffel gehackte Kräuter mit 200 g saurer Sahne, 1 gehackten Knoblauchzehe und Zitronensaft mischen und abschmecken.

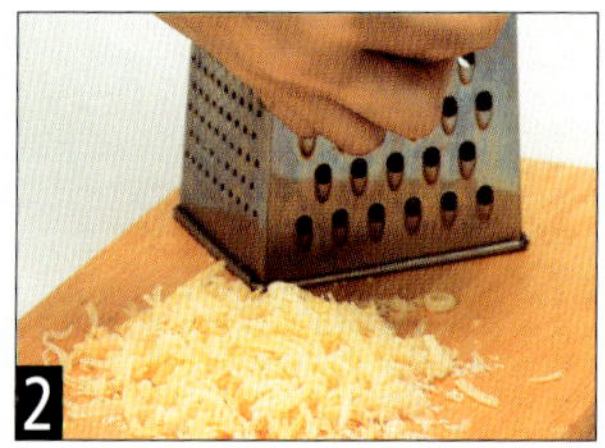
2

2

2

Frittiertes Gemüse

Für 4 Personen

100 g Weizenvollkornmehl
1 Prise Salz
1 Prise Cayennepfeffer
4 TL Olivenöl
175 ml kaltes Wasser
100 g Brokkoliröschen
100 g Blumenkohlröschen
50 g Zuckererbsen
1 Karotte, in Stifte geschnitten
1 rote Paprika, in Streifen geschnitten
2 Eiweiß, verquirlt
Öl, zum Frittieren

SAUCE

150 ml Ananassaft
150 ml Gemüsebrühe
2 EL Weißweinessig
2 EL brauner Zucker
2 TL Speisestärke
2 Frühlingszwiebeln, gehackt

1 Mehl in eine Rührschüssel sieben und mit Salz und Cayennepfeffer würzen. Eine Vertiefung in die Mitte drücken. Öl und Wasser nach und nach hineinrühren, bis der Teig glatt ist.

1

2 Das Gemüse 5 Minuten in kochendem Wasser garen und gut abtropfen lassen.

4

3 Das Eiweiß vorsichtig unter den Teig heben.

4 Das Gemüse in den Teig tauchen und darin wenden. Überschüssigen Teig abtropfen lassen. Das Frittieröl in der Fritteuse auf 180 °C erhitzen (ein Brotwürfel sollte in 30 Sekunden braun werden). Das Gemüse in mehreren Portionen jeweils 1–2 Minuten goldbraun ausbacken. Mit einem Schaumlöffel aus dem Öl heben und auf Küchenpapier abtropfen lassen.

4

5 Alle Zutaten für die Sauce in einem Topf unter Rühren aufkochen, bis die Sauce eindickt. Mit dem frittierten Gemüse servieren.

Gemüse im Teigmantel

Für 4 Personen

125 g Mehl
½ TL Backpulver
1 Prise Salz
1 Ei
125 ml Milch
½ TL Tabasco (nach Belieben)
1 große Zwiebel
1 große Zucchini
1 kleine Aubergine
1 kleiner Blumenkohl
125 g weiße Champignons
Öl, zum Ausbacken
Zitronenspalten, zum Garnieren
Knoblauch-Tomaten-Sauce, zum Servieren

1 Für den Teig Mehl, Backpulver und Salz in einer Schüssel mischen und mit dem Ei zu einem glatten Teig verrühren. Nach und nach Milch und ggf. Tabasco unterrühren.

2 Die Zwiebel in dicke Ringe schneiden. Die Zucchini und Aubergine in dicke Scheiben, dann in Stifte schneiden. Den Blumenkohl in Röschen zerteilen. Die Stiele der Champignons etwas abschneiden.

3 Öl in einem Wok oder einer großen Pfanne auf 180–190 °C erhitzen (ein Brotwürfel sollte in 30 Sekunden goldbraun frittiert sein). Das Gemüse in den Teig tauchen, abtropfen lassen, in das Fett geben und goldbraun ausbacken. Mit einem Schaumlöffel herausnehmen, auf Küchenpapier abtropfen lassen und bis zum Verzehr warm stellen.

4 Mit Zitronenspalten garniert servieren. Dazu eine Knoblauch-Tomaten-Sauce reichen.

Käsekartoffeln

Für 4 Personen

500 g fest kochende Kartoffeln, grob gewürfelt
125 g frisch geriebener Parmesan
Öl, zum Frittieren
SAUCE
25 g Butter
1 Zwiebel, halbiert und in Scheiben geschnitten
2 Knoblauchzehen, zerdrückt
25 g Mehl
300 ml Milch
1 EL frisch gehackte Petersilie
TEIG
50 g Mehl
1 kleines Ei
150 ml Milch

1 Für die Sauce die Butter in einer Pfanne zerlassen und Zwiebel und Knoblauch darin 2–3 Minuten dünsten. Das Mehl zufügen und unter Rühren 1 Minute anschwitzen.

2 Die Mischung vom Herd nehmen und Milch und Petersilie einrühren. Wieder auf den Herd stellen und einmal kurz aufkochen. Warm stellen.

3 Unterdessen die Kartoffeln in einem Topf mit kochendem Wasser 5–10 Minuten garen.

4 Die Kartoffeln abgießen und im Parmesan wenden; der Käse hält besonders gut, wenn die Kartoffeln noch ein wenig feucht sind.

4

5 Für den Teig das Mehl in eine Schüssel geben. Nach und nach Ei und Milch unterrühren, bis ein glatter Teig entsteht. Die Kartoffelwürfel in dem Teig wenden.

5

6 Das Öl in einem Topf oder einer Fritteuse auf 180 bis 190 °C erhitzen (ein Brotwürfel sollte darin in 30 Sekunden braun werden). Die panierten Kartoffelwürfel darin 3–4 Minuten goldbraun frittieren.

7 Die Kartoffeln mit einem Schaumlöffel herausheben und gut abtropfen lassen. In eine Schüssel geben und servieren. Dazu die Knoblauchsauce reichen.

7

Zucchini-Fritters

Ergibt 16–30 Stück

100 g Mehl

1 TL Backpulver

2 Eier, verquirlt

50 ml Milch

300 g Zucchini

2 EL frisch gehackter Thymian

Salz und Pfeffer

1 EL Öl

VARIATION

Geben Sie bei Schritt 4 ½ Teelöffel zerdrückte getrocknete Chillies zum Teig – so schmecken die Fritters noch pikanter.

1 Mehl und Backpulver in eine Schüssel sieben, eine Vertiefung in die Mitte drücken und die Eier hineingeben. Dann nach und nach das Mehl mit einem Holzlöffel unterrühren.

2 Die Milch unter ständigem Rühren langsam zugießen und alles zu einem festen Teig verarbeiten.

3 Unterdessen die Zucchini abspülen. Eine Schüssel mit Küchenpapier auslegen, um den Saft aufzusaugen, und die Zucchini hineinreiben.

4 Zucchini und Thymian zum Teig geben, salzen und pfeffern und alles gut verrühren.

5 Das Öl in einer großen Pfanne erhitzen. Für mittelgroße Fritters jeweils 1 Esslöffel (für kleine Fritters einen ½ Esslöffel) Teigmischung in das heiße Öl geben und von jeder Seite 3–4 Minuten braten.

6 Die Fritters auf Küchenpapier abtropfen lassen und im Backofen warm stellen, bis die gesamte Teigmischung verarbeitet ist. Sobald alle Zucchini-Fritters fertig sind, auf vorgewärmten Tellern anrichten und sofort servieren.

Tofu-Tempura

Für 4 Personen

125 g Babyzucchini
125 g Babykarotten
125 g Babymaiskölbchen
125 g Babyporreestangen
2 Babyauberginen
225 g Tofu
Öl, zum Frittieren
feine Streifen von Karotten, Ingwer und Porree, zum Garnieren
Nudeln, zum Servieren

AUSBACKTEIG
2 Eigelb
300 ml Wasser
225 g Mehl

DIP
5 EL Mirin oder trockener Sherry
5 EL japanische Sojasauce
2 TL Honig
1 Knoblauchzehe, zerdrückt
1 TL frisch geriebener Ingwer

1 Zucchini und Karotten längs halbieren. Maiskölbchen und Porree putzen, die Auberginen vierteln. Den Tofu in 2,5-cm-Würfel schneiden.

2 Für den Teig das Eigelb mit dem Wasser verquirlen. 175 g Mehl dazusieben und mit einem Schneebesen zu einem Teig rühren, der Klumpen bilden soll. Das Öl zum Frittieren auf 180 °C erhitzen (ein Brotwürfel sollte darin in 30 Sekunden braun werden).

3 Das restliche Mehl auf einen großen Teller streuen und das Gemüse und den Tofu darin wälzen, bis alles dünn mit Mehl überzogen ist.

4 Den Tofu in den Teig tauchen und 2–3 Minuten goldbraun frittieren. Auf Küchenpapier abtropfen lassen und warm stellen.

5 Die Gemüsestückchen nacheinander in den Teig tauchen und 3–4 Minuten goldbraun frittieren. Auf Küchenpapier abtropfen lassen und auf einem Servierteller anrichten.

6 Für den Dip alle Zutaten verrühren. Mit Gemüse und Tofu sowie Nudeln servieren und mit den feinen Gemüsestreifen garnieren.

Indonesische Erdnussküchlein

Ergibt 20 Stück

- 60 g Reismehl
- ½ TL Backpulver
- ½ TL gemahlene Kurkuma
- ½ TL gemahlener Koriander
- ¼ TL gemahlener Kreuzkümmel
- 1 Knoblauchzehe, fein gehackt
- 80 g ungesalzene Erdnüsse, zerdrückt
- 125–150 ml Kokosmilch
- Salz
- Erdnussöl, zum Braten

1 Reismehl, Backpulver, Kurkuma, Koriander, Kreuzkümmel, Knoblauch und Erdnüsse in einer Schüssel mischen. Nach und nach Kokosmilch unterrühren, bis ein glatter, dünner Teig entstanden ist. Mit Salz abschmecken.

2 Eine Pfanne etwa 1 cm hoch mit Öl füllen und stark erhitzen. Esslöffelgroße Teigportionen mit ausreichend Abstand in die Pfanne setzen und braten, bis die Oberseite gestockt und die Unterseite goldbraun ist. Die Küchlein wenden und 1 weitere Minute braten, bis auch die zweite Seite goldbraun ist. Mit einem Pfannenwender herausnehmen, auf Küchenpapier abtropfen lassen und warm stellen, bis alle Küchlein fertig sind. Sofort servieren.

VARIATION

Die Gewürze können durch 1½ Teelöffel Garam masala und die Erdnüsse durch ungesalzene Cashewkerne ersetzt werden.

3 Alternativ die Küchlein auf einem Kuchengitter auskühlen lassen und luftdicht verschlossen aufbewahren. Vor dem Servieren auf ein Backblech legen und 10 Minuten im vorgeheizten Backofen bei 180 °C erwärmen.

Nachos mit schwarzen Bohnen

Für 4 Personen

225 g schwarze Bohnen, getrocknet oder aus der Dose

175–225 g geriebener Käse, z. B. Emmentaler, Pecorino, Gouda oder eine Mischung dieser Sorten

¼ TL Kreuzkümmelsamen oder gemahlener Kreuzkümmel

4 EL saure Sahne

1 EL frisch gehackter Koriander

1 Hand voll Salatblätter, in feine Streifen geschnitten

eingelegte Jalapeño-Chillies, in Ringe geschnitten (nach Belieben)

Tortilla-Chips, zum Servieren

VARIATION

Wer es etwas herzhafter mag, kann gewürfelte, kross gebratene Chorizowurst über die Bohnen geben, bevor sie mit Käse belegt und gebacken werden. Auch fein gehackte Fleischreste vom Vortag eignen sich für diesen Zweck.

1 Getrocknete Bohnen über Nacht einweichen. Dann abtropfen lassen, in einen Topf geben, mit Wasser bedecken und aufkochen. 10 Minuten kochen, dann die Hitze reduzieren und etwa 1½ Stunden gar köcheln. Danach gut abtropfen lassen.

2 Bohnen in eine Auflaufform geben. Käse und Kreuzkümmel darauf verteilen.

3 Die Form 10–15 Minuten in den auf 190 °C vorgeheizten Backofen stellen, bis die Bohnen gar sind und der Käse Blasen wirft.

4 Die noch heißen Bohnen mit saurer Sahne bedecken. Koriander, Salatstreifen und nach Belieben Jalapeño-Ringe darüber streuen.

5 Tortilla-Chips zum Bohnengericht reichen und servieren.

Knusprige Kartoffelschalen

Für 4 Personen

4 gekochte Pellkartoffeln
2 Scheiben Frühstücksspeck
125 g Blauschimmelkäse, zerkrümelt
Öl, zum Frittieren
saure Sahne oder Naturjoghurt, zum Garnieren

1 Die Kartoffeln der Länge nach vierteln und das Innere bis auf einen 5 mm dicken Rand mit einem Löffel ausschaben.

2 Den Backofengrill vorheizen. Den Speck knusprig rösten, in dünne Streifen schneiden und in einer kleinen Schüssel mit dem Blauschimmelkäse mischen.

3 Öl in einem Wok oder einer Pfanne auf 180–190 °C erhitzen (ein Brotwürfel sollte in 30 Sekunden goldbraun frittiert sein). Die Kartoffelschalen langsam in das heiße Fett gleiten lassen und 3–4 Minuten goldbraun und knusprig frittieren. Mit einem Schaumlöffel herausnehmen und auf Küchenpapier abtropfen lassen.

4 Die Kartoffelschalen auf einem Servierteller anrichten und mit esslöffelgroßen Portionen der Käse-Speck-Mischung füllen. Mit einem Löffel saurer Sahne oder Naturjoghurt garniert sofort servieren.

TIPP
Garnieren Sie die Kartoffelschalen zusätzlich mit frischem Schnittlauch.

1

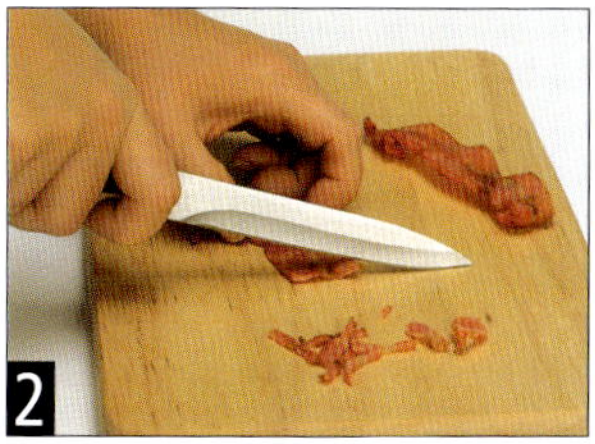
2

Rosmarin-Kartoffeln

Für 4 Personen

12 kleine Frühkartoffeln

125 g Butter

2 EL frisch gehackter Rosmarin

Salz und Pfeffer

frische Rosmarinzweige,
zum Garnieren

VARIATION

1–2 zerdrückte Knoblauchzehen zur Rosmarin-Butter zugeben.

1 Die Kartoffeln mit Schale in einem großen Topf mit leicht gesalzenem Wasser gerade bissfest kochen. Alles gut abtropfen lassen.

2 Die Butter in einer großen Pfanne zerlassen. Kartoffeln und Rosmarin dazugeben und gut vermengen. Bei mittlerer bis starker Hitze unter häufigem Rühren 5 Minuten schwenken, bis die Kartoffeln mit der Rosmarin-Butter überzogen sind und die Schalen goldbraun zu werden beginnen.

3 Die Kartoffeln auf Serviertellern anrichten und mit Salz und Pfeffer würzen. Mit frischen Rosmarinzweigen garniert sofort servieren.

Chinesische Pommes frites

Für 4 Personen

650 g Kartoffeln

125 ml Pflanzenöl

1 frische rote Chili, halbiert

1 kleine Zwiebel, geviertelt

2 Knoblauchzehen, halbiert

2 EL Sojasauce

1 Prise Salz

1 TL Weinessig

1 EL Meersalz

1 Prise Chilipulver

1 Die Kartoffeln schälen und längs in dünne Scheiben schneiden. Die Scheiben in dünne Stifte schneiden.

2 Die Kartoffelstäbchen 2 Minuten in kochendem Wasser blanchieren. Dann abtropfen lassen, kalt abspülen, erneut gut abtropfen lassen und mit Küchenpapier trockentupfen.

3 Das Öl in einem Wok bis zum Rauchpunkt erhitzen. Chili, Zwiebel und Knoblauch zufügen und 30 Sekunden rühren. Den Wok vom Herd nehmen. Chili, Zwiebel und Knoblauch herausnehmen und wegwerfen.

4 Die Kartoffelstäbchen in den Wok geben und 3–4 Minuten im gewürzten Öl goldgelb braten.

5 Sojasauce, Salz und Essig zugeben, die Hitze reduzieren und die Kartoffelstäbchen 1 weitere Minute knusprig braten.

6 Die Pommes frites mit einem Schaumlöffel herausnehmen und auf Küchenpapier abtropfen lassen.

7 In eine Schüssel geben, mit Meersalz und Chilipulver bestreuen und sofort servieren.

1

2

VARIATION

Sie können die Pommes frites mit anderen Gewürzen, wie z. B. Currypulver, bestreuen oder mit einem Chili-Dip servieren.

Paprikachips

Für 4 Personen

2 große Kartoffeln

3 EL Olivenöl

½ TL Paprikapulver

Salz

VARIATION

Verwenden Sie statt Paprikapulver Currypulver oder auch ein anderes Gewürz nach Ihrem Geschmack.

1 Die Kartoffeln schälen und mit einem scharfen Messer in hauchdünne Scheiben schneiden. Sie sollten fast transparent sein. Unter fließendem Wasser gründlich abspülen und mit Küchenpapier trockentupfen.

2 Das Öl in einer großen Pfanne erhitzen, das Paprikapulver zufügen und dabei ständig rühren, damit es nicht anbrennt.

3 Die Kartoffelscheiben portionsweise zugeben und je 5 Minuten rösten, bis sie sich an den Rändern leicht aufbiegen.

4 Die Chips mit einem Schaumlöffel herausheben und zum Abtropfen auf Küchenpapier legen.

5 Die gebratenen Chips auf Holz- oder Bambusspieße stecken.

6 Die Spieße mit Salz bestreuen, unter den vorgeheizten Grill legen und auf mittlerer Stufe 10 Minuten knusprig rösten, dabei häufig wenden. Nach Geschmack mit etwas mehr Salz bestreuen und sofort servieren.

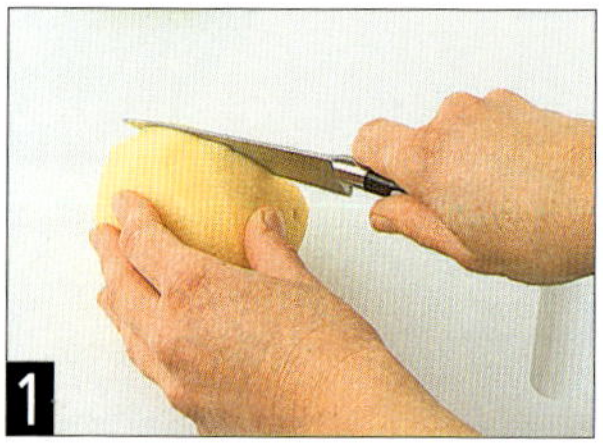

Backofen-Pommes-frites

Für 4 Personen

450 g Kartoffeln, geschält

2 EL Maiskeimöl

Salz und Pfeffer

1 Den Backofen auf 200 °C vorheizen.

2 Die Kartoffeln in gleichmäßig dicke Stäbchen schneiden, unter fließend kaltem Wasser waschen und mit einem sauberen Geschirrtuch trockentupfen. In eine Schüssel geben, mit Öl beträufeln und gut vermengen.

3 Die Kartoffelstäbchen auf einem Backblech verteilen und im Ofen 40–45 Minuten goldgelb backen, dabei einmal wenden. Mit Salz und Pfeffer würzen und heiß servieren.

Pizza, Toast & Co.

Auf oder zwischen zwei Brotscheiben lassen sich vielerlei köstliche Zutaten unterbringen, und die Möglichkeiten der Variation sind fast endlos: z. B. Bruschetta (s. S. 218), Crostini mit Ei und Tapenade (s. S. 237) oder Basilikum-Zucchini-Toast (s. S. 240). Pizza kommt immer gut an, und so finden Sie in diesem Kapitel eine ganze Reihe von Pizzarezepten – von der klassischen Art bis zu ganz schnellen Varianten mit Pita-Brot. Mit unseren köstlichen Brotrezepten holen Sie das Mittelmeer in Ihre Küche, wie etwa mit der Mini-Focaccia (s. S. 242) oder den Pizza-Brötchen mit Tomaten (s. S. 243). Für Anlässe der gehobenen Art eignen sich so attraktive Häppchen wie die Schinken-Parmesan-Röllchen (s. S. 255) oder die Sardellenhäppchen (s. S. 256) besonders gut.

Bruschetta

Ergibt 30 Stück

3 dünne Ciabattas oder Baguettes

125 g Pesto

125 g Pesto rosso

450 g Mozzarella, gewürfelt

2 TL getrockneter Oregano

Pfeffer

3 EL Olivenöl

VARIATION

Der Mozzarella kann durch zerkrümelten oder gewürfelten Ziegenkäse oder durch in Scheiben geschnittenen Provolone ersetzt werden. Bestreuen Sie die Brotscheiben mit frisch zerkleinerten Basilikumblättern.

1 Den Backofen auf 220 °C oder den Backofengrill vorheizen. Die Brotstangen in diagonale Scheiben schneiden und von beiden Seiten goldbraun rösten.

2 Die Brotscheiben auf einer Seite entweder mit dem grünen oder dem roten Pesto bestreichen und mit Mozzarella belegen. Mit Oregano und Pfeffer bestreuen.

3 Die Brotscheiben auf ein Backblech legen und mit dem Olivenöl beträufeln. Das Brot 5 Minuten überbacken, bis der Käse geschmolzen ist und Blasen wirft. Aus dem Backofen nehmen und vor dem Servieren 5 Minuten ruhen lassen.

Knoblauchbrot

Für 4 Personen

150 g weiche Butter

3 Knoblauchzehen, zerdrückt

2 EL frisch gehackte Petersilie

Salz und Pfeffer

1 großes Baguette

VARIATION

Alternativ das Knoblauchbrot im vorgeheizten Backofen bei 190 °C 15 Minuten backen.

1 Butter, Knoblauch und Petersilie in einer Schüssel sorgfältig verrühren und mit Salz und Pfeffer abschmecken.

2 Das Baguette in dicke Scheiben schneiden. Die Scheiben mit Knoblauchbutter bestreichen und auf einem Stück reißfester Alufolie wieder zu einem Laib zusammenfügen.

3 Das Brot sorgfältig einwickeln und 10–15 Minuten über heißer Holzkohle oder unter einem Backofengrill backen, bis die Butter zerläuft und das Brot vollständig erhitzt ist.

4 Das fertige Knoblauchbrot als Beilage zu Salaten und Grillgerichten servieren.

Piperade

Für 4–6 Personen

2 EL Olivenöl
1 große Zwiebel, fein gehackt
1 große rote Paprika, fein gewürfelt
1 große gelbe Paprika, fein gewürfelt
1 große grüne Paprika, fein gewürfelt
8 große Eier
Salz und Pfeffer
2 Tomaten, gehackt
2 EL frisch gehackte glatte Petersilie
4–6 dicke Scheiben Bauernbrot, geröstet, zum Servieren
frische glatte Petersilienzweige, zum Garnieren

1 Das Olivenöl in einer Pfanne bei mittlerer Hitze erwärmen. Zwiebel und Paprika zufügen, die Hitze reduzieren und das Gemüse langsam 15–20 Minuten weich dünsten.

2 Unterdessen die Eier in eine Rührschüssel geben und zu einer glatten Masse verquirlen. Mit Salz und Pfeffer abschmecken. Beiseite stellen.

3 Wenn die Paprika weich ist, die Eier in die Pfanne geben und unter ständigem Rühren bei niedriger Hitze braten, bis sie stocken, aber noch nicht zu fest sind. Dann die Pfanne vom Herd nehmen.

4 Tomaten und Petersilie unterrühren. Noch einmal abschmecken. Das geröstete Brot auf einzelne Teller verteilen und die Eier mit dem Gemüse darüber löffeln. Mit Petersilie garnieren und sofort servieren.

TIPP

Dieses Gericht wird gehaltvoller, wenn Sie es mit dick aufgeschnittenem Serrano- oder Parmaschinken servieren. Der salzige Schinkengeschmack kontrastiert sehr fein mit der Süße der Paprika.

Oliven-Tomaten-Bruschetta

Für 4 Personen

125 ml natives Olivenöl extra

1 kleine Ciabatta, in 1 cm dicke Scheiben geschnitten

4 Tomaten, gewürfelt

6 frische Basilikumblätter, zerpflückt

Salz und Pfeffer

8 schwarze Oliven, gehackt

1 große Knoblauchzehe, halbiert

1 Die Hälfte des Olivenöls in eine flache Auflaufform gießen und die Brotscheiben hineinlegen. Nach 1–2 Minuten wenden und weitere 2 Minuten tränken. Die Brotscheiben sollten sich mit dem Öl voll gesogen haben.

2 Unterdessen Tomaten und Basilikum in einer Schüssel mischen. Nach Geschmack salzen und pfeffern. Oliven und das restliche Olivenöl dazugeben und vermengen.

3 Den Backofengrill vorheizen. Die Brotscheiben auf das Backofengitter legen und von beiden Seiten je 2 Minuten goldbraun rösten.

4 Die Brotscheiben auf einen großen Servierteller legen.

5 Die Brotscheiben mit der Schnittfläche des Knoblauchs einreiben, mit einem Löffel der Tomatenmischung belegen und sofort servieren.

Frische Feigen mit Gorgonzola

Für 4 Personen

4 frische Feigen
8 Scheiben Baguette oder Ciabatta
125 g Gorgonzola oder ein anderer Blauschimmelkäse, zerkrümelt

1 Die Feigen in Scheiben schneiden. Den Backofengrill vorheizen. Die Brotscheiben auf das Ofengitter legen und von einer Seite goldbraun rösten.

2 Die Brotscheiben wenden und die andere Seite mit Käse belegen – den Käse nicht über den Rand ragen lassen.

3 Die Feigenscheiben über den Käse legen.

4 Die Brotscheiben auf das Backofengitter legen und 3–4 Minuten backen, bis der Käse weich ist und die Feigen heiß sind. Auf einem Servierteller anrichten und sofort servieren.

1

2

3

Kleine Peperoni-Pizzas

Ergibt 12 Stück

TEIG

525 g Mehl, plus etwas mehr zum Bestäuben

1 Tütchen Backpulver

1 TL Salz

75 g Butter, gewürfelt

300–375 ml Milch

Olivenöl, zum Einfetten

BELAG

175 ml küchenfertige Tomaten-Pizzasauce

125 g Speckwürfel

1 orangefarbene Paprika, fein gewürfelt

75 g Peperoniwurst, in Scheiben

50 g frisch geriebener Mozzarella

½ TL getrockneter Oregano

Olivenöl, zum Beträufeln

Salz und Pfeffer

1 Den Backofen auf 200 °C vorheizen. Für den Teig Mehl, Backpulver und Salz in eine Schüssel geben. Butter dazugeben und mit den Fingern feinkrümelig einarbeiten. Eine Mulde in die Mitte drücken und 300 ml Milch hineingießen. Mit einem Kochlöffel zu einem weichen Teig verarbeiten. Bei Bedarf noch etwas Milch zugeben.

2 Den Teig auf einer leicht bemehlten Arbeitsfläche leicht durchkneten, in 12 gleich große Portionen teilen und diese zu Kreisen ausrollen. Auf ein leicht gefettetes Backblech legen und bei jedem Kreis einen kleinen Teigrand formen.

3 Für den Belag die Teigböden bis zum Rand mit der Pizzasauce bestreichen. Mit Speck- und Paprikawürfeln und Peperoniwurst belegen. Mit Käse und Oregano bestreuen und mit Olivenöl beträufeln. Nach Geschmack salzen und pfeffern.

4 10–15 Minuten backen, bis die Teigränder knusprig sind und der Käse Blasen wirft. Sofort servieren.

Pizza-Toasties

Ergibt 8 Stück

4 Toasties
125 ml küchenfertige Tomaten-Pizzasauce
2 getrocknete Tomaten in Öl, abgetropft und gehackt
60 g Parmaschinken
2 Ananasscheiben aus der Dose, in kleine Stücke geschnitten
½ grüne Paprika, gewürfelt
125 g Mozzarella, in dünne Scheiben geschnitten
Olivenöl, zum Beträufeln
Salz und Pfeffer
Basilikumblätter, zum Garnieren

TIPP

Statt der runden Toasties eignen sich auch herkömmliche Toasts oder Hamburgerbrötchen. Am besten bewahren Sie immer ein paar Toasties im Tiefkühlfach auf – so haben Sie stets einen „schnellen Pizzaboden" zur Hand.

1 Die Toasties halbieren und jede Hälfte an der Schnittseite toasten.

2 Die Tomatensauce auf den Toasties verstreichen. Mit den getrockneten Tomaten bestreuen.

3 Den Schinken in dünne Streifen schneiden.

4 Den Schinken mit der Ananas und Paprika auf die Toasties geben.

5 Sorgfältig mit den Mozzarellascheiben belegen.

6 Jedes Toastie mit etwas Öl beträufeln und salzen und pfeffern.

7 Die Toasties unter einem vorgeheizten Grill backen, bis der Käse schmilzt und Blasen wirft.

8 Mit Basilikumblättern garnieren und sofort servieren.

2

2

5

Pan Bagna

Für 4 Personen

40 cm langes, dickes Stangenweißbrot
natives Olivenöl extra
grüne oder schwarze Tapenade (s. S. 24, nach Belieben)

FÜLLUNG

2 Eier, hart gekocht
50 g in Öl eingelegte Sardellenfilets
75 g eingelegte aromatisierte Oliven nach Wahl
Salat- oder Rucolablätter, abgespült und trockengetupft
4 Tomaten, in Scheiben geschnitten
200 g Thunfisch aus der Dose, abgetropft und zerkleinert

VARIATION

Andere mittelmeertypische Füllungen wären zerdrückter Knoblauch, rote oder gelbe Paprika, dicke Bohnen, saure Gurken, Artischockenherzen, Perlzwiebeln, frische Kräuter oder entsteinte Oliven.

1 Für die Füllung die Eier pellen und in Scheiben schneiden. Die Sardellenfilets gut abtropfen lassen und große Exemplare längs halbieren.

2 Die Oliven entsteinen und halbieren. Beiseite stellen. Mit einem Brotmesser das Stangenweißbrot längs halbieren. Die Brothälften aushöhlen, dabei einen Rand von etwa 1 cm stehen lassen.

3 Beide Hälften innen großzügig mit Olivenöl einpinseln. Für kräftigen Geschmack mit Tapenade bestreichen. Die untere Brothälfte mit Salat- oder Rucolablättern auslegen.

4 Die Brothälften schichtweise mit Eiern, Tomaten, Oliven, Sardellen und Thunfisch belegen und mit Olivenöl beträufeln. Salat- oder Rucolablätter dazwischen legen.

5 Die Brothälften zuklappen und fest zusammendrücken. Fest mit Frischhaltefolie umwickeln und in den Kühlschrank stellen. Beschweren und mehrere Stunden kalt stellen. Zum Servieren in 4 gleiche Portionen schneiden. Man kann das Brot auch verschnüren, damit die Hälften halten.

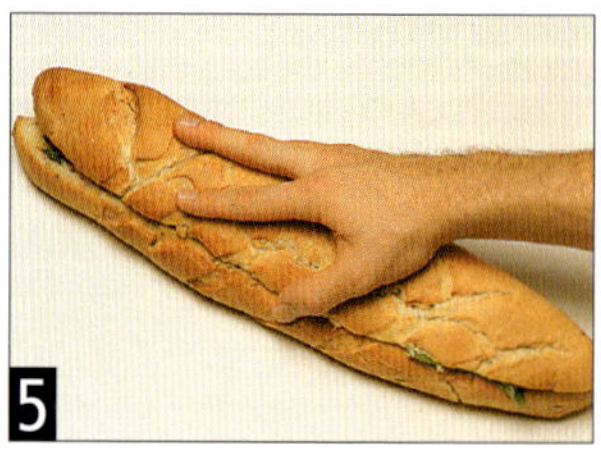

Mini-Pizzas

Für 8 Personen

PIZZATEIG

2 TL Trockenhefe

1 TL Zucker

250 ml lauwarmes Wasser

350 g Mehl

1 TL Salz

1 EL Olivenöl, plus etwas mehr zum Einfetten

BELAG

2 Zucchini

100 g passierte Tomaten

75 g Pancetta, gewürfelt

50 g schwarze Oliven, entsteint und grob gehackt

Salz und Pfeffer

1 EL getrocknete italienische Kräuter

1 Hefe und Zucker in einen Messbecher geben, mit 50 ml Wasser auffüllen und 15 Minuten gehen lassen, bis die Mischung schäumt.

2 Mehl mit Salz in einer Schüssel vermengen. Eine Mulde in die Mitte drücken, dann Öl, die angerührte Hefe und das restliche Wasser hineingießen und alles gut verrühren.

3 Den Teig auf einer bemehlten Arbeitsfläche 4–5 Minuten glatt kneten. Zurück in die Schüssel geben und mit eingefetteter Frischhaltefolie abgedeckt 30 Minuten gehen lassen, bis sich sein Volumen verdoppelt hat.

4 Den Teig nochmals 2 Minuten durchkneten und zu 8 Kugeln formen. Jede dieser Kugeln zu einer dünnen Scheibe ausrollen und auf ein eingefettetes Backblech legen. Der Teig sollte nicht dicker als 5 mm sein, da er beim Backen noch aufgeht.

5 Für den Belag die Zucchini fein reiben. Auf Küchenpapier legen, 10 Minuten stehen lassen, um die austretende Flüssigkeit aufzusaugen.

6 Je 2–3 Teelöffel passierte Tomaten auf 1 Pizzateigscheibe geben. Zucchini, Pancetta und Oliven darauf verteilen. Mit Salz, schwarzem Pfeffer

4

6

und den italienischen Kräutern bestreuen und mit Olivenöl beträufeln.

7 Die Mini-Pizzas bei 200 °C im vorgeheizten Backofen 15 Minuten goldbraun backen. Heiß servieren.

Belegte Pita-Brote

Ergibt 16 Stück

8 dünne grüne Spargelspitzen
16 Mini-Pita-Brote
6 EL küchenfertige Tomaten-Pizzasauce
25 g frisch geriebener Parmesan
25 g Ricotta
60 g Räucherlachs
Olivenöl, zum Beträufeln
Salz und Pfeffer
frische glatte Petersilienzweige, zum Garnieren

VARIATION

Statt Räucherlachs können Sie auch geräucherte Forelle verwenden, die ebenfalls sehr gut schmeckt. Versuchen Sie auch einmal anderen geräucherten Fisch, wie etwa Räuchermakrele, die ein kräftiges Aroma besitzt.

1 Die Spargelspitzen in 3-cm-Stücke schneiden und diese der Länge nach halbieren.

2 Die Spargelstücke in kochendem Wasser 1 Minute blanchieren, abtropfen lassen, in kaltes Wasser tauchen und erneut abtropfen lassen.

3 Die Pita-Brote auf Backbleche legen und mit jeweils 1 Teelöffel Tomatensauce bestreichen.

4 Die beiden Käsesorten mischen und auf die Pita-Brote verteilen.

5 Räucherlachs in 16 dünne Streifen schneiden und mit den Spargelstücken auf den Pita-Brot verteilen.

6 Mit etwas Olivenöl beträufeln und mit Salz und Pfeffer würzen.

7 Die Pita-Brote im vorgeheizten Ofen bei 200 °C 8–10 Minuten backen, mit Petersilie garnieren und sofort servieren.

Kleine Zwiebel-Pizzas

Für 4 Personen

100 g Mehl, plus etwas mehr zum Bestäuben
½ TL Trockenhefe
½ TL Salz
1 EL Olivenöl
125–250 ml lauwarmes Wasser

BELAG
4 EL Olivenöl
1 große Zwiebel, in dünne Ringe geschnitten
1 TL brauner Zucker
1 TL Balsamico-Essig
50 g Feta, Mozzarella oder Gorgonzola, gerieben

1 Mehl, Hefe und Salz in einer Schüssel mischen und mit der Hälfte des Öls beträufeln. Eine Mulde in die Mitte drücken und 125 ml Wasser hineingießen. Die Zutaten verkneten, dabei so viel Wasser dazugeben, dass ein fester Teig entsteht. Den Teig auf einer leicht bemehlten Arbeitsfläche glatt kneten. Falls nötig, noch etwas Mehl einarbeiten. Die Schüssel mit dem restlichen Öl einfetten. Den Teig hineingeben und wenden. Abgedeckt 1 Stunde gehen lassen.

2 Für den Belag das Öl in einer Pfanne erhitzen und die Zwiebeln bei mittlerer Hitze 10 Minuten andünsten. Mit Zucker bestreuen und unter gelegentlichem Rühren 5 Minuten dünsten. Den Essig hinzufügen und weitere 5 Minuten garen. Die Pfanne vom Herd nehmen und auskühlen lassen.

3 Den Backofen auf 220 °C vorheizen. Wenn der Teig sein Volumen verdoppelt hat, kurz durchkneten. Den Teig in 4 gleich große Portionen teilen und diese zu dünnen Kreisen ausrollen. Die Teigkreise auf ein Backblech legen, mit Zwiebeln und Käse belegen. Im Ofen 10 Minuten backen. Sofort servieren.

1

1

2

Kleine Artischocken-Pizzas

Ergibt 12 Stück

525 g Mehl, plus etwas mehr zum Bestäuben
1 Tütchen Backpulver
1 TL Salz
75 g Butter, gewürfelt
300–375 ml Milch
Olivenöl, zum Einfetten

BELAG
175 ml küchenfertige Pizzasauce
50 g Gorgonzola, in Scheiben geschnitten
125 g Artischockenherzen aus der Dose, abgetropft und in Scheiben geschnitten
2 Schalotten, gehackt
50 g Gruyère, gerieben
4 EL frisch geriebener Parmesan
½ TL getrockneter Oregano
Olivenöl, zum Beträufeln
Salz und Pfeffer

1 Den Backofen auf 200 °C vorheizen. Für die Teigböden den Schritten 1 und 2 auf Seite 226 folgen.

2 Für den Belag die Teigböden bis zum Rand mit Pizzasauce bestreichen. Mit Gorgonzola- und Artischockenscheiben sowie Schalotten belegen. Gruyère und Parmesan in einer Schüssel mischen und über die Pizzas streuen. Mit Oregano bestreuen und mit Olivenöl beträufeln. Nach Geschmack salzen und pfeffern.

3 Im Backofen 10–15 Minuten backen, bis die Teigränder knusprig sind und der Käse Blasen wirft. Sofort servieren.

Crostini alla Fiorentina

Für 4 Personen

3 EL Olivenöl
1 Zwiebel, gehackt
1 Selleriestange, in Scheiben geschnitten
1 Karotte, gewürfelt
1–2 Knoblauchzehen, zerdrückt
150 g Hühnerleber
150 g Kalbs-, Lamm- oder Schweineleber
150 ml Rotwein
1 EL Tomatenmark
2 EL frisch gehackte Petersilie, plus etwas mehr zum Garnieren
3–4 Sardellenfilets, fein gehackt
2 EL Brühe oder Wasser
Salz und Pfeffer
2–3 EL Butter
1 EL Kapern
frisch geröstetes Brot, zum Servieren

1 Das Olivenöl in einer Pfanne erhitzen. Zwiebel, Sellerie, Karotte und Knoblauch zufügen und 4–5 Minuten bei geringer Hitze dünsten.

2 Unterdessen die Hühnerleber abspülen und mit Küchenpapier trockentupfen. Dann die Kalbsleber trockentupfen und in Streifen schneiden. Die Leber in die Pfanne geben und bei geringer Hitze einige Minuten von allen Seiten anbräunen.

3 Die Hälfte des Weins zugeben und etwas einkochen lassen. Dann den restlichen Wein, Tomatenmark, die Hälfte der Petersilie, Sardellenfilets, Brühe oder Wasser sowie etwas Salz und reichlich schwarzen Pfeffer zufügen.

4 Pfanne abdecken. Unter gelegentlichem Rühren 15–20 Minuten köcheln lassen.

5 Mischung etwas abkühlen lassen und grob hacken oder pürieren.

6 Das Püree wieder in die Pfanne geben, Butter, Kapern und die restliche Petersilie unterrühren und vorsichtig erhitzen, bis die Butter schmilzt. Abschmecken und auf geröstetem Brot mit Petersilie bestreut servieren.

Gefüllte Croustades

Ergibt 48 Stück

600 g Butter
12 dicke Scheiben Weißbrot

KÄSE-TOMATEN-FÜLLUNG
Tapenade (s. S. 237, Schritt 1)
Mozzarella, in dünne Scheiben geschnitten
Kirschtomaten, halbiert
frisches Basilikum, zum Garnieren

KREBSFLEISCH-FÜLLUNG
125 g Krebsfleisch aus der Dose, abgetropft
125 g Mayonnaise
1 Prise Selleriesalz
2 hart gekochte Eier
frischer Dill, zum Garnieren

1 Den Backofen auf 180 °C vorheizen. Die Croustades in 4 Portionen zubereiten. 125 g Butter in einer kleinen Pfanne bei geringer Hitze zerlassen. Unterdessen aus 3 Brotscheiben 12 Kreise von ca. 7,5 cm Ø ausstechen. Die Pfanne mit der zerlassenen Butter vom Herd nehmen. Die Brotkreise in der Butter tränken und fest in die Vertiefungen einer Mini-Muffinform drücken.

2 Eine zweite Mini-Muffinform zur Stabilisierung darauf setzen. Croustades 15–20 Minuten knusprig backen. Auf einem Kuchengitter auskühlen lassen, unterdessen die übrigen Portionen zubereiten. Die erkalteten Croustades füllen, garnieren und sofort servieren.

3 Für die Käse-Tomaten-Croustades die Croustades mit Tapenade füllen, mit je einer Scheibe Mozzarella und einer Tomatenhälfte belegen und einem Basilikumblatt garnieren.

4 Für die Krebsfleisch-Croustades das Krebsfleisch in eine Schüssel geben, mit einer Gabel zerkleinern und mit Mayonnaise und Selleriesalz verrühren. Die Eier pellen, fein würfeln und unterrühren. In die Croustades füllen und mit Dill garnieren.

1

3

4

Crostini mit Ei und Tapenade

Ergibt 8 Stück

1 kleines Baguette
4 hart gekochte Eier
8 schwarze Oliven, entsteint
Tomaten, in Scheiben geschnitten
4 Sardellenfilets in Olivenöl, abgegossen (Öl aufbewahren) und der Länge nach halbiert
Friséesalatblätter, zum Garnieren

TAPENADE
75 g entsteinte schwarze Oliven
6 Sardellenfilets in Öl, abgegossen (Öl aufbewahren)
2 EL Kapern, abgespült
2 Knoblauchzehen, grob gehackt
1 TL Dijon-Senf
2 EL Zitronensaft
1 TL frischer Thymian
Pfeffer

1 Für die Tapenade Oliven, Sardellenfilets, Kapern, Knoblauch, Senf, Zitronensaft, Thymian und etwas Pfeffer in der Küchenmaschine glatt pürieren. Ggf. die Tapenade an der Innenwand der Küchenmaschine nach unten schaben. Bei laufendem Gerät nach und nach das von den Sardellenfilets abgegossene Öl zugeben, bis eine glatte Paste entstanden ist. Die Tapenade in eine Schüssel füllen und mit Frischhaltefolie abdecken.

1

2 Den Backofengrill vorheizen. Das Baguette in 8 Scheiben schneiden. Auf ein Backblech legen und unter dem Grill von beiden Seiten goldbraun rösten. Auskühlen lassen.

2

3 Unterdessen die Eier pellen und in Scheiben schneiden. Die Oliven halbieren. Die Brotscheiben dünn mit Tapenade bestreichen und mit je einer Scheibe Tomate und Ei belegen. Eine kleine Haube Tapenade auf das Ei setzen. Je ein Sardellenfilet und 2 Olivenhälften darauf anrichten. Mit Salatblättern garniert servieren.

3

Mozzarella-Ecken

Für 4 Personen

8 Scheiben altbackenes Toastbrot, ohne Rinde
100 g Mozzarella, in dicke Scheiben geschnitten
40 g schwarze Oliven, entsteint und gehackt
8 eingelegte Sardellenfilets, abgetropft und gehackt
16 frische Basilikumblätter
Salz und Pfeffer
4 Eier, verquirlt
150 ml Milch
Öl, zum Frittieren
frisches Basilikum, zum Garnieren

1 Die Brotscheiben diagonal halbieren. 8 Brotdreiecke mit Mozzarella, Oliven und Sardellenfilets belegen.

2 Mit den Basilikumblättern belegen. Salzen und pfeffern.

3 Die Toasts mit den anderen 8 Brotdreiecken bedecken und diese leicht andrücken.

4 Eier und Milch verquirlen und in eine große flache Auflaufform gießen. Die Dreiecke 5 Minuten in der Eiermilch tränken.

5 Das Öl in einer Pfanne auf 180–190 °C erhitzen (ein Brotwürfel sollte in 30 Sekunden goldbraun sein).

6 Vor dem Frittieren die Ränder der Brotdreiecke noch einmal zusammendrücken.

1

1

4

7 Die Dreiecke vorsichtig in das heiße Fett geben und von beiden Seiten 2 Minuten goldgelb frittieren. Herausnehmen und auf Küchenpapier abtropfen lassen. Mit Basilikum garniert sofort servieren.

Basilikum-Zucchini-Toast

Für 4 Personen

4 Scheiben Weißbrot
50 g Butter, zerlassen
4 Eier
500 ml Milch
1 kleine Zwiebel, fein gehackt
1 Zucchini, geraspelt
125 g frisch geriebener Käse
200 g frische Semmelbrösel
1 EL frisch gehacktes Basilikum
Salz und Pfeffer
1 Prise Paprika
2 EL frisch geriebener Parmesan

1 Den Backofen auf 190 °C vorheizen. Die Brotscheiben von der Rinde befreien und in die Vertiefungen einer Muffinform drücken. Sorgfältig mit der zerlassenen Butter bestreichen.

2 Die Eier gut verquirlen und die Milch unterrühren. Zwiebel, Zucchiniraspel, Käse, Semmelbrösel und Basilikum dazugeben. Salzen, pfeffern und gut vermengen.

3 Die Eimischung in die Brotförmchen füllen. Mit Paprika und Parmesan bestreuen. Im Backofen 45 Minuten backen, bis die Füllung fest und goldbraun ist.

4 Die Toasts 10 Minuten in der Muffinform abkühlen lassen und auf einem Servierteller anrichten.

Herzhafte Tortilla-Ecken

Für 6 Personen

Pflanzenöl, zum Einfetten
10 Weizenmehl-Tortillas
500 g frisch geriebener Käse
225 g Kochschinken, gewürfelt
Salsa (nach Belieben)
Kräuter-Crème-Fraîche, zum Servieren

VARIATION

Für eine vegetarische Version statt Schinken 225 g in dünne Scheiben geschnittene Pilze verwenden, die mit Olivenöl und 1 zerdrückten Knoblauchzehe mariniert wurden. Sehr gut schmecken auch in Knoblauch und Olivenöl gedünstete frische Spinatblätter.

TIPP

Beim Wenden der Tortillas sollten Sie sicherheitshalber Topfhandschuhe verwenden.

1 Eine beschichtete Pfanne mit etwas Öl einfetten. Eine Tortilla in die kalte Pfanne geben und mit etwas Käse und Schinken belegen. Eine zweite Tortilla großzügig mit Salsa bestreichen und mit der bestrichenen Seite auf die Käse-Schinken-Tortilla legen.

2 Die Pfanne auf den Herd stellen und die Tortillas bei mittlerer Hitze so lange braten, bis der Käse zerlaufen und die untere Tortilla goldbraun ist.

3 Einen Teller auf die Pfanne legen. Den Teller mit einer Hand gut festhalten und die Pfanne rasch, aber vorsichtig umdrehen.

4 Die so gewendeten Tortillas in die Pfanne zurückgleiten lassen und so lange braten, bis auch die zweite Tortilla goldbraun ist.

5 Die Tortillas aus der Pfanne nehmen. Mit den restlichen Tortillas ebenso verfahren. Die Tortillas achteln und mit Kräuter-Crème-Fraîche servieren.

1

2

4

Mini-Focaccia

Für 4 Personen

- 350 g Mehl
- ½ TL Salz
- 1 Tütchen Trockenhefe
- 2 EL Olivenöl, plus etwas mehr zum Einfetten
- 250 ml lauwarmes Wasser
- 100 g grüne oder schwarze Oliven, entsteint und halbiert

BELAG

- 2 rote Zwiebeln, in Ringe geschnitten
- 2 EL Olivenöl
- 1 TL Meersalz
- 1 EL frischer Thymian

4

4

1 Mehrere Backbleche leicht einfetten. Mehl und Salz in eine große Schüssel sieben, die Trockenhefe unterrühren, dann Olivenöl und Wasser zufügen und alles zu einem weichen Teig vermischen.

2 Den Teig auf einer leicht bemehlten Arbeitsfläche 5 Minuten gründlich durchkneten.

3 Dann den Teig in eine eingefettete Schüssel geben, abdecken und an einem warmen Ort 1–1½ Stunden gehen lassen, bis er sein Volumen verdoppelt hat. Danach erneut 1–2 Minuten durchkneten.

4 Die Hälfte der Oliven in den Teig kneten. Den Teig vierteln und zu 4 Fladen formen. Auf die Backbleche legen und Vertiefungen hineindrücken.

5

5 Den Backofen auf 190 °C vorheizen. Für den Belag die Zwiebeln und die restlichen Oliven auf die Teigfladen streuen, etwas Olivenöl darüber träufeln und mit Meersalz und Thymian bestreuen. Abgedeckt 30 Minuten gehen lassen.

6 Die Brote im Ofen 20–25 Minuten goldbraun backen. Auf ein Kuchengitter legen und vor dem Servieren abkühlen lassen.

VARIATION

Aus der gleichen Teigmenge können Sie auch einen großen Focaccia-Fladen herstellen.

Pizza-Brötchen mit Tomaten

Für 8 Personen

250 g Mehl, plus etwas mehr zum Bestäuben
½ TL Salz
1 Tütchen Trockenhefe
100 g Butter, zerlassen und leicht abgekühlt, plus etwas mehr zum Einfetten
3 EL warme Magermilch
2 Eier, verquirlt
50 g getrocknete Tomaten in Öl, abgetropft und fein gehackt
Magermilch, zum Bestreichen

1 Ein Backblech leicht einfetten. Mehl und Salz in eine große Schüssel sieben, Trockenhefe unterrühren, dann Butter, Milch und Eier zufügen und alles zu einem Teig mischen.

2 Den Teig auf einer leicht bemehlten Arbeitsfläche 5 Minuten gründlich durchkneten.

3 Dann in eine eingefettete Schüssel geben, abdecken und an einem warmen Ort 1–1½ Stunden gehen lassen, bis er sein Volumen verdoppelt hat. Danach den Teig erneut 2–3 Minuten durchkneten.

4 Die Tomaten in den Teig kneten. Dabei die Arbeitsfläche zusätzlich mit etwas Mehl bestäuben, da die Tomaten ziemlich viel Öl abgeben. Den Teig in 8 kleine Kugeln aufteilen, diese auf das Backblech legen, abdecken und an einem warmen Ort 30 Minuten gehen lassen, bis sich ihr Volumen verdoppelt hat.

5 Den Backofen auf 230 °C vorheizen. Die Brötchen mit Milch bestreichen und im Ofen 10–15 Minuten goldbraun backen. Auf einen Rost legen und vor dem Servieren etwas abkühlen lassen.

VARIATION

Für zusätzliches Aroma in Schritt 4 fein gehackte Sardellenfilets oder Oliven zum Teig geben.

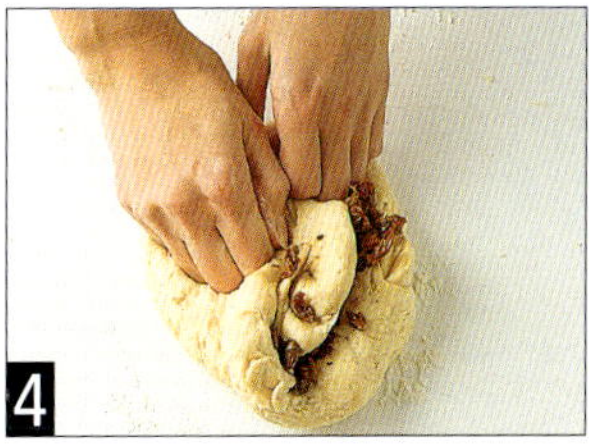

Käse-Schnittlauch-Brot

Für 8 Personen

225 g Mehl
2 TL Backpulver
1 TL Salz
1 TL Senfpulver
100 g alter pikanter Käse, gerieben
2 TL frisch gehackter Schnittlauch
1 Ei, verquirlt
2 EL Butter, zerlassen
150 ml Magermilch

1 Den Backofen auf 190 °C vorheizen. Eine quadratische Backform mit 24 cm Seitenlänge einfetten und den Boden mit Backpapier auslegen.

2 Mehl, Backpulver, Salz und Senfpulver in eine große Schüssel sieben. 3 Esslöffel geriebenen Käse beiseite stellen. Den restlichen Käse mit dem Schnittlauch in die Mehlmischung geben und gut unterrühren. Ei, Butter und Milch zufügen und alles gut vermengen.

TIPP

Für dieses Rezept können Sie jeden pikanten Käse verwenden, z. B. Emmentaler, Bergkäse oder alten Gouda.

3 Den fertigen Teig in die vorbereitete Form geben, mit einem Messer glatt streichen und mit dem beiseite gestellten Käse bestreuen.

4 Das Brot 30 Minuten im Backofen backen. Das fertige Brot etwas abkühlen lassen, dann in Dreiecke geschnitten servieren.

Olivenkuchen

Ergibt 1 Kuchen

Butter, zum Einfetten
250 g schwarze und/oder grüne Oliven, entsteint
300 g Mehl
3 TL Backpulver
4 große Eier
1 EL Zucker
Salz und Pfeffer
125 ml Milch
125 ml Olivenöl

TIPP
Der Olivenkuchen hält sich luftdicht verschlossen bis zu 2 Tage.

1 Eine runde Springform (20 Ø) einfetten und den Boden mit Backpapier auslegen. Die Oliven in eine Schüssel geben. Mehl und Backpulver verrühren und 2 Esslöffel davon über die Oliven streuen.

2 Die Eier in einer Schüssel leicht verquirlen. Den Zucker unterrühren und alles mit Salz und Pfeffer würzen. Milch und Olivenöl einrühren.

3 Das restliche Mehl sowie die Oliven in die Schüssel geben und alles zu einem Teig verrühren. Den Teig in die vorbereitete Form füllen und glatt streichen.

4 Den so vorbereiteten Kuchen in einem auf 200 °C vorgeheizten Backofen etwa 45 Minuten backen. Dann die Hitze auf 160 °C reduzieren und den Kuchen weitere 15 Minuten backen, bis er goldbraun und aufgegangen ist und sich an den Rändern leicht von der Form löst.

5 Den fertigen Kuchen aus dem Backofen nehmen und 20 Minuten in der Form abkühlen lassen. Dann aus der Form nehmen, das Backpapier entfernen und den Kuchen vollständig auskühlen lassen.

2

3

5

Würzige Brotfladen

Für 4 Personen

4 Pita-Brote oder Bagels

2 EL Olivenöl oder zerlassene Butter

BELAG

1 TL Schwarzkümmel, Dill, Kreuzkümmel oder zerdrückte Koriandersamen (nach Belieben)

1 TL frisch gehackter Rosmarin (nach Belieben)

1 TL grobes Meersalz (nach Belieben)

2 Knoblauchzehen, fein gehackt

1 Den Backofen auf 200 °C vorheizen. Die Pita Brote oder Bagels horizontal durchschneiden.

2 Die Pita-Brote oder Bagels mit Öl oder Butter bestreichen.

3 Die Brote auf ein Backblech legen und mit dem Belag Ihrer Wahl bestreuen. Im Ofen 5 Minuten goldbraun und knusprig rösten. In Streifen oder Dreiecke schneiden und mit einer kleinen Auswahl an Dips und Aufstrichen (s. S. 14–59) servieren.

1

2

3

Ziegenkäse-Schnittlauch-Crostini

Für 4 Personen

125 ml natives Olivenöl extra
8 Scheiben Baguette oder Ciabatta, in 1-cm-Scheiben geschnitten
125 g Ziegenkäse
Pfeffer
1 EL frisch gehackter Schnittlauch

1 Den Backofen auf 180 °C vorheizen. Das Olivenöl in eine große flache Auflaufform gießen, die Brotscheiben hineinlegen und 1–2 Minuten einweichen. Dann wenden und weitere 2 Minuten einweichen. Die Brotscheiben sollten komplett voll gesogen sein.

2 Unterdessen den Ziegenkäse in 8 dünne Scheiben schneiden oder zerkrümeln.

3 Die Brotscheiben auf ein Backblech legen und im Ofen 5 Minuten rösten, wenden, mit dem Käse belegen und großzügig mit gemahlenem Pfeffer würzen.

4 Die Crostini 5 Minuten im Ofen überbacken, auf einem Servierteller anrichten, mit Schnittlauch bestreuen und sofort servieren.

1

2

3

Sesam-Brotstangen

Ergibt 32 Stück

175 g Mehl Type 1050, plus etwas mehr zum Bestäuben
225 g Weizenvollkornmehl
1 Tütchen Trockenhefe
2 TL Salz
½ TL Zucker
ca. 500 ml lauwarmes Wasser
4 EL Olivenöl, plus etwas mehr zum Einfetten
1 Eiweiß, leicht verquirlt
Sesamsaat, zum Bestreuen

1 Mehle, Hefe, Salz und Zucker in einer großen Schüssel mischen und eine Vertiefung in die Mitte drücken. Fast alles Wasser und das Öl hineingießen und nach und nach mit dem Mehl zu einem Teig verarbeiten, falls nötig das restliche Wasser dazugeben.

2 Den Teig auf einer leicht bemehlten Arbeitsfläche 10 Minuten glatt kneten. Die Schüssel säubern und leicht mit Olivenöl einfetten.

3 Den Teig zu einer Kugel formen, in die Schüssel geben und einmal wenden, damit er mit Öl überzogen ist. Mit einem Tuch oder einer eingefetteten Frischhaltefolie bedecken und an einem warmen Ort gehen lassen, bis sich das Teigvolumen verdoppelt hat.

4 Den Backofen auf 230 °C vorheizen. Ein Backblech mit Backpapier auslegen. Den Teig auf einer leicht bemehlten Arbeitsfläche leicht durchkneten, halbieren und jeweils zu einem 40 cm langen Strang formen. Die Stränge in 8 gleich große Portionen teilen. Diese wiederum halbieren, um 32 Teigstücke zu erhalten.

5 Die Teigstücke mit einem Tuch oder Frischhaltefolie abdecken, damit sie nicht austrocknen. Auf einer leicht bemehlten Arbeitsfläche nacheinander zu 25 cm langen Stangen formen und auf das Backblech legen.

6 Abdecken und 10 Minuten gehen lassen. Die Stangen mit Eiweiß bestreichen und reichlich mit Sesam bestreuen. Im Ofen 10 Minuten backen.

7 Die Stangen erneut mit Eiweiß bestreichen und weitere 5 Minuten goldbraun und knusprig backen. Die Brotstangen zum Auskühlen auf ein Kuchengitter setzen.

Käsestangen

Ergibt 60 Stück

175 g Mehl, plus etwas mehr zum Bestäuben
Salz und Pfeffer
Cayennepfeffer
Senfpulver
125 g Butter, gewürfelt, plus etwas mehr zum Einfetten
75 g frisch geriebener Parmesan oder Pecorino
2 Eigelb
1–2 EL kaltes Wasser (nach Bedarf)
1 Eiweiß, leicht verquirlt

1 Das Mehl und jeweils 1 Prise Salz, Pfeffer, Cayennepfeffer und Senfpulver in eine Schüssel sieben. Die Butter dazugeben und mit den Fingern fein krümelig verreiben. Den Parmesan oder Pecorino untermischen. Die Eigelb und nach Bedarf etwas kaltes Wasser zum Binden einarbeiten. Den Teig zu einer Kugel formen.

2 Den Backofen auf 220 °C vorheizen. Mehrere Backbleche einfetten. Den Teig auf einer leicht bemehlten Arbeitsfläche 1 cm dick ausrollen und mit einem scharfen Messer in fingerdicke Stangen schneiden.

3 Die Stangen auf die Backbleche legen und mit Eiweiß bestreichen. Im Ofen 8–10 Minuten goldbraun backen. Auf den Backblechen vollständig auskühlen lassen. Bis zum Servieren in einem luftdichten Behälter aufbewahren. Am besten schmecken die Käsestangen ganz frisch.

Schnittlauch-Cracker

Ergibt 25 Stück

- 50 g weiche Butter, plus etwas mehr zum Einfetten
- 2 EL frisch gehackter Schnittlauch
- 125 g Mehl, plus etwas mehr zum Bestäuben
- 2 EL frisch geriebener Parmesan
- 1 Eigelb
- 2–3 EL eiskaltes Wasser
- 3 Knoblauchzehen, fein gehackt
- 1 Eigelb, verquirlt, zum Bestreichen

1 Butter und Schnittlauch in einer Schüssel mit einem Holzlöffel oder einer Gabel gut verrühren.

2 Das Mehl in eine zweite Schüssel sieben und mit Parmesan mischen. Die Schnittlauchbutter zugeben und mit den Fingern feinkrümelig verreiben. Eigelb und so viel Wasser einarbeiten, dass ein glatter Teig entsteht. Den Teig zu einer Kugel formen und in Frischhaltefolie 30 Minuten kalt stellen.

3 Backofen auf 200 °C vorheizen. Ein Backblech leicht mit Butter einfetten. Den Teig auf einer leicht bemehlten Arbeitsfläche ausrollen und gleichmäßig mit dem Knoblauch bestreuen. Den Teig zusammenklappen und dünn ausrollen. Mit einer runden Plätzchenschablone mit gewelltem Rand (6 cm Ø) Plätzchen ausstechen.

4 Die Plätzchen auf das Backblech legen und mit Eigelb bestreichen. Im Ofen 15–20 Minuten goldbraun backen. Einige Minuten auf dem Backblech abkühlen lassen. Auf ein Kuchengitter setzen und vollständig auskühlen lassen. Bis zum Verzehr in einem luftdichten Behälter aufbewahren.

2

3

4

Schinken-Parmesan-Röllchen

Für 4 Personen

1 kleines Kastenweißbrot
4 EL Butter, Senf oder Doppelrahmfrischkäse
4 Scheiben gekochter Schinken
4 EL frisch geriebener Parmesan
8 getrocknete Tomaten

VARIATION

Sie können nach Belieben auch rohen oder geräucherten Schinken verwenden. Eine andere Alternative ist geräucherter Lachs mit Frischkäse.

1 Den Backofen auf 180 °C vorheizen. Ein Backblech leicht einfetten. Das Weißbrot von der Rinde befreien und längs in 4 Scheiben schneiden. Die Brotscheiben mit einem Teigroller zwischen zwei Lagen Backpapier ausrollen.

1

2 Die Brotscheiben mit Butter, Senf oder Frischkäse bestreichen, mit dem Schinken belegen und dem Parmesan bestreuen. Die getrockneten Tomaten fein hacken und gleichmäßig darauf verteilen.

2

3 Die Brotscheiben an der Längsseite aufrollen und die Roulade in 1 cm dicke Scheiben schneiden. Die Scheiben auf das Backblech legen und im Ofen 5 Minuten rösten, bis der Parmesan geschmolzen ist. Die Röllchen mit Holzstäbchen feststecken. Warm oder kalt servieren.

3

Sardellenhäppchen

Ergibt 30 Stück

175 g Mehl, plus etwas mehr zum Bestäuben
6 EL Butter, in kleine Würfel geschnitten
4 EL frisch geriebener Parmesan
Salz und Pfeffer
2–3 EL kaltes Wasser
3 EL Dijonsenf

ANCHOIADE
100 g Sardellenfilets aus der Dose, abgetropft
125 ml Milch
2 Knoblauchzehen, grob gehackt
1 EL frisch gehackte glatte Petersilie
1 EL frisch gehacktes Basilikum
1 EL Zitronensaft
2 EL abgezogene Mandeln, geröstet und grob gehackt
4 EL Olivenöl

1 Das Mehl für den Teig in eine große Schüssel sieben und die Butter feinkrümelig verreiben. Die Hälfte des Parmesans und das Salz einrühren. Mit Wasser zu einem festen Teig verarbeiten. Durchkneten, in Frischhaltefolie einschlagen und 30 Minuten im Kühlschrank kalt stellen.

2 Unterdessen die Sardellen für die Anchoiade in einer kleinen Schüssel mit Milch bedecken. 10 Minuten ziehen lassen. Die Sardellen abgießen und mit Küchenpapier trockentupfen. Die Milch weggießen.

3 Die Sardellen grob hacken und mit Knoblauch, Petersilie, Basilikum, Zitronensaft, Mandeln und 2 Esslöffeln Öl im Mixer glatt pürieren. Den Mixer gründlich ausleeren, die Paste mit dem restlichen Öl verrühren und alles mit Pfeffer würzen. Anschließend beiseite stellen.

4 Den Teig aus dem Kühlschrank nehmen und sehr dünn zu einem großen Rechteck ausrollen. Dünn mit 2 Esslöffeln Anchoiade und Senf bestreichen. Mit dem restlichen Parmesan und mit etwas Pfeffer bestreuen.

5 Von einer Längsseite her fest einrollen und schräg in 1 cm dicke Scheiben schneiden. Mit ausreichendem Abstand auf einem beschichteten Backblech auslegen.

6 Den Backofen auf 200 °C vorheizen. Die Häppchen 20 Minuten goldgelb backen. Abkühlen lassen.

3

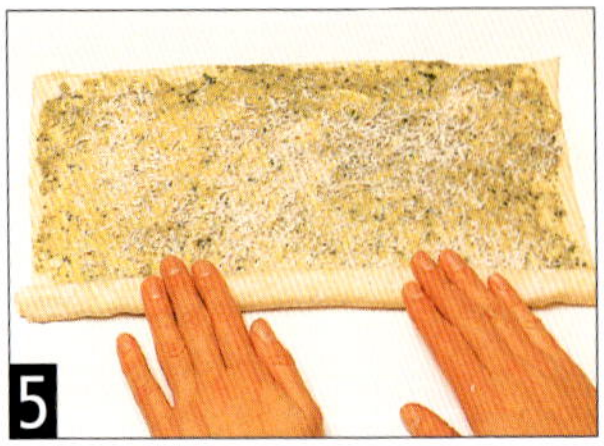
5

Tapas

Grundwissen Tapas

Zu den vielen Freuden eines Spanienbesuchs gehört zweifellos die reiche Tapas-Tradition des Landes. Einer Legende zufolge wurden Tapas erstmals im 13. Jahrhundert für König Alfonso X. von Kastilien, genannt el Sabio („der Weise"), zubereitet. Dem erkrankten Herrscher war zur Genesung der Verzehr von Wein mit ein wenig Essen zwischen den Mahlzeiten verordnet worden. Wieder bei Kräften, setzte er sich dafür ein, dass in Gasthäusern der Wein nur noch mit begleitenden Happen serviert werden sollte.

Weiter verbreitet ist jedoch die Auffassung, nicht Kastilien, sondern Andalusien sei die Wiege der Tapas. In dieser berühmten südspanischen Weinbauregion deckte man früher das Weinglas mit einer Scheibe Brot mit Schinken oder Käse oder mit anderen Häppchen auf einer Untertasse ab. Diese *tapa* – das spanische Wort für „Deckel" – sollte verhindern, dass Fliegen oder Schmutz in den Wein gelangten. Schon bald wurde das Essen selbst als *tapa* bezeichnet. Seitdem haben Tapas ganz Spanien erobert und setzen mittlerweile ihren Siegeszug weltweit fort.

Tapas sind nach wie vor ein wesentlicher Bestandteil des spanischen Lebensstils: Meist werden sie zwischen dem Mittag- und Abendessen in Cafés und Bars zu einem Aperitif wie Wein, Sherry oder Cidre serviert. Es bietet sich also geradezu an, abends auf dem Nachhauseweg kurz einzukehren und mit Freunden oder Kollegen den Tag ausklingen zu lassen. Bestellt man mehrere Tapas, können diese leicht auch das Abendessen ersetzen. So gibt es denn auch verschiedene Tapas-Größen: *cosas de picar* („Knabbereien") sind einfaches Fingerfood wie Oliven oder Salzmandeln, wohingegen *pinchos* schon etwas größere, auf Zahnstocher aufgespießte Bissen bezeichnen. Die *raciones* wiederum können durchaus Bestandteil einer sättigenden Mahlzeit sein.

Die Bandbreite angebotener Tapas ist riesig und spiegelt die Vielfalt der kulinarischen Traditionen in den verschiedenen Regionen Spaniens wider. In diesem Buch finden Sie eine Auswahl bekannter Tapas-Klassiker wie Spanische Tortilla (s. S. 356) oder Tomatenbrot (s. S. 492) und viele regionale Spezialitäten wie die „Runzelkartoffeln" mit Mojo-Sauce (s. S. 280) von den Kanaren oder den Katalanischen Klippfischsalat (s. S. 380) aus den Bars von Barcelona.

Tapas sind schon lange nicht mehr nur in Spanien beliebt: In allen Großstädten der Welt schießen Tapas-Bars wie Pilze aus dem Boden. Auch wird es immer gängiger, Tapas selbst zuzubereiten und im Freundeskreis zu Hause zu genießen.

Der Reiz von Tapas liegt nicht zuletzt auch in der Geselligkeit, die sich mit Freunden und Familie bei den kleinen Happen unweigerlich einstellt. Da mehrere heiße und kalte Speisen gleichzeitig serviert werden, sind Tapas ein abwechslungsreicher Genuss voller Kontraste und Überraschungen. In der traditionellen Küche hat man sonst ja eher selten Gelegenheit, einige Bissen Fisch zu genießen, gefolgt von einer Chorizo-Empanadilla, begleitet von einem Glas Wein und einigen eingelegten Oliven! Dann lassen Sie einfach Ihren Gaumen entscheiden, was Sie als Nächstes probieren möchten!

Wichtige Zutaten für Tapas

Chorizo

Chorizo ist die bekannteste und bei uns am besten erhältliche spanische Wurstsorte. Die mit Paprika gewürzte Schweinefleischwurst gibt es geräuchert und ungeräuchert, mit unterschiedlichem Fettgehalt und in verschiedenen Größen.

Käse

In Spanien werden unzählige Käsesorten produziert, doch sind viele nur in der jeweiligen Erzeugerregion erhältlich. Manchego (ein Hartkäse aus Schafsmilch) ist wohl der bekannteste spanische Käse und auch bei uns recht geläufig. In diesem Buch werden viele verschiedene Käsesorten verwendet, es sind aber neben den spanischen Spezialitäten immer auch in Deutschland gängige Alternativen angegeben.

Knoblauch

Knoblauch ist aus der spanischen Küche nicht wegzudenken. Knoblauchknollen kühl und trocken lagern und angebrochene Knollen innerhalb von 10 Tagen verbrauchen, da sie sonst austrocknen. Beim Einkauf auf feste Knollen mit glatter, weißer Schale achten.

Oliven

Es ist wohl kein Zufall, dass Oliven ein wichtiger Bestandteil vieler Tapas sind – sie sind das am meisten angebaute landwirtschaftliche Produkt Andalusiens. Mehr als die Hälfte aller in Spanien angebauten, für den Verzehr bestimmten Olivensorten stammen aus dieser Region. Gerne werden auch mit mildem rotem Paprika gefüllte Oliven verwendet.

Olivenöl

Spanien ist der weltweit größte Produzent von Olivenöl. Das qualitativ beste Öl ist „natives Olivenöl extra", das aus der ersten Kaltpressung gewonnen wird – es sollte eher für Dressings als zum Braten verwendet werden. „Natives Olivenöl" ist etwas weniger hochwertig. Eine Mischung aus nativen und raffinierten Ölen wird als normales „Olivenöl" bezeichnet. Bei raffiniertem Olivenöl liegt der Rauchpunkt höher; es eignet sich daher auch zum Braten.

Paprika

Spanisches Paprikapulver wird aus roten Gemüsepaprika hergestellt und ist in der Regel milder als osteuropäisches Paprikapulver. Gelegentlich werden aber auch richtig scharfe Sorten verarbeitet.

Schinken

Schinken ist in Spanien ein Grundnahrungsmittel und wird dort schon seit mindestens 2 000 Jahren hergestellt. Die Qualität ist von der Reifezeit abhängig. Die besten Schinken werden oft von Hand aufgeschnitten und roh als Tapas serviert. Preiswertere Sorten sollten gegart werden. Serrano-Schinken ist eine allgemeine Bezeichnung für gepökelten und luftgetrockneten Schinken aus spanischen Bergregionen. „Serrano" bedeutet „gebirgig".

Tapas-Grundrezepte

Röstkartoffeln

FÜR 6 PERSONEN

1 kg Kartoffeln, ungeschält

Olivenöl

Meersalz

1 Kartoffeln waschen, abbürsten, trockentupfen und in große Stücke schneiden.

2 1 oder 2 große schwere Pfannen 1 cm hoch mit Olivenöl füllen. Je 1 Kartoffelstück darin auf mittlerer Stufe erhitzen, bis es zischend zu braten beginnt. Die restlichen Kartoffeln zugeben und von allen Seiten 15 Minuten goldbraun braten. Die Pfannen beim Braten nicht zu voll zu machen, ggf. portionsweise verfahren und gebratene Kartoffeln warm halten.

3 Kartoffeln mit einem Schaumlöffel herausnehmen und auf Küchenpapier abtropfen lassen. Mit Salz bestreuen und heiß servieren.

Tomaten-Paprika-Sauce

ERGIBT 700 ML

4 EL Olivenöl

10 große Knoblauchzehen

125 g Schalotten, gewürfelt

4 große rote Paprika, fein gewürfelt

1 kg Tomaten, gewürfelt, oder 1,25 kg Tomaten aus der Dose, gewürfelt

2 Orangenzesten

1 Prise rote Chiliflocken (nach Belieben)

Salz und Pfeffer

1 Olivenöl in einem großen Schmortopf auf mittlerer Stufe erhitzen. Knoblauch, Schalotten und Paprika darin unter gelegentlichem Rühren 10 Minuten weich dünsten.

2 Tomaten (bei Verwendung von Dosentomaten mitsamt Saft), Orangenzesten und Chiliflocken sowie Salz und Pfeffer nach Belieben zugeben und aufkochen. Hitze reduzieren und die Mischung ohne Deckel 45 Minuten köcheln und eindicken lassen.

3 Die Sauce im Mixer pürieren und anschließend mit einem Holzlöffel durch ein feines Sieb passieren. Mit Salz und Pfeffer abschmecken. Sofort servieren oder abgedeckt bis zu 3 Tage kühl aufbewahren.

Gemüsetapas

In diesem Kapitel finden Sie einerseits Gemüserezepte und vegetarische Tapas im klassischen Fingerfood-Format, andererseits solche, die sich als ideale Beilage für andere Gerichte aus diesem Buch eignen. So gibt es verschiedenste Kartoffelrezepte – immer ein Hauptbestandteil von Tapas-Mahlzeiten – wie z. B. den katalanischen Klassiker Röstkartoffeln mit Chiliöl und Aïoli (s. S. 271) oder die allseits beliebten Pikanten Kartoffelecken (s. S. 274).

Weitere Tapas-Köstlichkeiten sind z. B. Gefüllte Kirschtomaten (s. S. 294) in optimaler Häppchengröße, Zucchini mit Käse und Vinaigrette (s. S. 299) für den etwas größeren Hunger sowie verschiedene leckere Salate.

Spanische Kartoffeln

Für 4 Personen

2 EL Olivenöl
500 g kleine Frühkartoffeln, ungeschält und halbiert
1 Zwiebel, halbiert und in dünne Spalten geschnitten
1 grüne Paprika, in Streifen geschnitten
1 TL Chilipulver
1 TL Senf
300 g passierte Tomaten
300 ml Gemüsebrühe
Salz und Pfeffer
frisch gehackte Petersilie, zum Garnieren

1 Olivenöl in einer gusseisernen Pfanne erhitzen. Kartoffeln und Zwiebelspalten darin unter häufigem Rühren 4–5 Minuten leicht anbraten.

2 Paprika, Chilipulver und Senf zugeben und alles 2–3 Minuten anschwitzen.

3 Tomaten und Gemüsebrühe zugeben, umrühren und aufkochen. Hitze reduzieren und die Mischung 25 Minuten köcheln lassen (die Kartoffeln sollten weich sein). Mit Salz und Pfeffer abschmecken.

4 In eine vorgewärmte Schüssel geben. Mit Petersilie bestreuen und sofort servieren.

5 Alternativ das Gericht vollständig abkühlen lassen und zimmerwarm servieren.

1

2

3

Frühkartoffeln mit Chilisauce

Für 4–6 Personen

450 g Frühkartoffeln, ungeschält
2 Knoblauchzehen, gehackt
2 getrocknete rote Chillies, leicht zerstoßen
1 EL Paprikapulver
Salz
2 EL Sherry-Essig
150 ml Olivenöl

1

2

2

1 Kartoffeln waschen, in einen Dämpfer legen und über einen Topf mit kochendem Wasser stellen. Abgedeckt 30 Minuten bissfest dämpfen.

2 Unterdessen die Sauce zubereiten. Knoblauch, Chillies und Paprika im Mörser zu einer Paste zermahlen. Salzen und nach und nach den Essig einarbeiten. Das Olivenöl gut untermischen.

3 Die Kartoffeln in kleine vorgewärmte Schalen geben und sofort servieren. Dazu Chilisauce reichen.

VARIATION

Die getrockneten Chillies können nach Belieben durch 1 frische, fein gehackte rote Chili ersetzt werden. Am Ende von Schritt 2 unter die Sauce mischen.

Frühkartoffeln mit Aïoli

Für 6–8 Personen

450 g kleine Frühkartoffeln, ungeschält
1 EL frisch gehackte glatte Petersilie
Salz

AÏOLI
1 großes Eigelb, zimmerwarm
1 EL Weißweinessig oder Zitronensaft
2 große Knoblauchzehen
Salz und Pfeffer
5 EL natives Olivenöl extra
5 EL Maiskeimöl

1 Für die Aïoli Eigelb, Essig und Knoblauch sowie Salz und Pfeffer im Mixer mischen. Bei laufendem Gerät sehr langsam das Olivenöl zugießen. Maisöl tropfenweise zugeben, bis die Mischung eindickt, dann das Öl in einem gleichmäßigen Strahl zugießen und zu einer dicken, glatten Sauce verarbeiten. Alternativ Schüssel und Schneebesen benutzen.

2 Für dieses Rezept sollte die Aïoli eine eher dünnflüssige Konsistenz annehmen. Daher eventuell 1 Esslöffel Wasser unterrühren.

3 Die Kartoffeln waschen, größere Exemplare halbieren oder vierteln, kleine Kartoffeln ganz lassen. In einen großen Topf mit kaltem Salzwasser geben und aufkochen. Herunterschalten und 7 Minuten bissfest köcheln. Abgießen und in eine große Schale geben.

4 Aïoli über die noch heißen Kartoffeln geben und vorsichtig umrühren (die Kartoffeln nehmen auf diese Weise den Knoblauchgeschmack besser an). 20 Minuten ziehen lassen.

5 In eine vorgewärmte Schüssel füllen. Mit Petersilie bestreuen, nach Belieben salzen und warm servieren. Alternativ das Gericht im Voraus zubereiten, im Kühlschrank aufbewahren und vor dem Servieren wieder zimmerwarm werden lassen.

Kartoffeln im Schinkenmantel

Für 4 Personen

12 Frühkartoffeln, ungeschält

2 EL Olivenöl

12 Scheiben Serrano-Schinken

Salz

1 Den Backofen auf 200 °C vorheizen. Kartoffeln waschen, in einen Dämpfer legen und über einen Topf mit kochendem Wasser stellen. Abgedeckt 30 Minuten bissfest dämpfen. Vom Herd nehmen und leicht abkühlen lassen.

2 Olivenöl in eine Grillpfanne geben. Die Kartoffeln in je 1 Schinkenscheibe einwickeln und nebeneinander in die Pfanne legen. Im Ofen unter gelegentlichem Wenden 20 Minuten bräunen.

3 Auf vorgewärmte Teller geben. Nach Geschmack salzen. Entweder sofort servieren oder vor dem Servieren ein wenig abkühlen lassen.

2

2

2

TIPP

Nehmen Sie möglichst gleich große Kartoffeln, damit diese gleichmäßig garen.

Röstkartoffeln mit Chiliöl und Aïoli

Für 6 Personen

1 Portion Röstkartoffeln (s. S. 263)

1 Portion Aïoli (s. S. 268)

CHILIÖL

150 ml Olivenöl

2 frische kleine rote Chillies, aufgeschlitzt

1 TL Chilipulver

1 Für das Chiliöl Olivenöl und Chillies auf hoher Stufe erhitzen, bis die Chillies zischen. Vom Herd nehmen und Chilipulver einrühren. Beiseite stellen und abkühlen lassen. In einen kleinen Krug oder Messbecher geben (Chillies nicht entfernen).

2 Kartoffeln braten. Unterdessen die Aïoli zubereiten.

3 Zum Servieren die Kartoffeln auf 6 Teller verteilen und je 1 Teelöffel Aïoli darauf geben. Mit Chiliöl beträufeln. Heiß oder zimmerwarm servieren. In Spanien isst man diese Kartoffeln mit Zahnstochern.

TIPP

Für dieses Gericht findet man ebenso viele „Originalrezepte", wie es Köche in Spanien gibt: Manchmal werden die Kartoffeln frittiert, und oft wird die Aïoli mit dem Chiliöl verrührt.

Pfefferkartoffeln

Für 6–8 Personen

1 kg Frühkartoffeln, ungeschält

125 ml Olivenöl

1 EL Sherry-Essig

1 EL Pesto rosso

1 TL Paprikapulver

1 Prise Cayennepfeffer

Salz

1 Kartoffeln waschen, in einen großen Topf mit leicht gesalzenem Wasser geben und aufkochen. Den Herd herunterschalten und die Kartoffeln abgedeckt 15–20 Minuten bissfest köcheln. Abgießen und abkühlen lassen.

2 Unterdessen die Sauce zubereiten. 5 Esslöffel Olivenöl, Essig, Pesto rosso, Paprika und Cayennepfeffer in einer großen Schüssel verrühren. Nach Geschmack salzen und beiseite stellen.

3 Das restliche Olivenöl in einer gusseisernen Pfanne erhitzen. Kartoffeln vierteln und in der Pfanne (ggf. portionsweise) bei mittlerer Hitze unter gelegentlichem Wenden 8–10 Minuten goldbraun braten. Mit einem Schaumlöffel herausnehmen und in die Schüssel mit der Sauce geben.

4 Wenn alle Kartoffeln gebraten sind, diese vorsichtig mit der Sauce mischen. Auf vorgewärmte Teller verteilen und sofort servieren.

Pikante Kartoffelecken

Für 6 Personen

3 TL Paprikapulver
1 TL gemahlener Kreuzkümmel
¼–½ TL Cayennepfeffer
½ TL Salz
450 g kleine Kartoffeln, ungeschält
Maiskeimöl, zum Frittieren
frische Petersilienzweige, zum Garnieren
Aïoli (s. S. 268), zum Servieren (nach Belieben)

1 Paprikapulver, Kreuzkümmel, Cayennepfeffer und Salz in einer kleinen Schüssel gut mischen. Beiseite stellen.

VARIATION

Bereiten Sie die Kartoffelecken alternativ wie oben beschrieben zu und servieren Sie dazu Feurige Tomatensauce (s. S. 368) als Dip. Diese Variante heißt *patatas bravas* („mutige Kartoffeln").

2 Kartoffeln waschen, in je 8 Spalten schneiden. Eine gusseiserne Pfanne 2,5 cm hoch mit Maisöl füllen und erhitzen. Kartoffelecken darin nebeneinander bei mittlerer Hitze unter gelegentlichem Wenden 10 Minuten von allen Seiten goldbraun braten. Mit einem Schaumlöffel herausnehmen und auf Küchenpapier abtropfen lassen.

3 Die noch heißen Kartoffelecken in eine große Schüssel geben. Mit der Gewürzmischung bestreuen und vorsichtig mischen.

2

4 Auf einer großen, vorgewärmten Platte oder in 6 kleinen Schalen anrichten, mit Petersilienzweigen garnieren und heiß servieren. Nach Belieben dazu eine Schale Aïoli als Dip reichen.

Warmer Kartoffelsalat

Für 4–6 Personen

175 ml Olivenöl
450 g fest kochende Kartoffeln, in dünne Scheiben geschnitten
Salz und Pfeffer
4 EL Weißweinessig
2 Knoblauchzehen, fein gehackt

TIPP

Für eine gemischte Tapas-Platte den Salat mit anderen warmen Tapas kombinieren oder vor dem Servieren ganz abkühlen lassen.

1 4 Esslöffel Olivenöl in einer Pfanne erhitzen. Kartoffelscheiben hineingeben, nach Belieben salzen und bei schwacher Hitze 10 Minuten braten, die Pfanne dabei gelegentlich leicht schütteln. Kartoffeln wenden und weitere 5 Minuten braten (sie sollten weich, aber nicht braun sein).

2 Unterdessen den Essig in einen kleinen Topf geben. Knoblauch und Pfeffer nach Belieben zufügen. Alles aufkochen, dann das restliche Olivenöl unterrühren.

3 Kartoffeln in eine Schüssel geben und das Dressing darüber gießen. Vorsichtig umrühren und 15 Minuten ziehen lassen. Dann auf Servierschalen verteilen und warm servieren.

Russischer Salat

Für 6 Personen

2 Eier

450 g kleine Frühkartoffeln, ungeschält und geviertelt

125 g junge grüne Bohnen, in 2,5 cm lange Stücke geschnitten

125 g Erbsen, Tiefkühlware aufgetaut

125 g Karotten

200 g Thunfisch in Olivenöl aus der Dose, abgetropft

8 EL Mayonnaise

1 Knoblauchzehe, zerdrückt

2 EL Zitronensaft

Salz und Pfeffer

4 Cornichons, in Scheiben geschnitten

8 schwarze Oliven, entsteint, halbiert

1 EL Kapern

1 EL frisch gehackte glatte Petersilie

1 EL frisch gehackter Dill, plus einige Zweige zum Garnieren

1 Eier in einen Topf legen, mit kaltem Wasser bedecken und langsam aufkochen. Sofort auf schwache Hitze herunterschalten und die Eier abgedeckt 10 Minuten köcheln lassen. Sofort abgießen und unter fließend kaltem Wasser abkühlen lassen, damit sich kein dunkler Ring um das Eigelb bildet. Die Eierschale durch vorsichtiges Aufschlagen knacken. Beiseite stellen.

2 Unterdessen Kartoffeln und Bohnen in einen großen Topf mit kaltem Salzwasser geben und aufkochen. Die Hitze reduzieren und 7 Minuten bissfest köcheln. Für die letzten 2 Minuten der Garzeit die Erbsen zugeben. Abgießen, kalt abschrecken und vollständig abkühlen lassen.

3 Karotten in 2,5 cm lange Stifte schneiden. Thunfisch grob zerteilen. Die abgekühlten Kartoffeln, Bohnen und Erbsen in eine große Schüssel geben. Karotten und Thunfisch zufügen und sehr vorsichtig mischen. In einer großen Salatschüssel oder auf einer Servierplatte anrichten.

4 Mayonnaise und Knoblauch in einem Messbecher verrühren, dann den Zitronensaft zugeben, um die Mischung zu verdünnen. Gut verrühren. Mit Salz und Pfeffer würzen. Das Dressing über den Salat geben.

5 Cornichons, Oliven und Kapern auf dem Salat verteilen. Mit Petersilie und Dill bestreuen. Der Salat kann kalt gestellt werden, sollte jedoch zimmerwarm serviert werden. Kurz vor dem Servieren die Eier pellen und achteln. Auf den Salat legen, mit Dillzweigen garnieren und servieren.

Kartoffelecken mit Röstknoblauch-Dip

Für 8 Personen

1,25 kg Kartoffeln, ungeschält und halbiert
2 EL Olivenöl
1 Knoblauchzehe, fein gehackt
2 TL Salz

RÖSTKNOBLAUCH-DIP
2 Knoblauchknollen, in Zehen zerteilt, aber ungeschält
1 EL Olivenöl
Salz
5 EL saure Sahne oder Naturjoghurt
4 EL Mayonnaise
Paprikapulver (nach Belieben)

VARIATION

Sie können die Kartoffelecken auch mit Aïoli (s. S. 268) oder Mayonnaise servieren, wenn die Zeit knapp wird.

1 Zuerst den Röstknoblauch-Dip zubereiten. Den Backofen auf 200 °C vorheizen. Die Knoblauchzehen in einer Lage in eine Auflaufform oder feuer-feste Pfanne geben. Olivenöl zufügen und die Zehen gründlich darin wenden. Knoblauch im Ofen 25 Minuten weich rösten. Dann aus dem Ofen nehmen und auf lauwarme Temperatur abkühlen lassen.

2 Knoblauchzehen schälen, auf ein Brett legen und mit Salz bestreuen. Mit einer Gabel zu einer Paste zerdrücken, dann in eine Schüssel geben. Saure Sahne und Mayonnaise unterrühren. Mit Salz und Paprikapulver abschmecken. Mit Frischhaltefolie abgedeckt bis zum Servieren kalt stellen.

3 Die Kartoffelhälften in je 3 Spalten schneiden und in eine große Schüssel geben. Olivenöl, Knoblauch und Salz zufügen und gut mischen. Die Kartoffelspalten nebeneinander in einen Bräter geben und im vorgeheizten Ofen 1–1¼ Stunden knusprig goldbraun braten.

4 Aus dem Ofen nehmen und in kleine Schalen geben. Sofort servieren. Den Röstknoblauch-Dip getrennt dazu reichen.

„Runzelkartoffeln" mit Mojo-Sauce

Für 4–6 Personen

3½ EL Meersalz

24 kleine rotschalige Frühkartoffeln, ungeschält

MOJO-SAUCE

40 g Weißbrot vom Vortag, ohne Rinde, in kleine Stücke gezupft

2 große Knoblauchzehen

½ TL Salz

1½ EL scharfes spanisches Paprikapulver

1 EL gemahlener Kreuzkümmel

2 EL Rotweinessig

5 EL natives Olivenöl extra

2 Pimientos del Piquillo (s. Tipp S. 414), abgetropft

1 Einen Topf 2,5 cm hoch mit Wasser füllen. Das Meersalz einrühren. Die Kartoffeln hineingeben und erneut umrühren (sie brauchen nicht bedeckt zu sein). Ein sauberes Geschirrtuch auf Topfgröße falten und auf die Kartoffeln legen. Das Wasser aufkochen, herunterschalten und 20 Minuten köcheln lassen.

2 Das Geschirrtuch entfernen und beiseite legen. Die Kartoffeln abgießen und zurück in den Topf geben. Wenn das Tuch abgekühlt ist, das enthaltene Salzwasser in den Topf wringen. Die Kartoffeln bei schwacher Hitze unter Rütteln des Topfes trocknen lassen, sodass sie mit einem weißen Film überzogen sind. Vom Herd nehmen.

3 Unterdessen die Mojo-Sauce zubereiten. Weißbrot in eine Schüssel geben und knapp mit Wasser bedecken. 5 Minuten einweichen lassen, dann gut mit den Händen ausdrücken. Knoblauch und Salz im Mörser zu einer Paste verarbeiten. Paprikapulver und Kreuzkümmel untermischen. Die Masse in den Mixer geben, Essig zufügen und einarbeiten. Weißbrot und 2 Esslöffel Olivenöl zugeben und ebenfalls untermischen.

4 Bei laufendem Gerät nacheinander die Pimientos zufügen und glatt pürieren. Das restliche Olivenöl langsam zugießen, bis eine dicke, glatte Sauce entsteht. Abschmecken und ggf. mit etwas Essig nachwürzen.

5 Zum Servieren die Kartoffeln halbieren und Zahnstocher hineinstechen. Heiß oder zimmerwarm servieren, die Sauce getrennt als Dip reichen.

Auberginen-Dip

Für 6–8 Personen

1 große Aubergine, ca. 400 g

Salz

5 EL Olivenöl

2 Frühlingszwiebeln, fein gehackt

1 große Knoblauchzehe, zerdrückt

2 EL frisch gehackte Petersilie

Pfeffer

edelsüßes Paprikapulver, zum Garnieren

Baguette, zum Servieren

1 Aubergine in dicke Scheiben schneiden und mit Salz bestreuen. 30 Minuten ziehen lassen, dann abspülen und trockentupfen.

2 4 Esslöffel Olivenöl in einer großen Pfanne auf mittlerer Stufe erhitzen. Auberginenscheiben darin auf beiden Seiten weich und leicht braun braten. Aus der Pfanne nehmen und abkühlen lassen.

3 Das restliche Olivenöl in der Pfanne erhitzen. Frühlingszwiebeln und Knoblauch hineingeben und 3 Minuten glasig dünsten. Vom Herd nehmen und abkühlen lassen.

4 Auberginen, Frühlingszwiebeln und Knoblauch im Mixer zu Püree verarbeiten. In einer Schüssel die Petersilie untermischen. Abschmecken. Entweder sofort servieren oder abgedeckt bis 15 Minuten vor dem Servieren kalt stellen. Mit Paprikapulver bestreuen und mit Baguette servieren.

Auberginen-Paprika-Dip

Für 6–8 Personen

2 große Auberginen
2 rote Paprika
4 EL Olivenöl
2 Knoblauchzehen, grob gehackt
abgeriebene Schale und Saft von ½ Zitrone
1 EL frisch gehackter Koriander, plus etwas mehr Korianderzweige zum Garnieren
½–1 TL Paprikapulver
Salz und Pfeffer
Weißbrot oder Toast, zum Servieren

VARIATION

Die Auberginen und Paprika können statt im Ofen auch unter dem vorgeheizten Backofengrill geröstet werden, bis die Haut rundherum schwarz ist. Sie müssen beim Rösten häufig gewendet werden und brauchen ca. 10 Minuten. Dieser Dip passt auch sehr gut zu kaltem Braten.

1 Den Backofen auf 190 °C vorheizen. Auberginen und Paprika rundherum leicht mit einer Gabel einstechen und mit 1 Esslöffel Olivenöl bestreichen. Gemüse auf ein Backblech legen und im Ofen 45 Minuten rösten, bis die Haut sich schwärzt, das Auberginenfleisch weich wird und die Paprika zusammenfallen.

2 Auberginen und Paprika in eine Schüssel geben und fest mit einem sauberen, feuchten Geschirrtuch abdecken. Alternativ in einen Gefrierbeutel legen. 15 Minuten abkühlen lassen.

3 Die Auberginen längs halbieren, vorsichtig mit einem Löffel das Fleisch auslösen und dieses in grobe Stücke schneiden. Paprika von Samen und Strängen befreien und in grobe Stücke schneiden.

4 Das restliche Olivenöl in einer Pfanne erhitzen. Auberginen und Paprika darin 5 Minuten anbraten. Dann den Knoblauch zufügen und 30 Sekunden anschwitzen.

5 Den Inhalt der Pfanne auf Küchenpapier abtropfen lassen, dann in den Mixer geben. Zitronenschale, Zitronensaft, Koriander und Paprikapulver sowie Salz und Pfeffer nach Belieben zufügen und alles zu einem groben Püree verarbeiten.

6 Den Dip in eine Schale füllen. Entweder warm servieren oder 30 Minuten abkühlen lassen, anschließend mindestens 1 Stunde kalt stellen und dann gekühlt servieren. Mit Korianderzweigen garnieren. Dazu dicke Scheiben Weißbrot oder Toast reichen.

Marinierte Auberginen

Für 4 Personen

2 Auberginen, längs halbiert

Salz und Pfeffer

4 EL Olivenöl

2 Knoblauchzehen, fein gehackt

2 EL frisch gehackte Petersilie

1 EL frisch gehackter Thymian

2 EL Zitronensaft

TIPP

Auberginen sind nicht mehr so bitter wie früher und müssen daher nicht unbedingt gesalzen werden, insbesondere wenn man sie nicht brät, sondern röstet.

1 Die Schnittfläche der Auberginenhälften je 2- bis 3-mal einschneiden. Auberginen mit der Schale nach unten in eine Auflaufform legen. Salzen und pfeffern, dann mit Olivenöl beträufeln und mit Knoblauch, Petersilie und Thymian bestreuen. Abgedeckt bei Zimmertemperatur 2–3 Stunden marinieren.

2 Den Backofen auf 180 °C vorheizen. Auberginen ohne abzudecken im Ofen 45 Minuten rösten. Die Form aus dem Ofen nehmen und die Auberginen wenden. Mit der Sauce aus der Form bestreichen und mit Zitronensaft beträufeln. Zurück in den Ofen geben und weitere 15 Minuten rösten.

3 Die Auberginen auf einem Teller anrichten. Die Sauce aus der Form darüber geben und heiß oder warm servieren.

Gemüsezwiebel-Salat

Für 4–6 Personen

- 4 Gemüsezwiebeln
- 2 EL frisch gehackte Petersilie
- 100 g schwarze Oliven, entsteint
- Salz und Pfeffer
- 1 EL Sherry-Essig
- 2 EL Rotweinessig
- 125 ml Olivenöl
- 1 EL Wasser

1 Salzwasser in einem großen Topf aufkochen. Die Zwiebeln schälen und darin 20 Minuten weich köcheln. Abgießen und abkühlen lassen, bis man sie anfassen kann.

2 Die Zwiebeln in dicke Ringe schneiden und auf einer Platte anrichten. Mit Petersilie und Oliven bestreuen und mit Pfeffer nach Belieben würzen.

3 Den Sherry-Essig, Rotweinessig, das Olivenöl und das Wasser in einer Schüssel zu einer Vinaigrette verquirlen.

4 Das Dressing über die Zwiebeln geben und den Salat zimmerwarm servieren.

TIPP

Gemüsezwiebeln sind groß und mild. Ersatzweise können Sie auch rote oder weiße Zwiebeln verwenden, die ebenfalls süßlich schmecken. Da diese oft kleiner sind, brauchen Sie 5–6 Stück.

2

3

4

Gefüllte Zwiebeln

Für 4 Personen

4 große Gemüsezwiebeln
2 Scheiben Schinkenspeck, gewürfelt
½ rote Paprika, gewürfelt
300 g Rinderhackfleisch
1 EL frische gemischte Kräuter, z. B. Petersilie, Rosmarin und Thymian oder 1 TL getrocknete Kräutermischung
50 g frische Semmelbrösel
Salz und Pfeffer
Butter, zum Einfetten
300 ml Rinderbrühe
gekochter Langkornreis, mit frisch gehackter Petersilie garniert, zum Servieren

SAUCE
25 g Butter
175 g Champignons, fein gewürfelt
300 ml Rinderbrühe
2 EL Speisestärke
2 EL Wasser

1 Den Backofen auf 180 °C vorheizen. Die Zwiebeln in einen Topf mit leicht gesalzenem Wasser geben. Aufkochen, herunterschalten und 15 Minuten weich köcheln. Den verbleibenden Zwiebelsud auffangen.

2 Die Zwiebeln aus dem Topf nehmen, abtropfen und leicht abkühlen lassen. Die Mitte der Zwiebeln aushöhlen und fein würfeln.

3 Den Speck in einer Pfanne erhitzen und auslassen. Paprika und Zwiebelwürfel zugeben und unter häufigem Rühren 5–7 Minuten braten.

4 Hackfleisch zufügen und unter Rühren 3 Minuten anbraten. Die Pfanne vom Herd nehmen und Kräuter und Semmelbrösel unterrühren. Mit Salz und Pfeffer abschmecken.

5 Eine Auflaufform einfetten. Die ausgehöhlten Zwiebeln hineinsetzen und mit der Hackfleischmischung füllen. Brühe angießen. Im vorgeheizten Ofen 1–1½ Stunden gar backen.

6 Für die Sauce Butter in einem kleinen Topf erhitzen. Die Champignons hineingeben und 3–4 Minuten anbraten. Den aufgefangenen Zwiebelsud und die Rinderbrühe zugießen und alles 2–3 Minuten köcheln lassen.

7 Stärke in Wasser anrühren, zur Sauce geben, unter Rühren aufkochen und eindicken lassen. Mit Salz und Pfeffer abschmecken. Die gefüllten Zwiebeln mit Reis und Sauce servieren.

Maurischer Bohnen-Dip

Für 6 Personen

500 g dicke Bohnen, frisch oder Tiefkühlware aufgetaut, gepalt
5 EL Olivenöl
1 Knoblauchzehe, fein gehackt
1 Zwiebel, fein gehackt
1 TL gemahlener Kreuzkümmel
1 EL Zitronensaft
175 ml Wasser
1 EL frisch gehackte Minze
Salz und Pfeffer
Paprikapulver, zum Garnieren
Rohkost, Baguette oder Grissini, zum Servieren

1 Bei Verwendung frischer Bohnen einen großen Topf mit leicht gesalzenem Wasser aufkochen. Bohnen hineingeben und abgedeckt bei geringer Hitze 7 Minuten köcheln lassen. Abgießen, kalt abschrecken und abtropfen lassen. Die äußeren Bohnenhäute entfernen. Bei Verwendung von Tiefkühlware die Bohnen erst ganz auftauen lassen.

TIPP

Klassische arabische Kräuter und Gewürze sind noch heute Bestandteil der spanischen Küche, besonders im Süden des Landes.

2 1 Esslöffel Olivenöl in einer Pfanne erhitzen. Knoblauch, Zwiebel und Kreuzkümmel darin auf kleiner Stufe unter gelegentlichem Rühren anschwitzen, bis die Zwiebel glasig ist. Bohnen zufügen und unter häufigem Rühren 5 Minuten andünsten.

3 Vom Herd nehmen und die Mischung mit Zitronensaft, Wasser, Minze und dem restlichen Olivenöl zu einer Paste verarbeiten. Mit Salz und Pfeffer abschmecken.

4 Die Paste zurück in die Pfanne geben und langsam erwärmen. Dann den Dip in Servierschalen füllen und leicht mit Paprikapulver bestäuben. Mit einer Beilage servieren.

Bohnen-Garnelen-Salat mit Käse

Für 6 Personen

500 g dicke Bohnen, frisch oder Tiefkühlware aufgetaut, gepalt
2 frische Thymianzweige
225 g gekochte Garnelen, ausgelöst
225 g Queso Majorero oder Gruyère, gewürfelt
6 EL Olivenöl
2 EL Zitronensaft
1 Knoblauchzehe, fein gehackt
Salz und Pfeffer

1 Salzwasser in einem großen Topf aufkochen. Die Bohnen und 1 Thymianzweig hineingeben, die Hitze reduzieren und die Mischung abgedeckt 7 Minuten köcheln lassen. Abgießen, kalt abschrecken und abtropfen lassen.

2 Äußere Haut der Bohnen entfernen (bei sehr jungen Bohnen ist das nicht erforderlich). Bohnen, Garnelen und Käse in eine Schüssel geben.

3 Den zweiten Thymianzweig hacken. Olivenöl, Zitronensaft, Knoblauch und den gehackten Thymian in einer zweiten Schüssel verquirlen. Mit Salz und Pfeffer würzen.

4 Das Dressing über die Bohnenmischung geben. Vorsichtig umrühren und servieren.

TIPP

Queso Majorero ist ein Ziegenkäse von der Kanareninsel Fuerteventura. Er zergeht auf der Zunge und passt besonders gut zu Sherry und Rotwein.

Dicke Bohnen mit Serrano-Schinken

Für 6–8 Personen

- 50 g Serrano-Schinken, Pancetta oder Bauchspeck
- 125 g Chorizo, ohne Pelle
- 4 EL Olivenöl
- 1 Zwiebel, fein gehackt
- 2 Knoblauchzehen, fein gehackt
- 1 Schuss trockener Weißwein
- 450 g dicke Bohnen, Tiefkühlware aufgetaut, oder 1,25 kg frische dicke Bohnen (ergibt gepalt 450 g Bohnenkerne)
- 1 EL frisch gehackter Dill oder frisch gehackte Minze, plus etwas mehr zum Garnieren
- 1 Prise Zucker
- Salz und Pfeffer

1 Schinken, Pancetta oder Speck in dünne Streifen schneiden. Die Chorizo in 2 cm große Würfel schneiden. Öl in einer gusseisernen Pfanne oder einem Schmortopf erhitzen. Die Zwiebelwürfel darin 5 Minuten weich dünsten. Bei Verwendung von Pancetta oder Speck diesen mit der Zwiebel anbraten. Den Knoblauch zufügen und 30 Sekunden anschwitzen.

2 Wein zugießen, die Hitze erhöhen und den Alkohol kochend verdampfen lassen. Den Herd herunterschalten, die Bohnen, Chorizo und ggf. den Schinken zugeben und 1–2 Minuten unter Rühren erhitzen.

3 Abgedeckt bei schwacher Hitze unter gelegentlichem Rühren 10–15 Minuten garen. Das Gericht dabei gut im Auge behalten und, falls es zu trocken wird, noch einen Schuss Wasser zugeben. Wenn die Bohnen weich sind, Dill und Zucker untermischen. Mit Salz und Pfeffer abschmecken.

4 Die Mischung in eine große, vorgewärmte Schale geben oder auf mehrere kleinere Schalen verteilen. Mit gehacktem Dill garnieren und sehr heiß servieren.

Knoblauchtomaten

Für 6 Personen

8 dunkelrote Tomaten

3 frische Thymianzweige, plus etwas mehr zum Garnieren

12 Knoblauchzehen, ungeschält

5 EL Olivenöl

Salz und Pfeffer

1 Den Backofen auf 220 °C vorheizen. Die Tomaten längs halbieren und mit der Schnittfläche nach oben eng nebeneinander in eine große Auflaufform legen. Thymianzweige und Knoblauchzehen dazwischenstecken.

2 Die Tomaten mit Olivenöl beträufeln und nach Belieben mit Pfeffer würzen. 40–45 Minuten rösten, bis die Tomaten weich sind und am Rand dunkel werden.

3 Die Thymianzweige entfernen und wegwerfen. Die Tomaten mit Salz und Pfeffer würzen. Mit den zusätzlichen frischen Thymianzweigen garnieren. Heiß oder warm servieren. Bei Tisch den Knoblauch aus seiner Haut auf die Tomaten drücken.

1

2

TIPP

Freilandtomaten eignen sich für dieses Gericht ideal, da sie sehr viel aromatischer und süßer sind als Treibhaustomaten.

Zucchini mit Käse und Vinaigrette

Für 6 Personen

550 g Zucchini, längs in Scheiben geschnitten
6 EL Olivenöl
Salz und Pfeffer
175 g junger Manchego oder Mozzarella, gewürfelt
frische Zitronenmelisse, zum Garnieren

ZITRONEN-VINAIGRETTE
5 EL Olivenöl
4 EL Zitronensaft
1 EL flüssiger Honig
1 TL fein abgeriebene Zitronenschale

TIPP

Manchego ist einer der bekanntesten spanischen Käse aus Schafsmilch und wird schon seit Römerzeiten in La Mancha hergestellt. Er ist in unterschiedlichen Reifestadien erhältlich: Charakteristisch ist das scharfe Aroma des reifen Manchego.

1 Den Backofen auf 200 °C vorheizen. Die Zucchinischeiben in eine Auflaufform geben, mit Olivenöl beträufeln und nach Belieben mit Salz und Pfeffer würzen. Gut mischen. Im Ofen unter 2- bis 3-maligem Wenden 30 Minuten goldbraun rösten.

2 Unterdessen die Zitronen-Vinaigrette zubereiten. Dafür Olivenöl, Zitronensaft, Honig und Zitronenschale in einer Schüssel verquirlen. Mit Salz und Pfeffer würzen.

3 Zucchini in eine flache Schale geben und die Vinaigrette darüber träufeln. Vorsichtig umrühren und auf Zimmertemperatur abkühlen lassen. Kurz vor dem Servieren mit Käse bestreuen und mit Zitronenmelisse garnieren.

Zucchini-Beignets mit Dip

Für 6–8 Personen

450 g kleine Zucchini
3 EL Mehl
1 TL Paprikapulver
1 großes Ei
2 EL Milch
Maiskeimöl, zum Frittieren
grobes Meersalz
Dipsauce wie z. B. Aïoli (s. S. 268), feurige Tomatensauce (s. S. 368) oder Pinienkernsauce (s. unten), zum Servieren

PINIENKERNSAUCE
100 g Pinienkerne
1 Knoblauchzehe
3 EL natives Olivenöl extra
1 EL Zitronensaft
3 EL Wasser
1 EL frisch gehackte glatte Petersilie
Salz und Pfeffer

VARIATION

Auf dieselbe Weise lassen sich auch Auberginen zubereiten. Die Pinienkernsauce schmeckt auch mit Mandeln sehr gut.

1 Für die Pinienkernsauce Pinienkerne und Knoblauch im Mixer sehr fein hacken. Bei laufendem Gerät nach und nach Olivenöl, Zitronensaft und Wasser zugeben und zu einer glatten Sauce verarbeiten. Petersilie unterrühren und mit Salz und Pfeffer abschmecken. In eine Schale füllen und beiseite stellen.

2 Für die Zucchini-Beignets die Zucchini diagonal in ca. 5 mm dicke Scheiben schneiden. Mehl und Paprikapulver in einem Gefrierbeutel mischen. Ei und Milch in einer großen Schüssel verquirlen.

3 Zucchini zum Paprikamehl in die Tüte geben und gut mischen. Überschüssiges Mehl abschütteln. Eine gusseiserne Pfanne 1 cm hoch mit Maisöl füllen. Die Zucchinischeiben einzeln in die Eiermischung tauchen und nebeneinander in das heiße Fett gleiten lassen. Die Scheiben portionsweise 2 Minuten knusprig und goldbraun ausbacken (die Pfanne nicht zu voll machen).

4 Die Zucchini-Beignets mit einem Schaumlöffel aus der Pfanne nehmen und auf Küchenpapier abtropfen lassen. Mit den restlichen Zucchinischeiben ebenso verfahren.

5 Mit etwas Salz bestreuen und sehr heiß servieren. Dazu eine Schale mit einem Dip nach Wahl reichen.

Frittierte grüne Chillies

Für 4–6 Personen

Olivenöl

250 g frische milde oder scharfe grüne Chillies

Meersalz

VARIATION

Für eine etwas aufwändigere Tapas-Variante ein Spiegelei auf eine dünne Scheibe Weißbrot geben. Eine frittierte Chili bzw. einen frittierten Pimiento de Padrón auf das Eiweiß legen und mit einem Zahnstocher befestigen.

TIPP

Alle Chillies, ob scharf oder mild, lassen sich gut kurz frittieren. Insbesondere die dicken, kurzen Pimientos de Padrón ergeben im Ganzen frittiert raffinierte Tapas. Sie sind in spanischen Lebensmittelgeschäften erhältlich, meist in 250-g-Packungen. Ihr Aroma ist frisch und in der Regel eher mild – allerdings scheint jede Packung auch exakt eine höllisch scharfe Frucht zu enthalten!

1 Eine gusseiserne Pfanne 7,5 cm hoch mit Olivenöl füllen und auf 190 °C erhitzen (ein Brotwürfel sollte in 30 Sekunden braun werden).

2 Die Chillies abspülen und mit Küchenpapier gründlich trockentupfen. In das heiße Öl geben und max. 20 Sekunden frittieren, bis sie leuchtend grün sind und die Haut Blasen wirft.

3 Mit einem Schaumlöffel herausnehmen und auf Küchenpapier gut abtropfen lassen. Mit Meersalz bestreuen und sofort servieren.

Frittierter Blumenkohl

Für 4–6 Personen

1 Blumenkohl, in Röschen geschnitten
1 Ei
150 ml Milch
100 g Mehl
Salz
Pflanzenöl, zum Frittieren
Tomaten-Paprika-Sauce (s. S. 263) oder Aïoli (s. S. 268), zum Servieren

1 Salzwasser in einem großen Topf aufkochen. Den Blumenkohl hineingeben, den Herd herunterschalten und den Kohl 5 Minuten köcheln lassen. Abgießen, kalt abschrecken und abtropfen lassen.

TIPP

Frittiertes Gemüse im Teigmantel gehören in ganz Spanien zum traditionellen Tapas-Angebot. Sie werden entweder pur oder mit einer leckeren Sauce zum Dippen serviert.

2 Ei und Milch in einer Schüssel verquirlen. Nach und nach das Mehl und 1 Teelöffel Salz unterrühren.

3 Das Öl auf 180–190 °C erhitzen (ein Brotwürfel sollte in 30 Sekunden braun werden).

4 Blumenkohlröschen in den Teig tauchen, überschüssigen Teig abtropfen lassen. Die Röschen portionsweise im heißen Öl 5 Minuten goldgelb frittieren. Auf Küchenpapier abtropfen lassen. Sofort auf vorgewärmten Tellern servieren, dazu Tomaten-Paprika-Sauce oder Aïoli reichen.

Grüne Bohnen mit Pinienkernen

Für 8 Personen

2 EL Olivenöl

50 g Pinienkerne

½–1 TL Paprikapulver

450 g grüne Bohnen

1 kleine Zwiebel, fein gehackt

1 Knoblauchzehe, fein gehackt

Salz und Pfeffer

Saft von ½ Zitrone

1 Olivenöl in einer gusseisernen Pfanne erhitzen. Die Pinienkerne darin unter ständigem Rühren 1 Minute goldbraun rösten. Mit einem Schaumlöffel herausnehmen, auf Küchenpapier gut abtropfen lassen und in eine Schüssel geben (das Öl in der Pfanne für später aufbewahren). Paprikapulver nach Belieben zu den Pinienkernen geben und gut untermischen. Beiseite stellen.

2 Bohnen putzen, in einen Topf geben und mit kochendem Wasser übergießen. Wieder aufkochen und 10 Minuten bissfest garen. In einem Sieb gut abtropfen lassen.

3 Das Öl in der Pfanne erneut erhitzen. Die Zwiebel darin 5–10 Minuten glasig dünsten und leicht bräunen. Knoblauch zugeben und 30 Sekunden anbraten.

4 Bohnen in die Pfanne geben und unter Rühren 2–3 Minuten erhitzen. Mit Salz und Pfeffer abschmecken.

5 Den Inhalt der Pfanne auf eine vorgewärmte Platte geben. Mit Zitronensaft beträufeln und umrühren. Mit den gerösteten Pinienkernen bestreuen und heiß servieren.

5

Grüne Bohnen mit Mandeln

Für 4–6 Personen

500 g grüne Bohnen

50 g Butter

25 g gehobelte Mandeln

2 TL Zitronensaft

Salz

1 Salzwasser in einem Topf aufkochen. Die Bohnen hineingeben und bei mittlerer Hitze 10 Minuten bissfest garen.

2 Unterdessen die Butter in einer gusseisernen Pfanne zerlassen. Mandeln darin bei schwacher Hitze unter häufigem Rühren 3–5 Minuten goldbraun rösten. Zitronensaft untermischen und die Mischung nach Belieben salzen.

3 Die Bohnen abgießen und in die Pfanne geben. Gut umrühren, dann auf kleine Schalen verteilen und warm servieren.

2

VARIATION

Die Mandeln können durch gehackte, ungesalzene Pistazien ersetzt werden, und statt Zitronensaft eignet sich auch Orangensaft.

2

3

Grüne Bohnen in Tomatensauce

Für 6 Personen

25 g Butter
2 Knoblauchzehen, fein gehackt
2 Frühlingszwiebeln, fein gehackt
1 kg grüne Bohnen, in 2,5-cm-Stücke geschnitten
700 g Tomaten aus der Dose, gewürfelt
1 EL Pinienkerne
1 EL Zitronensaft
1 Lorbeerblatt
Salz und Pfeffer

1 Butter in einer gusseisernen Pfanne zerlassen. Knoblauch und Frühlingszwiebeln darin bei mittlerer Hitze unter gelegentlichem Rühren 3–4 Minuten andünsten. Bohnen zufügen und unter häufigem Rühren 4 Minuten anbraten.

2 Die Tomaten mitsamt Saft sowie Pinienkerne, Zitronensaft und Lorbeerblatt zugeben. Mit Salz und Pfeffer abschmecken. Den Herd herunterschalten und alles 30 Minuten köcheln lassen, bis die Bohnen weich sind und die Sauce eingedickt ist.

3 Das Lorbeerblatt entfernen. Die Mischung abschmecken, dann auf vorgewärmte Schalen verteilen und heiß servieren.

VARIATION

Auf dieselbe Weise lassen sich auch ganze Zuckererbsen köstlich zubereiten.

Buttergurke

Für 4 Personen

1 große Gurke, geschält und längs halbiert

Salz und Pfeffer

50 g Butter

1 EL Zitronensaft

1 EL frisch gehackte Minze

1 Die Gurkenhälften mit einem Teelöffel entkernen. In 2 cm dicke Scheiben schneiden, in ein Sieb geben und jede Lage mit Salz bestreuen. 30 Minuten ziehen lassen, dann kalt abspülen und gut abtropfen lassen. Mit Küchenpapier trockentupfen.

2 Die Butter in einer gusseisernen Pfanne zerlassen. Die Gurkenscheiben darin auf mittlerer Stufe unter ständigem Rühren 3–5 Minuten gründlich erhitzen.

3 Zitronensaft und Minze untermischen und mit Pfeffer abschmecken. In vorgewärmte Schalen füllen und heiß servieren.

TIPP

Sie können diese Tapa mit Gabeln oder auch mit Zahnstochern servieren – je nachdem, wie geschickt Ihre Gäste sind!

Maurischer Zucchinisalat

Für 4–6 Personen

500 g kleine Zucchini

4 EL Olivenöl

1 große Knoblauchzehe, halbiert

50 g Pinienkerne

50 g Rosinen

3 EL frisch gehackte Minze

2 EL Zitronensaft

Salz und Pfeffer (nach Belieben)

VARIATION

Für ein kräftigeres Aroma 4 abgetropfte Sardellenfilets hacken und in Schritt 2 zufügen.

TIPP

Dieser Salat schmeckt am besten mit jungen Zucchini (max. 2,5 cm dick). Wenn Sie größere Zucchini nehmen, sollten Sie diese erst längs halbieren bzw. vierteln und dann in dünne Scheiben schneiden.

1 Zucchini diagonal in dünne Scheiben schneiden (s. Tipp). Öl in einer großen Pfanne auf mittlerer Stufe erhitzen. Knoblauch darin zum Aromatisieren des Öls goldbraun braten, dann entfernen. Die Zucchinischeiben in das Öl geben und unter Rühren bissfest braten. Sofort aus der Pfanne nehmen und in eine große Schale geben.

2 Pinienkerne, Rosinen, Minze und Zitronensaft zufügen, mit Salz und Pfeffer abschmecken und rühren. Ggf. mit Zitronensaft, Salz und Pfeffer nachwürzen.

3 Den Salat vollständig abkühlen lassen. Abgedeckt mindestens 3½ Stunden kalt stellen. 10 Minuten vor dem Servieren aus dem Kühlschrank nehmen.

1

2

Orangen-Fenchel-Salat

Für 4 Personen

4 große saftige Orangen
1 große Fenchelknolle, in sehr dünne Scheiben geschnitten
1 milde weiße Zwiebel, in dünne Ringe geschnitten
2 EL natives Olivenöl extra
12 schwarze Oliven, entsteint und in dünne Scheiben geschnitten
1 frische rote Chili, in dünne Ringe geschnitten (nach Belieben)
frisch gehackte Petersilie
Baguette, zum Servieren

1 Die Orangenschale fein abreiben und in einer Schüssel beiseite stellen. Mit einem kleinen Sägeschliffmesser alles Weiße von den Orangen entfernen, dabei über einer Schüssel arbeiten, um evtl. Saft aufzufangen. Orangen quer in dünne Scheiben schneiden.

1

2 Orangen, Fenchel- und Zwiebelringe mischen. Olivenöl in den aufgefangenen Orangensaft einrühren und über den Salat träufeln. Oliven und ggf. Chili darüber geben. Mit Orangenschale und Petersilie bestreuen. Mit Baguette servieren.

VARIATION

Für ein sättigenderes Gericht eingeweichten, gekochten Klippfisch (s. S. 378) zugeben. Granatrote Blutorangen sehen toll aus. Blaue Weintrauben sind eine interessante Alternative zu den Oliven.

Pimientos mit dreierlei Füllung

Ergibt 7–8 Stück

175 g ganze Pimientos del Piquillo, aus dem Glas oder der Dose (s. S. 414)
Salz und Pfeffer
frische Kräuterzweige, zum Garnieren

HÜTTENKÄSE-KRÄUTER-FÜLLUNG
225 g Hüttenkäse
1 TL Zitronensaft
1 Knoblauchzehe, zerdrückt
4 EL frisch gehackte glatte Petersilie
1 EL frisch gehackte Minze
1 EL frisch gehackter Oregano

THUNFISCH-MAYONNAISE-FÜLLUNG
200 g Thunfisch in Olivenöl aus der Dose, abgetropft
5 EL Mayonnaise
2 TL Zitronensaft
2 EL frisch gehackte glatte Petersilie

ZIEGENKÄSE-OLIVEN-FÜLLUNG
50 g entsteinte schwarze Oliven, fein gehackt
200 g Ziegenfrischkäse
1 Knoblauchzehe, zerdrückt

1 Für dieses Rezept stehen mehrere Füllungen zur Wahl. Die Pimientos aus dem Glas oder der Dose nehmen und das Öl aufbewahren.

2 Für die Hüttenkäse-Kräuter-Füllung den Hüttenkäse, Zitronensaft, Knoblauch, Petersilie, Minze und Oregano in einer Schüssel gut mischen. Mit Salz und Pfeffer abschmecken.

3 Für die Thunfisch-Mayonnaise-Füllung Thunfisch, Mayonnaise, Zitronensaft und Petersilie in eine Schüssel geben. 1 Esslöffel Pimiento-Öl zufügen. Gut verrühren und mit Salz und Pfeffer abschmecken.

4 Für die Ziegenkäse-Oliven-Füllung Oliven, Ziegenkäse, Knoblauch und 1 Esslöffel Pimiento-Öl in einer Schüssel gründlich verrühren und mit Salz und Pfeffer abschmecken.

5 Die Pimientos mit einer Füllung nach Wahl füllen. Im Kühlschrank mindestens 2 Stunden kalt stellen.

6 Zum Servieren die Pimientos auf einer Platte anrichten. Die Außenseite der Früchte ggf. mit Küchenpapier abwischen. Mit Kräuterzweigen garniert servieren.

2

Grüner Spargel mit Spiegelei

Für 6 Personen

500 g grüner Spargel

2 EL Olivenöl

6 Eier

1

1

2

1 Die holzigen Enden der Spargelstangen entfernen. Die Stangen ungefähr auf gleiche Länge schneiden und locker mit Küchenzwirn zusammenbinden. Wenn Sie einen Spargelkochtopf haben, die Stangen nicht zusammenbinden, sondern einfach in den Korb stellen.

2 Leicht gesalzenes Wasser in einem hohen, schlanken Topf aufkochen. Den Spargel hineinstellen (die Spitzen sollten nicht im Wasser sein), die Hitze reduzieren und den Spargel 10–15 Minuten weich köcheln. Zur Garprobe mit einem scharfen Messer eine Stange knapp über dem Wasser einstechen.

TIPP

Man isst den Spargel mit den Fingern und taucht ihn in das Eigelb. Das Eiweiß wird nicht mitverzehrt.

3 Unterdessen etwas Olivenöl in einer gusseisernen Pfanne erhitzen. 2 Eier hineinschlagen und bei mittlerer Hitze braten, bis das Eiweiß gestockt, das Eigelb aber noch flüssig ist. Auf vorgewärmte Teller gleiten lassen und die restlichen Eier ebenso braten.

4 Den Spargel abgießen und die Stangen auf die Teller verteilen. Sofort servieren.

VARIATION

Der Spargel kann auch mit weich gekochten Eiern zum Dippen serviert werden.

Röstspargel in Serrano-Schinken

Ergibt 12 Stück

2 EL Olivenöl
6 Scheiben Serrano-Schinken
12 Stangen grüner Spargel
Pfeffer
Aïoli (s. S. 268), zum Servieren

1 Den Backofen auf 200 °C vorheizen. 1 Esslöffel Olivenöl in eine große Auflaufform geben und durch Schwenken auf dem Boden verteilen. Die Schinkenscheiben jeweils längs halbieren.

2 Die holzigen Enden der Spargelstangen entfernen. Die Stangen mit je ½ Scheibe Schinken umwickeln. Spargel in einer Lage in die vorbereitete Form legen und dünn mit dem restlichen Olivenöl bestreichen. Mit Pfeffer würzen.

3 Den Spargel im Ofen 10 Minuten bissfest rösten. Die genaue Backzeit ist von der Dicke der Stangen abhängig – nicht zu lange rösten, da die Stangen noch fest sein müssen, damit man sie mit den Fingern essen kann.

4 Den Röstspargel sehr heiß servieren. Dazu als Dip eine Schüssel Aïoli reichen.

Gegrillter Porree

Für 4 Personen

8 Babyporreestangen
2 EL Olivenöl, plus etwas mehr zum Bestreichen
2 EL Weißweinessig
2 EL frisch gehackter Schnittlauch
2 EL frisch gehackte Petersilie
1 TL Dijon-Senf
Salz und Pfeffer
Petersilienzweige, zum Garnieren

1 Porreestangen putzen und längs halbieren. Gründlich waschen und mit Küchenpapier trockentupfen.

2 Eine Grillpfanne erhitzen und mit Olivenöl ausstreichen. Den Porree darin bei mittlerer Hitze unter gelegentlichem Wenden 5 Minuten braten. In eine flache Auflaufform legen.

TIPP

Der Porree kann auch unter dem Backofengrill zubereitet werden: Mit Olivenöl bestreichen und unter gelegentlichem Wenden und erneutem Bestreichen grillen.

3 Unterdessen Olivenöl, Essig, Schnittlauch, Petersilie und Senf in einer Schüssel verquirlen und mit Salz und Pfeffer würzen. Über den Porree geben und mischen. Mit Frischhaltefolie abgedeckt bei Zimmertemperatur unter gelegentlichem Wenden 30 Minuten marinieren.

4 Die Porreehälften auf Teller verteilen und mit Petersilienzweigen garniert servieren.

Röstpaprika mit Honig und Mandeln

Für 6 Personen

8 rote Paprika, geviertelt
4 EL Olivenöl
2 Knoblauchzehen,
in dünne Scheiben geschnitten
25 g gehobelte Mandeln
2 EL flüssiger Honig
2 EL Sherry-Essig
2 EL frisch gehackte Petersilie
Salz und Pfeffer

1 Backofengrill vorheizen. Paprika auf ein Backblech legen. Auf der oberen Schiene 8–10 Minuten rösten, bis die Haut schwarz wird und Blasen wirft. Paprika mit einer Zange in einen Gefrierbeutel geben und den Beutel verschließen. Abkühlen lassen.

1

2 Wenn die Paprika abgekühlt sind, die Haut abziehen. Das Fleisch in mundgerechte Stücke schneiden und in eine Schüssel geben.

2

3 Olivenöl in einer gusseisernen Pfanne erhitzen. Den Knoblauch darin bei schwacher Hitze unter häufigem Rühren 4 Minuten goldgelb braten. Mandeln, Honig und Essig untermischen. Über die Paprika geben. Petersilie zufügen und nach Geschmack salzen und pfeffern. Gut umrühren.

3

4 Auf Zimmertemperatur abkühlen lassen, dann auf Tellern anrichten. Die Paprika können abgedeckt im Kühlschrank aufbewahrt werden, sollten aber zum Servieren wieder zimmerwarm sein.

Röstpaprika-Salat

Für 8 Personen

3 rote Paprika
3 gelbe Paprika
5 EL natives Olivenöl extra
2 EL Sherry-Essig oder Zitronensaft
2 Knoblauchzehen, zerdrückt
1 Prise Zucker
Salz und Pfeffer
1 EL Kapern
8 kleine schwarze Oliven
2 EL frisch gehackter Majoran, plus einige Zweige zum Garnieren

1 Den Backofengrill vorheizen. Die rote und gelbe Paprika auf der oberen Schiene unter häufigem Wenden 10 Minuten rösten, bis die Haut schwarz wird und Blasen wirft.

2 Die Paprika in eine Schüssel geben und sofort mit einem sauberen, feuchten Geschirrtuch abdecken.

3 Alternativ die Paprika in einen Gefrierbeutel geben. Der Dampf macht die Haut weicher, sodass sie sich danach leicht abziehen lässt. Die Paprika 15 Minuten abkühlen lassen.

4

4 Die Paprika über eine saubere Schüssel halten, mit einem scharfen Messer unten ein kleines Loch hineinschneiden und vorsichtig den Saft herausdrücken. Dann über der Schüssel vorsichtig die Haut abziehen. Die Paprika halbieren, Stiel und Kerne entfernen. Das Fleisch in dünne Streifen schneiden und dekorativ auf einer Platte anrichten.

5 Olivenöl, Essig, Knoblauch und Zucker sowie Salz und Pfeffer zum aufgefangenen Paprikasaft geben. Gut verquirlen und über die Paprikastreifen träufeln.

6 Mit Kapern, Oliven und gehacktem Majoran bestreuen. Mit Majoranzweigen garniert zimmerwarm servieren.

Artischockenherzen-Spargel-Salat

Für 4–6 Personen

450 g grüner Spargel
400 g Artischockenherzen aus der Dose, abgespült und abgetropft
2 EL frisch gepresster Orangensaft
½ TL fein abgeriebene Orangenschale
2 EL Walnussöl
1 TL Dijon-Senf
Salz und Pfeffer
Salatblätter, zum Servieren

1 Die holzigen Enden der Spargelstangen entfernen. Die Stangen auf gleiche Länge schneiden und locker mit Küchenzwirn zusammenbinden. Wenn Sie einen Spargelkochtopf haben, die Stangen nicht zusammenbinden, sondern einfach in den Korb stellen.

2 Salzwasser in einem hohen, schlanken Topf aufkochen. Den Spargel hineinstellen (die Spitzen sollten nicht im Wasser sein), den Herd herunterschalten und den Spargel 10–15 Minuten weich köcheln. Zur Garprobe eine Stange knapp über dem Wasser mit einem scharfen Messer einstechen. Abgießen, kalt abschrecken und abtropfen lassen.

3 Den Spargel in 2,5 cm lange Stücke schneiden. Die Artischockenherzen in kleine Spalten schneiden und mit dem Spargel in einer Schüssel mischen.

4 Orangensaft, Orangenschale, Walnussöl und Senf in einer Schüssel verquirlen und mit Salz und Pfeffer würzen. Kurz vor dem Servieren das Dressing über die Spargel-Artischocken-Mischung geben und vorsichtig umrühren.

5 Salatblätter in kleinen Servierschalen anrichten und den Spargel-Artischocken-Salat darauf geben. Sofort servieren. Alternativ die Spargel-Artischocken-Mischung und das Dressing bis zum Servieren getrennt abgedeckt kalt stellen.

3

3

5

Knoblauch-Champignons

Für 6 Personen

450 g Champignons
5 EL Olivenöl
2 Knoblauchzehen, fein gehackt
1 Spritzer Zitronensaft
Salz und Pfeffer
4 EL frisch gehackte Petersilie
Zitronenspalten, zum Garnieren
Baguette, zum Servieren

1 Champignons mit einem Tuch abreiben und die Stiele dicht am Hut abschneiden. Große Champignons halbieren oder vierteln. Olivenöl in einer gusseisernen Pfanne erhitzen. Den Knoblauch darin 30–60 Sekunden leicht bräunen. Die Champignons zufügen und bei starker Hitze und häufigem Rühren sautieren, bis die Pilze das gesamte Öl aufgenommen haben.

1

2 Auf schwache Hitze herunterschalten. Wenn die Pilze ihren Saft abgegeben haben, wieder hochschalten und weitere 4–5 Minuten unter Rühren sautieren, bis der Saft verdampft ist. Zitronensaft zugeben und nach Geschmack salzen und pfeffern. Petersilie unterrühren und kurz erhitzen.

3 Die Champignons in eine vorgewärmte Schale füllen. Mit Zitronenspalten garnieren und sehr heiß oder warm servieren. Dazu Baguette zum Auftunken der Sauce reichen.

VARIATION

Anstelle von Champignons können auch Waldpilze wie z. B. Steinpilze oder Pfifferlinge verwendet werden. Auch Zucchini lassen sich gut auf diese Weise zubereiten, dann jedoch vor dem Knoblauch erst eine kleine, fein gewürfelte Zwiebel anbraten.

Chili-Champignons

Für 6–8 Personen

50 g Butter
5 EL Olivenöl
1 kg Champignons
4 Knoblauchzehen, fein gehackt
1 frische rote Chili
1 EL Zitronensaft
Salz und Pfeffer
frische Petersilienzweige, zum Garnieren

1

1

1 Butter und Olivenöl in einer Pfanne erhitzen. Chili entkernen und fein hacken. Mit Champignons und Knoblauch bei mittlerer Hitze unter häufigem Rühren 5 Minuten andünsten.

2 Zitronensaft zugeben und nach Geschmack salzen und pfeffern.

2

3 Die Champignons in vorgewärmte Schalen geben und sofort mit Petersilie garniert servieren.

VARIATION

Für eine schärfere Variante nicht entkernte oder mehr Chillies verwenden oder den Pfeffer durch Cayennepfeffer ersetzen.

Gefüllte Riesenchampignons

Für 6 Personen

150 g Butter

4 Knoblauchzehen, fein gehackt

6 Riesenchampignons mit offenem Hut, Stiele entfernt

100 g frische Semmelbrösel

1 EL frisch gehackter Thymian

Salz und Pfeffer

1 Ei, leicht verquirlt

TIPP

Für eine sättigendere Variante die Champignons auf Toast servieren: mit einem runden Keksausstecher Toastkreise ausstechen, diese beidseitig toasten, mit zusätzlicher Knoblauchbutter bestreichen und je einen gefüllten Pilz darauf setzen.

1 Den Backofen auf 180 °C vorheizen. Die Butter in einer Schüssel schaumig rühren, den Knoblauch untermischen. Die Champignons mit den Lamellen nach oben auf ein Backblech legen und ⅔ der Knoblauchbutter darauf verteilen.

2 Die restliche Knoblauchbutter in einer Pfanne zerlassen. Die Semmelbrösel darin bei schwacher Hitze unter häufigem Rühren goldgelb rösten. Vom Herd nehmen und in eine Schüssel geben. Den Thymian unterrühren und mit Salz und Pfeffer abschmecken. Das Ei zufügen und gründlich untermischen.

3 Die Semmelbröselmischung auf die Pilzhüte verteilen. Im Ofen 15 Minuten backen, bis die Champignons weich sind und die Füllung goldbraun ist. Heiß oder warm servieren.

Gefüllte Paprika

Ergibt 6 Stück

- 6 EL Olivenöl, plus etwas mehr zum Bestreichen
- 2 Zwiebeln, fein gehackt
- 2 Knoblauchzehen, zerdrückt
- 150 g Rundkornreis
- 50 g Rosinen
- 50 g Pinienkerne
- 25 g frische Petersilie, fein gehackt
- Salz und Pfeffer
- 1 EL Tomatenmark, in 750 ml heißem Wasser aufgelöst
- 4–6 bunte Gemüsepaprika oder 6 Spitzpaprika

TIPP

Wenn Sie Spitzpaprika verwenden, erleichtert ein Melonenausstecher, ein Teelöffel oder ein kleines Küchenmesser das Entfernen aller Kerne.

1 Den Backofen auf 200 °C vorheizen. Öl in einem flachen Schmortopf erhitzen. Die Zwiebeln darin 3 Minuten andünsten. Den Knoblauch zufügen und 2 Minuten anschwitzen (die Zwiebeln sollten glasig, aber nicht gebräunt sein).

2 Reis, Rosinen und Pinienkerne zufügen und gut untermischen. Die Hälfte der Petersilie zugeben und mit Salz und Pfeffer würzen. Das Tomatenmarkwasser zugießen und aufkochen. Den Herd herunterschalten und die Mischung ohne Deckel unter gelegentlichem Rütteln des Topfes 20 Minuten köcheln lassen, bis der Reis weich ist und kleine Löcher an der Oberfläche zu sehen sind (Vorsicht, die Rosinen brennen leicht an!). Die restliche Petersilie untermischen und leicht abkühlen lassen.

3 Während der Reis gart, einen Deckel von den Paprika abschneiden und beiseite legen. Samen und Stränge entfernen (s. Tipp).

4 Die fertige Füllung gleichmäßig auf die Paprika verteilen. Die Deckel wieder aufsetzen und mit Zahnstochern befestigen. Die Paprika dünn mit Olivenöl bestreichen und nebeneinander in eine Auflaufform setzen. Im Ofen 30 Minuten backen. Heiß servieren oder auf Zimmertemperatur abkühlen lassen.

Säuerliches Paprikagemüse mit Kapern

Für 6 Personen

1 EL Kapern
4 EL Olivenöl
1 kg rote Paprika, halbiert und in Streifen geschnitten
4 Knoblauchzehen, fein gehackt
2 EL Sherry-Essig
Salz und Pfeffer

TIPP

Salzkapern sind für dieses Gericht ideal, während Essigkapern weniger gut geeignet sind. Alternativ, sofern erhältlich, Kapern in Olivenöl nehmen und etwas von dem Öl zum Braten verwenden.

1 Bei Verwendung von Salzkapern den Großteil des Salzes abreiben. Bei Verwendung von Essigkapern die Kapern gründlich abspülen.

2 Olivenöl in einer großen Pfanne erhitzen. Die Paprikastreifen darin bei mittlerer Hitze unter häufigem Rühren 10 Minuten braten, bis sie am Rand dunkel werden. Kapern und Knoblauch zufügen und weitere 2–3 Minuten braten.

3 Essig unterrühren. Mit Salz und Pfeffer abschmecken – bei Verwendung von Salzkapern sparsam salzen. 1–2 Minuten köcheln lassen, dann vom Herd nehmen. Sofort servieren oder abgedeckt kalt stellen.

Röstpaprika mit feurig-scharfem Käse

Für 6 Personen

1 rote Paprika, halbiert
1 orangefarbene Paprika, halbiert
1 gelbe Paprika, halbiert
125 g Afuega'l Pitu oder eine andere scharf gewürzte Käsesorte, gewürfelt
1 EL flüssiger Honig
1 EL Sherry-Essig
Salz und Pfeffer

TIPP

Afuega'l Pitu bedeutet „Feuer im Bauch", und dies ist eine treffende Bezeichnung für diesen mit Chili gewürzten Käse aus Asturien. Ersatzweise können Sie z. B. ungarischen Liptauer verwenden. Liptauer wird zwar „nur" mit Paprika aromatisiert, ist aber dennoch erstaunlich pikant.

1 Den Backofengrill vorheizen. Die Paprika mit der Haut nach oben nebeneinander auf ein Backblech legen. Unter dem Grill auf der oberen Schiene 8–10 Minuten rösten, bis die Haut schwarz wird und Blasen wirft. Paprika mit einer Zange in einen Gefrierbeutel geben und den Beutel verschließen. Abkühlen lassen.

2 Die Paprika häuten. Auf einem Teller anrichten und mit dem Käse bestreuen.

3 Honig und Essig in einer Schüssel verrühren und mit Salz und Pfeffer abschmecken. Das Dressing über die Paprika geben. Bis zum Servieren abgedeckt kalt stellen.

Empanadillas

Für 6–8 Personen

2 EL Olivenöl, plus etwas mehr zum Einfetten
500 g frischer Spinat
2 Knoblauchzehen, fein gehackt
8 Sardellenfilets in Öl aus der Dose, abgetropft und gehackt
2 EL Rosinen, 10 Minuten in heißem Wasser eingeweicht
40 g Pinienkerne
Salz und Pfeffer
450 g Blätterteig, Tiefkühlware aufgetaut
Mehl, zum Bestäuben
1 Ei, leicht verquirlt

TIPP
Diese Teigtaschen stammen ursprünglich aus Galizien, sind inzwischen aber in ganz Spanien und auch in Südamerika beliebt.

1 Den Backofen auf 180 °C vorheizen. 1–2 Backbleche dünn mit Olivenöl einfetten.

2 Den Spinat gründlich putzen, die Stiele entfernen und die Blätter fein hacken.

3 Olivenöl in einem großen Topf erhitzen. Spinat hineingeben und abgedeckt bei schwacher Hitze unter gelegentlichem Schütteln des Topfes 3 Minuten andünsten. Knoblauch und Sardellen untermischen und ohne Deckel 1 Minute erhitzen. Topf vom Herd nehmen.

4 Rosinen abgießen, hacken und zum Spinat geben. Pinienkerne untermischen und mit Salz und Pfeffer abschmecken. Die Mischung abkühlen lassen.

5 Den Teig auf einer leicht bemehlten Arbeitsfläche 3 mm dick ausrollen. Mit einer runden Ausstechform Kreise (7,5 cm Ø) ausstechen. Die Teigreste erneut ausrollen und weitere Kreise ausstechen.

6 Je 1–2 gehäufte Esslöffel Spinatfüllung auf die Teigkreise setzen. Den Teig am Rand mit Wasser bestreichen, über der Füllung zusammenfalten, sodass ein Halbmond entsteht, und den Rand gut zusammendrücken. Die Teigtaschen auf die Bleche legen, mit Ei bestreichen und im Backofen 15 Minuten goldbraun backen. Anschließend warm servieren.

5

6

6

Bandilleras

Für 8–10 Personen

1 EL Weißweinessig
4 Knoblauchzehen, fein gehackt
1 frische rote Chili, fein gehackt
1 EL edelsüßes Paprikapulver
4 EL Olivenöl
3 Hähnchenbrustfilets, in 2,5 cm große Würfel geschnitten
1 Avocado
3 EL Zitronensaft
125 g San Simon oder anderer Räucherkäse, gewürfelt
8–10 schwarze Oliven, entsteint
8–10 Kirschtomaten
100 g Manchego (s. Tipp S. 299) oder Gouda, gewürfelt
8–10 grüne Oliven mit Paprikafüllung
½ Charentais-Melone, entkernt
5–6 Scheiben Serrano-Schinken

PICADA
4 Knoblauchzehen, fein gehackt
6 EL frisch gehackte Petersilie
6 EL fein gehackte saure Gurke
150 ml Olivenöl

1 Essig, Knoblauch, Chili, Paprikapulver und Olivenöl in einer Schüssel verrühren. Das Hähnchenfleisch hineingeben, alles gut mischen und abgedeckt mindestens 2 Stunden oder bevorzugt über Nacht marinieren.

2 Eine große Pfanne erhitzen. Die Hähnchenmischung in die Pfanne geben und bei schwacher Hitze unter Rühren 10–15 Minuten braten. Vom Herd nehmen und auf Zimmertemperatur abkühlen lassen, dann die Hähnchenwürfel auf Zahnstocher spießen.

3 Avocado schälen, entkernen, in mundgerechte Würfel schneiden und mit Zitronensaft mischen. Mit dem Räucherkäse auf Zahnstocher spießen. Schwarze Oliven, Kirschtomaten, Manchego und gefüllte Oliven auf Zahnstocher stecken.

4 Mit einem Melonenausstecher oder Teelöffel 20 Bällchen Melonenfleisch ausstechen. Den Schinken in 20 Streifen schneiden und um die Melonenbällchen wickeln. Die Bällchen paarweise auf Zahnstocher stecken.

5 Für die Picada alle Zutaten in einer Schüssel gründlich zu einer dicken Paste verrühren. Die verschiedenen Zahnstocherspieße – *bandilleras* – auf einer großen Platte anrichten und mit der Picada servieren.

Tapas mit Oliven & Mandeln

Oliven und Mandeln sind in der spanischen Küche äußerst beliebte Zutaten. Auf den folgenden Seiten finden Sie deshalb eine Auswahl von Rezepten speziell für diese beiden Zutaten.

Wenn Sie gern Freunde zu improvisierten Treffen zu sich einladen, sind Marinierte Oliven (s. S. 340) eine leckere Alternative zu gekauften Chips oder Dips. Salzmandeln (s. S. 345) sind ebenfalls eine berühmte spanische Knabberei – oder bereiten Sie doch zur Abwechslung einmal Walnüsse, Pistazien, Erdnüsse oder Cashewkerne auf dieselbe Weise zu.

Marinierte Oliven

Ergibt ein 500-ml-Glas

175 g grüne Oliven mit Paprikafüllung, abgetropft
175 g schwarze Oliven, abgetropft
50 g gehäutete rote Röstpaprika (s. Tipp S. 467), in dünne Streifen geschnitten
2 dünne Zitronenscheiben, halbiert
2 frische Thymianzweige
1 Lorbeerblatt
1 getrocknete rote Chili
½ TL Fenchelsamen
½ TL Koriandersamen, leicht zerstoßen
natives Olivenöl extra

TIPP

Zu einer Ölmarinade wie dieser sollten keine Knoblauchscheiben zugefügt werden, da die Gefahr einer Botulismus-Infektion besteht. Für Knoblauchgeschmack besser ein küchenfertiges Olivenöl mit Knoblaucharoma verwenden. Olivenöl kann bei kühler Lagerung eintrüben, wird jedoch bei Erwärmung auf Zimmertemperatur wieder klar.

1 Oliven, Paprikastreifen, Zitronenscheiben, Thymian, Lorbeer, Chili, Fenchel- und Koriandersamen gut vermischt in ein 500-ml-Schraubglas schichten. Knapp mit Olivenöl bedecken.

2 Das Glas verschließen und die Oliven vor dem Verzehr mindestens 2 Wochen bei Zimmertemperatur marinieren.

Zitronen-Orangen-Oliven

Für 4–6 Personen

2 TL Fenchelsamen
2 TL Kreuzkümmelsamen
225 g grüne Oliven
225 g schwarze Oliven
2 TL abgeriebene Orangenschale
2 TL abgeriebene Zitronenschale
3 Schalotten, fein gehackt
1 Prise Zimt
4 EL Weißweinessig
5 EL Olivenöl
2 EL Orangensaft
1 EL frisch gehackte Minze
1 EL frisch gehackte Petersilie

1 Fenchel- und Kreuzkümmelsamen in einer kleinen Pfanne ohne Fett unter häufigem Rütteln der Pfanne anrösten, bis sie aufplatzen. Aus der Pfanne nehmen und abkühlen lassen.

2 Oliven, Orangenschale, Zitronenschale, Schalotten, Zimt und die angerösteten Samen in eine Schüssel geben.

3 Essig, Olivenöl, Orangensaft, Minze und Petersilie in einer Schüssel verquirlen und über die Oliven geben. Gut umrühren und abgedeckt 1–2 Tage kalt stellen.

TIPP

Bevorzugen Sie spanische Olivensorten: aromatische Arbequines, große grüne Gordas del Rey, saftige Manzanillas oder Perlas aus Aragonien.

Oliven-Sardellen-Röllchen

Ergibt 12 Stück

12 Sardellenfilets in Öl, abgetropft
24 grüne Oliven mit Paprikafüllung, abgetropft

1 Die Sardellenfilets mit einem Messer längs halbieren.

2 Je eine Sardellenfilethälfte um eine Olive wickeln, die Enden überlappen lassen und mit einem Zahnstocher befestigen. Mit den übrigen Oliven und Sardellenfilethälften ebenso verfahren, dabei die Oliven jeweils paarweise auf einen Zahnstocher spießen. Sofort servieren oder bis zum Verzehr abdecken.

1

2

VARIATION

Statt Oliven mit Paprikafüllung können Sie auch mit einer abgezogenen Mandel gefüllte Oliven verwenden.

Pikante Kräuteroliven

Für 8 Personen

450 g große grüne Oliven mit Stein oder mit Paprikafüllung
4 Knoblauchzehen
2 TL Koriandersamen
1 kleine Zitrone
4 frische Thymianzweige
4 Zweige Fenchelgrün
2 kleine frische rote Chillies (nach Belieben)
Pfeffer
natives Olivenöl extra

1 Damit die Aromen der Marinade besser aufgenommen werden können, die Oliven auf einem Brett mit dem Nudelholz vorsichtig quetschen, sodass sie leicht aufplatzen. Alternativ die Oliven mit einem scharfen Messer längs bis zum Stein einschneiden. Knoblauchzehen leicht mit der Klinge eines breiten Messers pressen. Koriander im Mörser zerstoßen, die Zitrone mit Schale in kleine Stücke schneiden.

2 Oliven, Knoblauch, Koriander, Zitrone, Thymian, Fenchelgrün und ggf. Chillies in einer großen Schüssel mischen. Mit Pfeffer würzen, jedoch nicht salzen, da die Oliven in der Regel salzig genug sind. Die Zutaten dicht in ein Schraubglas schichten und mit Olivenöl bedecken. Das Glas fest verschließen.

3 Die Oliven 24 Stunden bei Zimmertemperatur ziehen lassen, dann noch mindestens 1 Woche oder bevorzugt 2 Wochen im Kühlschrank marinieren. Das Glas dabei ab und zu vorsichtig schütteln, um die Zutaten neu zu mischen. Die Oliven vor dem Servieren zimmerwarm werden lassen und aus dem Öl nehmen. Mit Zahnstochern zum Aufspießen servieren.

Ei- und Käse-Tapas

In diesem Kapitel finden Sie Rezepte für beliebte Tapas auf Eierbasis wie beispielsweise Gefüllte Eier (s. S. 352) oder Spanische Tortilla (s. S. 356), die trotz ihrer ganz einfachen Zutaten durch ein köstlich volles Aroma überzeugen. Tortilla-Varianten mit Spinat oder Chorizo sind hier ebenso vertreten wie die Tortilla-Würfel (s. S. 354), die in den Bars von Madrid gern auf Zahnstochern serviert werden.

In Spanien gibt es eine reiche Auswahl mediterraner Käsesorten und entsprechend zahlreiche Käse-Tapas. Da viele der exotischeren Käsesorten bei uns nicht ganz leicht zu bekommen sind, werden in den Rezepten immer auch leichter erhältliche Alternativen angegeben.

Baskische Rühreier

Für 4–6 Personen

3–4 EL Olivenöl
1 große Zwiebel, fein gehackt
1 große rote Paprika, gewürfelt
1 große grüne Paprika, gewürfelt
2 große Tomaten, entkernt, geschält (s. Tipp S. 421) und gewürfelt
50 g Chorizo, in dünne Scheiben geschnitten, nach Geschmack ohne Pelle
25 g Butter
10 große Eier, leicht verquirlt
Salz und Pfeffer
4–6 dicke Scheiben Bauernweißbrot, getoastet, zum Servieren

1 2 Esslöffel Olivenöl in einer Pfanne auf mittlerer Stufe erhitzen. Die Zwiebel- und Paprikawürfel darin 5 Minuten andünsten, bis das Gemüse weich, aber nicht gebräunt ist. Tomaten zufügen und erhitzen. Auf einen Teller geben und im vorgeheizten Ofen bei 150 °C warm stellen.

2 1 Esslöffel Öl in die Pfanne geben. Die Chorizo darin 30 Sekunden erhitzen, um das Öl zu aromatisieren. Die Chorizo zum Gemüse in den Ofen geben.

3 Das Öl in der Pfanne ggf. auf insgesamt 2 Esslöffel ergänzen. Butter zufügen und zerlassen. Eier mit Salz und Pfeffer würzen, in die Pfanne geben und unter Rühren nach Belieben stocken lassen. Gemüse und Chorizo zurück in die Pfanne geben und untermischen. Sofort auf heißem Toast servieren.

Baskische Paprika-Eier

Für 6 Personen

2 rote Paprika, halbiert
6 hart gekochte Eier, in Scheiben geschnitten
2 EL Weißweinessig
5 EL Olivenöl
1 Schalotte, fein gehackt
2 TL frisch gehackter Dill
1 Prise Zucker
Salz und Pfeffer

VARIATION

Für eine buntere Variante eine rote und eine orangefarbene bzw. gelbe Paprika verwenden. Grüne Paprika schmecken zu herb.

1 Wasser in einem Topf aufkochen. Die Paprika hineingeben und 5 Minuten blanchieren. Abgießen, kalt abschrecken und abtropfen lassen. Mit Küchenpapier trockentupfen und in dünne Streifen schneiden.

2 Die Eierscheiben auf kleinen Tellern anrichten und mit den Paprikastreifen bestreuen. Alternativ die Paprikastreifen in einem Gittermuster auf den Eierscheiben anrichten.

3 Essig, Olivenöl, Schalotte, Dill und Zucker in einer Schüssel verquirlen, salzen und pfeffern. Dressing über die Paprika-Eier geben und servieren.

Flamenco-Eier

Für 4 Personen

4 EL Olivenöl
1 Zwiebel, in Ringe geschnitten
2 Knoblauchzehen, fein gehackt
2 kleine rote Paprika, fein gewürfelt
4 Tomaten, entkernt, geschält (s. Tipp S. 421) und gewürfelt
1 EL frisch gehackte Petersilie
Salz und Cayennepfeffer
200 g Mais aus der Dose, abgetropft
4 Eier

TIPP

Sie können dieses Gericht auch in einer größeren Auflaufform zubereiten und erst bei Tisch in Portionen teilen. In diesem Fall die Backzeit etwas verlängern.

1 Den Backofen auf 180 °C vorheizen. Olivenöl in einer gusseisernen Pfanne erhitzen. Zwiebelringe und Knoblauch darin auf kleiner Stufe unter gelegentlichem Rühren 5 Minuten glasig dünsten. Die Paprika zugeben und unter gelegentlichem Rühren 10 Minuten andünsten. Tomaten und Petersilie untermischen. Mit Salz und Cayennepfeffer abschmecken und 5 Minuten weiterdünsten. Den Mais untermischen und die Pfanne vom Herd nehmen.

2 Die Mischung auf 4 kleine Ramequin-Formen verteilen. Mit der Rückseite eines Löffels in jede Portion eine Vertiefung drücken und je 1 Ei hineinschlagen.

3 Im vorgeheizten Backofen 15–20 Minuten backen, bis die Eier gestockt sind. Heiß servieren.

Gefüllte Eier

Ergibt 16 Stück

8 große Eier
2 ganze Pimientos del Piquillo aus dem Glas (s. Tipp S. 414)
8 grüne Oliven
5 EL Mayonnaise
8 Tropfen Tabasco
1 große Prise Cayennepfeffer
Salz und Pfeffer
Paprikapulver, zum Bestäuben
frische Dillzweige, zum Garnieren

1

1 Die Eier in einen Topf legen, mit kaltem Wasser bedecken und langsam aufkochen. Den Herd auf schwache Hitze herunterschalten und die Eier abgedeckt 10 Minuten köcheln lassen. Sofort abgießen und unter fließend kaltem Wasser abkühlen lassen, damit sich kein dunkler Ring um das Eigelb bildet. Die Eierschale durch vorsichtiges Aufschlagen anknacken. Die vollständig abgekühlten Eier schälen.

2 Die Eier mit einem Edelstahlmesser längs halbieren. Das Eigelb vorsichtig auslösen, durch ein feines Sieb in eine Schüssel streichen oder mit einer Gabel zerdrücken. Das Eiweiß ggf. kalt abspülen und vorsichtig trockentupfen.

3 Pimientos auf Küchenpapier gut trockentupfen, dann fein hacken (einige Streifen aufbewahren). Die Oliven fein hacken. Wenn Sie die Füllung mit einem Spritzbeutel in die Eier spritzen möchten, müssen die Pimientos und Oliven sehr fein gehackt werden, damit sie durch die Tülle (1 cm) passen. Pimientos und den Großteil der gehackten Oliven zum Eigelb geben (16 größere Olivenstücke zum Garnieren aufbewahren). Mayonnaise, Tabasco und Cayennepfeffer zugeben und gut untermischen. Mit Salz und Pfeffer abschmecken.

4 Die Eigelbfüllung in einen Spritzbeutel mit glatter Tülle (1 cm) füllen und die Masse in die Eiweißhälften spritzen. Alternativ die Masse mit einem Teelöffel in die Eiweißhälften füllen.

5 Die gefüllten Eierhälften auf einer Platte anrichten. Je 1 kleinen Pimiento-Streifen und 1 Olivenstück auf die Füllung setzen. Mit Paprika bestäubt und mit Dillzweigen garniert servieren.

Gefüllte frittierte Eier

Für 6 Personen

6 hart gekochte Eier, abgekühlt und geschält
125 g Sardinen in Olivenöl aus der Dose, abgetropft
4 EL Zitronensaft
1 Spritzer Tabasco
1–2 EL Mayonnaise
Salz und Pfeffer
40 g Mehl
150 g frische Semmelbrösel
1 großes Ei, leicht verquirlt
Pflanzenöl, zum Frittieren
frische Petersilie, zum Garnieren

TIPP

Das Aroma von Ölsardinen wird mit der Zeit intensiver, sodass man Sardinen jahrelang aufbewahren kann. Die Dosen regelmäßig wenden und kühl, jedoch nicht im Kühlschrank, lagern. Spanische Sardinen in Olivenöl bürgen für gute Qualität.

1 Eier längs halbieren. Das Eigelb vorsichtig mit einem Teelöffel auslösen und in ein feines Sieb geben, die Eiweißhälften beiseite stellen. Das Eigelb durch das Sieb in eine Schüssel streichen.

2 Die Sardinen mit einer Gabel zerdrücken, dann mit dem Eigelb mischen. Zitronensaft und Tabasco unterrühren. So viel Mayonnaise zufügen, dass eine feste Paste entsteht. Mit Salz und Pfeffer abschmecken.

3 Reichlich Füllung auf jede Eiweißhälfte geben. Mehl und Semmelbrösel in zwei flache Schüsseln geben. Die gefüllten Eier erst im Mehl wenden, dann in das verquirlte Ei tauchen und abschließend in den Semmelbröseln panieren.

4 Pflanzenöl in der Fritteuse oder einem großen Topf auf 180–190 °C erhitzen (ein Brotwürfel sollte in 30 Sekunden braun werden). Die panierten Eier darin portionsweise 2 Minuten goldbraun frittieren. Auf Küchenpapier abtropfen lassen und mit Petersilie garniert heiß servieren.

Tortilla-Würfel

Ergibt 48 Stück

Olivenöl
1 große Knoblauchzehe, zerdrückt
4 Frühlingszwiebeln, fein gehackt
1 grüne Paprika, fein gewürfelt
1 rote Paprika, fein gewürfelt
175 g Kartoffeln, gekocht und gewürfelt
5 große Eier
125 g saure Sahne
175 g frisch geriebener Roncal-Käse, Gouda oder Parmesan
3 EL frisch gehackter Schnittlauch
Salz und Pfeffer
Blattsalat, zum Servieren
1 Baguette, in Scheiben (nach Belieben)

1 Den Backofen auf 190 °C vorheizen. Eine 18 cm x 25 cm große Auflaufform mit Alufolie auslegen und mit Olivenöl einfetten. Beiseite stellen.

2 Knoblauch, Frühlingszwiebeln und Paprika mit etwas Olivenöl in einer Pfanne bei mittlerer Hitze unter Rühren 10 Minuten weich dünsten. Abkühlen lassen, dann die Kartoffelwürfel untermischen.

3 Eier, saure Sahne, Käse und Schnittlauch in einer großen Schüssel verquirlen. Das abgekühlte Gemüse untermischen. Mit Salz und Pfeffer nach Belieben würzen.

4 Die Mischung in die Form geben und glatt streichen. Im vorgeheizten Ofen 30–40 Minuten goldbraun backen und stocken lassen. Aus dem Ofen nehmen und abkühlen lassen. Die Tortilla am Rand mit einem Spatel lösen, auf ein Brett stürzen und die Alufolie abziehen. Wenn die Oberfläche noch sehr weich aussieht, die Tortilla auf der mittleren Schiene unter dem Backofengrill fertig stocken lassen.

5 Vollständig abkühlen lassen. Die Ränder ggf. begradigen, dann die Tortilla in 48 Würfel schneiden. Auf einer Platte anrichten oder die Tortilla-Würfel jeweils mit einem Zahnstocher auf einer halben Baguettescheibe feststecken. Mit Blattsalat servieren.

Spanische Tortilla

Ergibt 8–10 Stücke

125 ml Olivenöl
600 g Kartoffeln, geschält und in dünne Scheiben geschnitten
1 große Zwiebel, in dünne Ringe geschnitten
6 große Eier
Salz und Pfeffer
glatte Petersilie, zum Garnieren

1 Eine beschichtete Pfanne (25 cm Ø) auf hoher Stufe erhitzen. Das Olivenöl hineingeben und erhitzen. Herunterschalten, dann die Kartoffeln und Zwiebelringe in das Öl geben und 15–20 Minuten weich dünsten.

TIPP

Wenn Sie Bedenken wegen des Stürzens haben, können Sie die Oberseite der Tortilla auch auf der mittleren Schiene unter dem Backofengrill stocken lassen. Dann entsteht allerdings nicht der charakteristische Tortilla-Rand.

2 Die Eier in einer großen Schüssel verquirlen und kräftig mit Salz und Pfeffer würzen. Kartoffeln und Zwiebelringe in einem Sieb abtropfen lassen, dabei das ablaufende Öl auffangen. Kartoffeln und Zwiebelringe vorsichtig unter die Eier mischen. 10 Minuten ruhen lassen.

3 Ggf. mit einem Holzwender den Bodensatz aus der Pfanne entfernen. 4 Esslöffel des aufgefangenen Öls in die Pfanne geben und auf mittlerer Stufe erhitzen. Die Eiermischung hineingeben und glatt streichen, sodass die Kartoffeln und Zwiebelringe eine gleichmäßige Schicht bilden.

4 5 Minuten unter gelegentlichem Rütteln der Pfanne braten. Die Tortilla mit einem Wender vom Pfannenrand lösen. Einen Teller auf die Pfanne legen und die Pfanne mitsamt dem Teller vorsichtig stürzen, sodass die Tortilla auf den Teller fällt (s. Tipp).

2

3

5 1 Esslöffel des aufgefangenen Öls in die Pfanne geben und ausschwenken. Die Tortilla mit der gebackenen Seite nach oben vorsichtig in die Pfanne gleiten lassen. Mit dem Wender den Rand leicht andrücken.

6 Weitere 3 Minuten braten, bis die Eier gestockt sind und die Unterseite goldbraun ist. Vom Herd nehmen und die Tortilla auf einen Teller gleiten lassen. Vor dem Aufschneiden mindestens 5 Minuten ruhen lassen. Mit Petersilie garniert servieren.

Spinat-Champignon-Tortilla

Für 4 Personen

2 EL Olivenöl
3 Schalotten, fein gehackt
350 g Champignons, in Scheiben geschnitten
275 g frischer Spinat, Stiele entfernt
Salz und Pfeffer
50 g gehobelte Mandeln, geröstet
5 Eier
2 EL frisch gehackte Petersilie
2 EL kaltes Wasser
75 g geriebener gereifter Mahón (s. Tipp S. 362), Manchego (s. Tipp S. 299) oder Parmesan

1 Das Olivenöl in einer feuerfesten Pfanne erhitzen. Die Schalotten darin auf niedriger Stufe unter gelegentlichem Rühren 5 Minuten glasig dünsten. Die Champignons zufügen und unter häufigem Rühren 4 Minuten andünsten. Auf mittlere Hitze schalten, den Spinat zugeben und unter häufigem Rühren 3–4 Minuten zusammenfallen lassen. Hitze reduzieren, mit Salz und Pfeffer abschmecken und die Mandeln untermischen.

2 Eier, Petersilie und Wasser sowie Salz und Pfeffer in einer Schüssel verquirlen. Die Mischung in die Pfanne geben, mit dem Gemüse mischen und 5–8 Minuten braten, bis die Unterseite gestockt ist. Den Rand ab und zu anheben, um flüssiges Ei unter die Tortilla laufen zu lassen. Unterdessen den Backofengrill vorheizen.

3 Die Tortilla mit Käse bestreuen und auf der oberen Schiene unter dem Grill 3 Minuten überbacken, bis der Käse geschmolzen ist. In Stücke geschnitten warm oder kalt servieren.

1

2

3

Gebackene Tomatennester

Für 4 Personen

4 große reife Tomaten
Salz und Pfeffer
4 große Eier
4 EL Crème double
4 EL geriebener gereifter Mahón,
Manchego oder Parmesan

TIPP

Mahón – ein Käse von der Baleareninsel Menorca – ist das spanische Gegenstück zum Parmesan: ein Hartkäse mit körniger Textur.

1

1 Den Backofen auf 180 °C vorheizen. Einen Deckel von den Tomaten abschneiden und die Früchte vorsichtig aushöhlen. Die Tomaten auf den Kopf gestellt auf Küchenpapier 15 Minuten abtropfen lassen, dann innen mit Salz und Pfeffer würzen.

2

2

2 Tomaten in eine Auflaufform setzen, die gerade groß genug ist, dass sie darin nebeneinander Platz haben. In jede Tomate vorsichtig 1 Ei schlagen, dann je 1 Esslöffel Crème double und 1 Esslöffel Käse darauf geben.

3 Im vorgeheizten Ofen 15–20 Minuten backen, bis die Eier gerade gestockt sind. Heiß servieren.

Käse-Eier

Für 6 Personen

6 hart gekochte Eier, abgekühlt
3 EL geriebener Manchego (s. Tipp S. 299) oder Gouda
1–2 EL Mayonnaise
2 EL frisch gehackter Schnittlauch
1 frische rote Chili, fein gehackt
Salz und Pfeffer
Eisbergsalatblätter, zum Servieren

VARIATION

Für einen besonderen Anlass die Hühnereier durch etwa 18 Wachteleier ersetzen: 3–4 Minuten kochen, kalt abschrecken und sofort schälen.

1 Die Eier längs halbieren. Das Eigelb vorsichtig mit einem Teelöffel auslösen und in ein feines Sieb geben, die Eiweißhälften beiseite stellen. Das Eigelb durch das Sieb in eine Schüssel streichen. Mit Käse, Mayonnaise, Schnittlauch und Chili sowie Salz und Pfeffer nach Geschmack verrühren.

2 Die entstandene Masse in die Eiweißhälften füllen.

3 Ein Bett aus Salatblättern auf Tellern anrichten und die Käse-Eier darauf setzen. Bis zum Servieren abgedeckt kalt stellen.

Feigen mit Blauschimmelkäse

Für 6 Personen

KARAMELLISIERTE MANDELN

125 g Zucker

125 g ganze Mandeln

Butter, zum Einfetten

ZUM SERVIEREN

12 reife Feigen

350 g spanischer Blauschimmelkäse, z. B. Picós, zerbröckelt

natives Olivenöl extra, zum Beträufeln

TIPP

Die Mandeln können luftdicht verschlossen bis zu 3 Tage aufbewahrt werden. Bei längerer Lagerung werden sie weich.

VARIATION

Für dieses Rezept können Sie auch Walnusshälften karamellisieren.

1 Zuerst die karamellisierten Mandeln zubereiten. Dafür den Zucker in einem Topf bei mittlerer Hitze unter Rühren schmelzen und goldbraun werden lassen. Sobald die Mischung kocht, nicht mehr rühren. Vom Herd nehmen, die Mandeln einzeln hineingeben und mit einer Gabel im Karamell wenden (wenn das Karamell hart wird, den Topf wieder auf den Herd stellen). Die Karamell-Mandeln auf ein dünn eingefettetes Backblech geben. Abkühlen und fest werden lassen.

2 Zum Servieren die Feigen halbieren und je 4 Hälften auf Tellern anrichten. Die Mandeln von Hand grob hacken. Den Blauschimmelkäse auf die Teller häufen und mit den Mandeln bestreuen. Die Feigen sehr sparsam mit Olivenöl beträufeln.

Käse-Oliven-Empanadillas

Ergibt 26 Stück

100 g Hart- oder Weichkäse (s. Tipp)
50 g entsteinte grüne Oliven
75 g getrocknete Tomaten in Öl, abgetropft
50 g Sardellenfilets aus der Dose, abgetropft
frisch gemahlener Pfeffer
50 g Pesto rosso
500 g Blätterteig, Tiefkühlware aufgetaut
Mehl, zum Bestäuben
verquirltes Ei, zum Bestreichen
frische Zweige glatte Petersilie, zum Garnieren

TIPP

Da spanische Käsesorten außerhalb Spaniens nicht ohne weiteres erhältlich sind, können Sie diese Teigtaschen mit Manchego, Gouda, Gruyère, Cheddar, Mozzarella oder festem Ziegenkäse zubereiten.

1

1 Den Backofen auf 200 °C vorheizen. Den Käse in ca. 5 mm große Würfel schneiden. Oliven, Tomaten und Sardellenfilets in etwa ebenso große Stücke schneiden. Alle klein geschnittenen Zutaten in eine Schüssel geben, mit Pfeffer abschmecken und vorsichtig mischen. Den Pesto rosso unterrühren.

2 Den Blätterteig auf einer leicht bemehlten Arbeitsfläche dünn ausrollen. Mit einem runden Ausstecher (8 cm Ø) 18 Kreise ausstechen. Die Teigreste erneut ausrollen und weitere 8 Kreise ausstechen. Mit einem Teelöffel die Füllung in die Mitte der Teigkreise setzen.

3 Den Teig am Rand leicht mit Wasser befeuchten, über der Füllung zu einem Halbkreis zusammenfalten und mit den Fingern fest zusammendrücken. Mit der Spitze eines scharfen Messers jede Teigtasche einschneiden. Die Teigtaschen können direkt gebacken oder kalt gestellt werden.

4 Die Teigtaschen auf befeuchtete Backbleche setzen und mit etwas Ei bestreichen. Im vorgeheizten Ofen 10–15 Minuten goldbraun und knusprig backen. Die Empanadillas heiß, warm oder kalt mit Petersilienzweigen garniert servieren.

Käse-Windbeutelchen mit Tomatensauce

Für 8 Personen

75 g Mehl
4 EL Olivenöl
150 ml Wasser
2 Eier, verquirlt
50 g fein geriebener Manchego, Parmesan, Gouda, Cheddar oder Gruyère
½ TL Paprikapulver
Salz und Pfeffer
Sonnenblumenöl, zum Frittieren

FEURIGE TOMATENSAUCE
2 EL Olivenöl
1 kleine Zwiebel, fein gehackt
1 Knoblauchzehe, zerdrückt
1 Schuss trockener Weißwein
400 g Tomaten aus der Dose, gewürfelt
1 EL Tomatenmark
¼–½ TL Chiliflocken
1 Spritzer Tabasco
1 Prise Zucker
Salz und Pfeffer

1 Für die Tomatensauce das Olivenöl in einem Topf erhitzen. Die Zwiebel darin 5 Minuten glasig dünsten. Den Knoblauch zufügen und 30 Sekunden anschwitzen. Den Wein zugießen und aufkochen lassen, dann die restlichen Saucenzutaten zufügen und alles ohne Deckel 10–15 Minuten köcheln und eindicken lassen. In eine Schale füllen und bis zum Servieren beiseite stellen.

2 Unterdessen die Käse-Windbeutelchen zubereiten. Mehl auf einen Teller sieben. Olivenöl und Wasser in einem Topf langsam aufkochen. Sobald das Wasser kocht, den Topf vom Herd nehmen und das ganze Mehl auf einmal hineingeben. Mit einem Holzlöffel verrühren, bis die Masse glatt ist und sich vom Topfrand löst.

3 1–2 Minuten abkühlen lassen. Nach und nach die Eier zugeben und jeweils sehr gut unterrühren. Käse und Paprika zugeben, mit Salz und Pfeffer abschmecken und gut umrühren. Bis zum Frittieren kalt stellen.

4 Kurz vor dem Servieren das Öl in einer Fritteuse auf 180–190 °C erhitzen (ein Brotwürfel sollte in 30 Sekunden braun werden). Die Masse teelöffelweise in das heiße Öl geben und 2–3 Minuten goldbraun ausbacken, dabei einmal wenden. Die Windbeutelchen sollten dabei aufgehen und nach oben steigen. Auf Küchenpapier abtropfen lassen.

5 Die Windbeutelchen heiß mit Zahnstochern zum Aufspießen servieren. Dazu die feurige Sauce zum Dippen reichen.

Burgos mit Sherry-Essig

Für 4 Personen

400 g Burgos-Käse (s. Tipp)
1–2 EL flüssiger Honig
3 EL Sherry-Essig
ZUM SERVIEREN
Karottenstifte
gekühlter Sherry

1

2

3

1 Den Käse in einer Schüssel glatt rühren. 1 Esslöffel Honig und 1½ Esslöffel Sherry-Essig zugeben und unterrühren.

2 Nach Belieben mit weiterem Honig nachsüßen oder noch etwas Essig zugeben.

3 Die Mischung auf 4 kleine Teller verteilen und bis zum Servieren abgedeckt kalt stellen. Mit Karottenstiften und gekühltem Sherry servieren.

TIPP

Burgos, benannt nach seiner kastilischen Heimatstadt, ist ein reiner weißer Rohmilchkäse aus Kuh- und/oder Schafsmilch. Cuajada aus der nördlichen Navarra ist ähnlich. Wenn beide Sorten nicht erhältlich sind, können Sie ersatzweise auch italienischen Mascarpone verwenden.

Frittierter Manchego

Für 6–8 Personen

200 g Manchego (s. Tipp S. 299)
3 EL Mehl
Salz und Pfeffer
1 Ei
1 TL Wasser
150 g frische Semmelbrösel
Maiskeimöl, zum Frittieren

1 Käse in ca. 2 cm dicke Dreiecke oder in ca. 2 cm große Würfel schneiden. Mehl in einen Gefrierbeutel geben und mit Salz und Pfeffer würzen. Das Ei in einen tiefen Teller schlagen und mit dem Wasser verquirlen. Die Semmelbrösel auf einem großen Teller verteilen.

2 Die Käsestücke gleichmäßig im Mehl wenden, dann in das Ei tauchen. Abschließend rundherum in den Semmelbröseln panieren. Auf einen großen Teller legen und bis zum Frittieren kalt stellen.

3 Kurz vor dem Servieren eine gusseiserne Pfanne oder Fritteuse 2,5 cm hoch mit Maisöl füllen und das Öl auf 180–190 °C erhitzen (ein Brotwürfel sollte in 30 Sekunden braun werden). Je etwa 4 bis 5 panierte Käsestücke in das Öl geben und 1–2 Minuten goldbraun frittieren, bis der Käse zu schmelzen beginnt, dabei einmal wenden. Unbedingt darauf achten, dass das Öl heiß genug ist und nicht zu viele Stücke auf einmal frittiert werden, da die Panade sonst zu langsam knusprig wird und der Käse ausläuft.

4 Den frittierten Käse mit einem Schaumlöffel aus der Pfanne nehmen und auf Küchenpapier gut abtropfen lassen. Heiß mit Zahnstochern zum Aufspießen servieren.

Bohnensalat mit Cabrales

Für 4 Personen

175 g getrocknete kleine weiße Bohnen, mind. 4 Stunden oder über Nacht eingeweicht
1 Lorbeerblatt
4 EL Olivenöl
2 EL Sherry-Essig
2 TL flüssiger Honig
1 TL Dijon-Senf
Salz und Pfeffer
2 EL gehobelte Mandeln, geröstet
200 g Cabrales oder anderer Blauschimmelkäse, zerbröckelt

1 Bohnen abgießen und in einen großen Topf geben. Knapp mit Wasser bedecken, das Lorbeerblatt zufügen und aufkochen. Die Bohnen 1–1½ Stunden weich kochen. Abgießen, in eine Schüssel geben und kurz abkühlen lassen. Lorbeerblatt entfernen.

2 Unterdessen Olivenöl, Essig, Honig und Senf in einer Schüssel verquirlen. Mit Salz und Pfeffer abschmecken. Das Dressing über die Bohnen geben und kurz umrühren. Die Mandeln unterrühren. Auf Zimmertemperatur abkühlen lassen.

3 Den Salat auf 4 Servierschalen verteilen und vor dem Servieren mit dem Käse bestreuen.

Schafskäse mit Schalotten-Kräuter-Dressing

Für 6 Personen

1 TL Sesamsaat
¼ TL Kreuzkümmelsamen
4 Tomaten, entkernt und gewürfelt
5 EL Olivenöl
4 EL Zitronensaft
Salz und Pfeffer
2 TL frisch gehackter Thymian
1 EL frisch gehackte Minze
4 Schalotten, fein gehackt
500 g Idiazabal oder anderer Schafskäse, gewürfelt

1 Sesam und Kreuzkümmelsamen in einer kleinen Pfanne ohne Fett unter häufigem Rütteln der Pfanne anrösten und aufplatzen lassen. Vom Herd nehmen und abkühlen lassen.

2 Tomaten in eine Schüssel geben. Für das Dressing Olivenöl und Zitronensaft in einer zweiten Schüssel verquirlen. Mit Salz und Pfeffer würzen. Thymian, Minze und Schalotten zufügen und gut mischen.

TIPP

Kreuzkümmel, Sesam und Minze in diesem südspanischen Gericht sind auf nordafrikanische Einflüsse zurückzuführen. Idiazabal ist ein Schafskäse, der zwar zu den Hartkäsen gezählt wird, jedoch eine recht krümelige Textur und ein köstlich rauchiges Aroma hat. Er wird im Baskenland und in Navarra hergestellt. Ersatzweise kann geräucherter Mozzarella oder für eine mildere Variante Feta verwendet werden.

3 Den Käse in eine dritte Schüssel geben. Die Hälfte des Dressings über die Tomaten geben und leicht umrühren. Mit Frischhaltefolie abgedeckt 1 Stunde kalt stellen. Das restliche Dressing über den Käse geben. Abgedeckt 1 Stunde kalt stellen.

4 Zum Servieren die Käsemischung auf 6 Teller verteilen und mit der Hälfte der angerösteten Samen bestreuen. Die Tomatenmischung darüber geben und mit den restlichen Samen bestreuen.

Manchego mit Membrillo

Für 6 Personen

350 g Manchego (s. Tipp S. 299), in Scheiben geschnitten

MEMBRILLO

500 g Quitten

1 l Wasser

Einmachzucker (s. Zubereitung)

TIPP

Dieses Taparezept gehört zu den traditionellsten. Das Membrillo (Quittengelee) schmeckt aber auch sehr gut zu Schweinebraten oder Wild.

1 Für das Membrillo die ungeschälten Quitten grob würfeln und in einen großen Topf geben. Wasser zufügen und bei starker Hitze aufkochen. Herunterschalten und die Quitten abgedeckt 45 Minuten weich kochen.

2 Die Mischung in einen Geleesack geben, der über einer Schüssel steht. Alternativ ein großes Musselinquadrat in ein Sieb legen, über eine Schüssel hängen und die Quitten in die Mitte des Tuchs geben. Mindestens 8 Stunden stehen und den Saft durchtropfen lassen. Nicht drücken, da das Gelee sonst trüb wird.

3 Den Saft abmessen und in einen großen Topf geben. Auf je 625 ml Saft 500 g Einmachzucker zufügen. Die Mischung bei mittlerer Hitze verrühren, bis sich der Zucker aufgelöst hat. Auf starke Hitze hochschalten und sprudelnd kochen lassen, bis auf dem Zuckerthermometer 105 °C erreicht sind. Wenn Sie kein Zuckerthermometer haben, den Topf vom Herd nehmen und zum Testen einen Löffel voll Gelee auf eine gekühlte Untertasse geben und einige Minuten kühl stellen. Wenn das Gelee eine Haut bildet, die beim Schieben mit dem Finger Falten wirft, ist es fertig. Andernfalls den Topf zurück auf den Herd stellen, 1 weitere Minute kochen und erneut testen.

4 Das Gelee in heiße, sterilisierte Schraubgläser füllen. Die Gläser verschließen und beschriften. Bis zum Verzehr kühl und dunkel aufbewahren.

5 Zum Servieren die Manchego-Scheiben auf Tellern anrichten und je 2 gehäufte Esslöffel Membrillo darauf geben.

2

4

Tapas mit Fisch & Meeresfrüchten

Fisch und Meeresfrüchte haben in der spanischen Küche eine lange Tradition, nicht zuletzt wegen der weiten Atlantik- und Mittelmeerküste und der zahlreichen Inseln des Landes. Dieses Kapitel spiegelt die regionalen Unterschiede wider, vom Mittelmeerklassiker Gegrillte Sardinen (s. S. 394) bis hin zum Lachs in Mojo-Sauce (s. S. 386) von den Kanarischen Inseln. Getrockneter gesalzener Kabeljau, z. B. in Form von Klippfisch-Spinat-Talern (s. S. 378), steht bei den Basken hoch im Kurs, während Garnelen-Tapas (s. S. 416–428) sich in ganz Spanien großer Beliebtheit erfreuen.

Klippfisch-Spinat-Taler

Ergibt ca. 16 Stück

250 g Klippfisch (getrockneter gesalzener Kabeljau) am Stück
2 Zitronenscheiben
2 frische Petersilienzweige
1 Lorbeerblatt
½ EL Knoblauch-Olivenöl
100 g frischer Spinat, gewaschen
¼ TL edelsüßes Paprikapulver oder Rosenpaprikapulver
Olivenöl, zum Frittieren
grobes Meersalz (nach Belieben)
1 Portion Aïoli (s. S. 268), mit glatter Petersilie garniert, zum Servieren

TEIG
125 g Mehl
1 TL Backpulver
¼ TL Salz
1 großes Ei, leicht verquirlt
125–150 ml Milch

1 Den Klippfisch in eine große Schüssel legen. Mit kaltem Wasser bedecken und 48 Stunden einweichen, das Wasser dabei mindestens dreimal täglich wechseln.

2 Unterdessen den Teig zubereiten. Mehl, Backpulver und Salz in eine große Schüssel sieben und in die Mitte eine Vertiefung drücken. Das Ei mit 125 ml Milch verquirlen, in die Vertiefung geben und alles zu einem glatten Teig verrühren. Wenn der Teig zu dick erscheint, noch nach und nach die restliche Milch unterrühren. Mindestens 1 Stunde ruhen lassen.

3 Den eingeweichten Fisch in eine große Pfanne geben und knapp mit Wasser bedecken. Zitronenscheiben, Petersilie und Lorbeerblatt zufügen. Aufkochen, die Hitze reduzieren und den Fisch 30–45 Minuten köcheln lassen.

4 Unterdessen den Spinat zubereiten. Das Knoblauch-Olivenöl in einem kleinen Topf auf mittlerer Stufe erhitzen. Den Spinat zugeben und 3–4 Minuten zusammenfallen lassen.

5 Den Spinat in ein Sieb geben und mit der Rückseite eines Löffels überschüssige Feuchtigkeit herausdrücken. Den Spinat fein hacken und mit dem Paprika unter den Teig rühren.

6 Den Fisch aus dem Sud nehmen und in kleine Stücke teilen, dabei Haut und Gräten entfernen. Die Fischstücke in den Teig geben.

7

7 Eine große Pfanne etwa 5 cm hoch mit Olivenöl füllen und auf 180–190 °C erhitzen (ein Brotwürfel sollte in 30 Sekunden braun werden). Den Teig esslöffelweise in das heiße Öl geben und goldbraun ausbacken, dabei portionsweise vorgehen und die Pfanne nicht zu voll machen. Die Taler mit einem Schaumlöffel aus dem Öl nehmen, auf Küchenpapier abtropfen lassen und nach Belieben mit Meersalz bestreuen.

8 Heiß oder zimmerwarm mit Aïoli als Dip servieren.

Katalanischer Klippfischsalat

Für 4–6 Personen

- 400 g Klippfisch (getrockneter gesalzener Kabeljau) am Stück
- 6 Frühlingszwiebeln, diagonal in dünne Ringe geschnitten
- 6 EL natives Olivenöl extra
- 1 EL Sherry-Essig
- 1 EL Zitronensaft
- frisch gemahlener Pfeffer
- 2 große rote Paprika, gegrillt, gehäutet (s. S. 330) und sehr fein gewürfelt
- 12 große schwarze Oliven, entsteint und in Scheiben geschnitten
- 2 große saftige Tomaten, in dünne Scheiben geschnitten
- 2 EL frische, sehr fein gehackte Petersilie, zum Garnieren

TIPP

Sie können den eingeweichten Klippfisch auch 30 Minuten tiefgefrieren und dann das gefrorene Fleisch in dünne Scheiben schneiden (wenn Sie den Fisch ohne vorheriges Gefrieren zu schneiden versuchen, fallen die Scheiben auseinander).

1 Klippfisch in eine Schüssel legen, mit kaltem Wasser bedecken und 48 Stunden einweichen, das Wasser dabei dreimal täglich wechseln.

2 Den Fisch mit Küchenpapier trocken tupfen, Haut und Gräten entfernen. Das Fischfleisch mit den Fingern in feine Streifen zerteilen und in eine große Schüssel geben. Frühlingszwiebeln, Olivenöl, Essig und Zitronensaft zufügen und umrühren. Die Mischung mit Pfeffer würzen, dann abgedeckt im Kühlschrank 3 Stunden marinieren.

3 Paprika und Oliven untermischen. Abschmecken und dabei berücksichtigen, dass Fisch und Oliven recht salzig sein können. Die Tomatenscheiben auf einer großen Platte oder auf Serviertellern anrichten und den Salat darauf geben. Mit Petersilie bestreut servieren.

VARIATION

Für eine sommerliche Tapas-Variante sonnengereifte große Kirschtomaten halbieren und mit einem Teelöffel aushöhlen. Mit Meersalz bestreuen und auf den Kopf gestellt auf Küchenpapier 30 Minuten abtropfen lassen. Den Salat in die Tomaten füllen und mit Petersilie bestreuen. Der Klippfischsalat eignet sich auch sehr gut zum Füllen von Pimientos del Piquillo (s. Rezept auf S. 332).

Frittierter Klippfisch

Für 6 Personen

350 g Klippfisch (getrockneter gesalzener Kabeljau)
625 ml Milch
Pflanzenöl, zum Frittieren
Mehl, zum Bestäuben
Meersalz
Zitronenspalten, zum Garnieren
Romesco-Sauce (s. S. 397), zum Servieren (nach Belieben)

3

4

5

TIPP

Vor dem Garen muss das ganze Salz aus dem Fisch entfernt werden – die angegebene Einweichzeit dient nur als Anhaltspunkt.

1 Den Klippfisch 48 Stunden in kaltem Wasser einweichen, das Wasser dabei dreimal täglich wechseln.

2 Die Milch in einem Topf aufkochen, dann vom Herd nehmen und vollständig abkühlen lassen.

3 Den Fisch abgießen und mit Küchenpapier trockentupfen, Haut und Gräten entfernen. Das Fischfleisch in kurze Streifen schneiden, in eine Schüssel geben und die abgekühlte Milch darüber gießen. Abgedeckt 1 Stunde im Kühlschrank einweichen lassen.

4 Den Fisch abgießen (die Milch wegschütten) und mit Küchenpapier trockentupfen. Pflanzenöl in einer Fritteuse oder einem großen Topf auf 180–190 °C erhitzen (ein Brotwürfel sollte in 30 Sekunden braun werden). Unterdessen den Fisch mit Mehl bestäuben, überschüssiges Mehl abschütteln.

5 Den Fisch portionsweise im heißen Öl 2–4 Minuten goldbraun frittieren. Auf Küchenpapier abtropfen lassen und mit Meersalz bestreuen. Wenn alles frittiert ist, die Fischstücke auf vorgewärmten Tellern anrichten, mit Zitronenspalten garnieren und nach Belieben mit Romesco-Sauce als Dip servieren.

Klippfisch-Avocado

Für 6 Personen

350 g Klippfisch (getrockneter gesalzener Kabeljau)
2 EL Olivenöl
1 Zwiebel, fein gehackt
1 Knoblauchzehe, fein gehackt
3 Avocados
1 EL Zitronensaft
1 Prise Chilipulver
1 EL trockener Sherry
4 EL Crème double
Salz und Pfeffer

1 Den Klippfisch 48 Stunden in kaltem Wasser einweichen, das Wasser dabei dreimal täglich wechseln. Den Fisch gut abtropfen lassen, mit Küchenpapier trockentupfen, dann in Stücke schneiden.

2 Den Backofen auf 180 °C vorheizen. Olivenöl in einer gusseisernen Pfanne erhitzen. Zwiebel und Knoblauch darin auf kleiner Stufe unter gelegentlichem Rühren 5 Minuten glasig dünsten. Den Fisch zufügen und bei mittlerer Hitze unter häufigem Rühren 6–8 Minuten andünsten, bis er sich leicht zerteilen lässt. Vom Herd nehmen und etwas abkühlen lassen. Haut und Gräten entfernen.

3 Unterdessen die Avocados längs halbieren und entkernen. Mit einem Teelöffel vorsichtig das Fruchtfleisch auslösen, ohne die Schale zu beschädigen. Die Schalen beiseite legen, das Fleisch mit Zitronensaft in einer Schüssel zerdrücken.

4 Die Fischmischung zur Avocadomasse geben. Chilipulver, Sherry und Crème double zufügen und alles gut mit einer Gabel vermengen. Mit Salz und Pfeffer abschmecken.

5 Die Masse in die Avocadoschalen füllen und auf ein Backblech setzen. Im vorgeheizten Ofen 10–15 Minuten zartbraun backen. Auf vorgewärmten Tellern anrichten und servieren.

Kabeljau-Kapern-Kroketten

Ergibt 12 Stück

350 g Kabeljau-, Schellfisch- oder Seeteufelfilet
300 ml Milch
Salz und Pfeffer
4 EL Olivenöl oder 50 g Butter
40 g Mehl
4 EL Kapern, grob gehackt
1 TL Paprikapulver
1 Knoblauchzehe, zerdrückt
1 TL Zitronensaft
3 EL frisch gehackte glatte Petersilie, plus einige Zweige zum Garnieren
1 Ei, verquirlt
100 g frische Semmelbrösel
1 EL Sesamsaat
Maiskeimöl, zum Frittieren
Zitronenspalten, zum Garnieren
Mayonnaise, zum Servieren

1 Das Fischfilet in eine große Pfanne geben. Milch zugießen und mit Salz und Pfeffer würzen. Aufkochen, dann die Hitze reduzieren und abgedeckt 8–10 Minuten gar köcheln lassen. Das Filet mit einem Wender aus der Pfanne nehmen. Die Milch in einen Krug geben und beiseite stellen. Das Filet in kleine Stücke zupfen, Gräten entfernen.

1

TIPP

Die Kühlzeit vor dem Frittieren ist unerlässlich, denn durch das Kühlen wird verhindert, dass die Kroketten im heißen Öl zerfallen.

2 Olivenöl in einem Topf erhitzen. Das Mehl einrühren und unter Rühren 1 Minute anschwitzen. Vom Herd nehmen und nach und nach die beiseite gestellte Milch einrühren. Wieder auf den Herd stellen und unter Rühren aufkochen und eindicken lassen.

3 Vom Herd nehmen, den Fisch zugeben und alles zu einer glatten Masse verrühren. Kapern, Paprikapulver, Knoblauch, Zitronensaft und Petersilie untermischen. Salzen und pfeffern. Die Masse in einer Auflaufform verstreichen und abkühlen lassen. Abgedeckt mindestens 2–3 Stunden kalt stellen.

4

4 Nach der Kühlzeit das Ei auf einen Teller geben. Semmelbrösel und Sesam auf einem zweiten Teller mischen. Die Fischmasse in 12 Portionen teilen und mit leicht bemehlten Händen zu etwa 7,5 cm langen Rollen formen. Die Kroketten einzeln in das Ei tauchen und in der Semmelbröselmischung panieren. Auf einen Teller legen und 1 Stunde kalt stellen.

5 Maisöl in einer Fritteuse auf 180–190 °C erhitzen (ein Brotwürfel sollte in 30 Sekunden braun werden). Die Kroketten portionsweise im heißen Öl 3 Minuten knusprig und goldbraun frittieren. Mit einem Schaumlöffel herausnehmen und auf Küchenpapier abtropfen lassen. Mit Zitronenspalten und Petersilienzweigen garniert heiß servieren. Dazu Mayonnaise zum Dippen reichen.

Lachs in Mojo-Sauce

Für 8 Personen

4 frische Lachsfilets (insgesamt ca. 750 g)
Salz und Pfeffer
3 EL Olivenöl
1 frischer Zweig glatte Petersilie, zum Garnieren

MOJO-SAUCE
2 Knoblauchzehen
2 TL Paprikapulver
1 TL gemahlener Kreuzkümmel
5 EL natives Olivenöl extra
2 EL Weißweinessig
Salz

1 Für die Sauce Knoblauch, Paprikapulver und Kreuzkümmel im Mixer 1 Minute sehr fein hacken und gut mischen. Bei laufendem Gerät 1 Esslöffel Olivenöl tropfenweise zugeben, danach das Gerät ausschalten und die Masse von den Wänden herunterschaben. Bei wieder laufendem Gerät das restliche Öl in einem dünnen gleichmäßigen Strahl zugießen und zu einer sämigen Sauce verarbeiten. Den Essig zugeben und 1 Minute untermischen. Die Sauce mit Salz abschmecken.

2 Die Lachsfilets jeweils quer halbieren und dann längs in 2 cm dicke Stücke schneiden, evtl. Gräten entfernen. Die Fischstücke mit Salz und Pfeffer würzen.

3

3 Das Olivenöl in einer gusseisernen Pfanne erhitzen. Die Fischstücke darin unter gelegentlichem Wenden je nach Dicke ca. 10 Minuten bräunen, dabei einmal wenden.

4 Auf einer vorgewärmten Platte anrichten, mit etwas Mojo-Sauce beträufeln und mit Petersilie garniert heiß servieren. Die restliche Sauce in einer kleinen Schale dazu reichen.

Seeteufel-Rosmarinspieße mit Speck

Für 12 Personen

- 350 g Seeteufelschwanz oder 250 g Seeteufelfilet
- 12 frische Rosmarinzweige
- 3 EL Olivenöl
- Saft von ½ kleinen Zitrone
- 1 Knoblauchzehe, zerdrückt
- Salz und Pfeffer
- 6 dicke Scheiben Schinkenspeck
- Zitronenspalten, zum Garnieren
- Aïoli (s. S. 268), zum Servieren

VARIATION

Anstelle von Rosmarinzweigen können auch normale Metall- oder Holzspieße verwendet werden. Letztere sollten zuvor 30 Minuten in kaltem Wasser eingeweicht werden, damit sie nicht verbrennen.

1 Bei Verwendung von Seeteufelschwanz diesen mit einem scharfen Messer entlang der Mittelgräte aufschneiden und 2 Filets auslösen. Die Filets häuten, längs halbieren und in insgesamt 24 mundgerechte Stücke schneiden. In eine große Schüssel geben.

2 Für die Rosmarinspieße die Nadeln bis auf einige an der Spitze von den Zweigen abzupfen. Die Nadeln fein hacken und in einer Schüssel mit Olivenöl, Zitronensaft und Knoblauch verrühren und mit Salz und Pfeffer abschmecken. Über den Fisch geben und vorsichtig untermischen. Abgedeckt 1–2 Stunden im Kühlschrank marinieren.

TIPP

Seeteufel ist wegen seiner festen Konsistenz ideal für Spieße, aber auch andere festfleischige Sorten wie Kabeljau, Schwert- oder Thunfisch sind gut geeignet.

3 Die Speckscheiben jeweils längs und quer halbieren und die 24 Streifen aufrollen. Je 2 Stücke Seeteufel und 2 Speckröllchen abwechselnd auf die vorbereiteten Rosmarinspieße stecken.

3

4 Backofengrill, Gartengrill oder Grillpfanne erhitzen. Bei Nutzung des Backofengrills darauf achten, dass die Zweigenden mit den Nadeln nicht unter der Heizschlange liegen, da sie sonst Feuer fangen können. Die Fisch-Speck-Spieße unter gelegentlichem Wenden und Bestreichen mit der restlichen Marinade 10 Minuten gar braten. Heiß mit Zitronenspalten zum Beträufeln servieren. Dazu eine kleine Schale Aïoli als Dip reichen.

Marinierter Seeteufel im Bierteig

Für 4–6 Personen

600 g Seeteufelschwanz
600–900 ml Olivenöl
6 Schalotten, in dünnen Ringen
2 Karotten, in Scheiben geschnitten
1 Fenchelknolle, in dünnen Streifen
2 Lorbeerblätter
2 Knoblauchzehen, in dünne Scheiben geschnitten
½ TL Chiliflocken
300 ml Weißweinessig
Salz und Pfeffer
1½ EL Koriandersamen
frische glatte Petersilie, zum Garnieren
Zitronenspalten, zum Servieren

BIERTEIG
125 g Mehl, plus 4 EL mehr zum Bestäuben
½ TL Salz
1 Ei, getrennt
200 ml Bier
1 EL Olivenöl

1 Seeteufel häuten, abspülen und trockentupfen. Längs entlang der Mittelgräte ein Filet auslösen, dann die Gräte vom zweiten Filet entfernen. Das Fischfleisch quer in 1 cm breite Streifen schneiden.

2 4 Esslöffel Olivenöl in einer Pfanne auf mittlerer Stufe erhitzen. Die Fischstücke darin nebeneinander 2 Minuten braten, dann wenden und weitere 4 Minuten braten. Auf Küchenpapier abtropfen lassen. In eine Schüssel geben und beiseite stellen.

3 250 ml Olivenöl in der Pfanne erhitzen. Die Schalotten darin 3 Minuten glasig dünsten. Karotten, Fenchel, Lorbeer, Knoblauch, Chiliflocken und Essig unterrühren und mit Salz und Pfeffer abschmecken. Aufkochen, Hitze reduzieren und die Mischung 8 Minuten köcheln lassen. Koriandersamen zufügen und 2 Minuten köcheln lassen. Die Marinade über den Fisch geben und abkühlen lassen. Abgedeckt 24 Stunden oder bis zu 5 Tage kalt stellen.

4 Den Bierteig 30 Minuten vor dem Frittieren zubereiten. Mehl und Salz in eine Schüssel sieben und in die Mitte eine Vertiefung drücken. Eigelb und 125 ml Bier hineingeben und nach und nach das Mehl mit einem Schneebesen in die Flüssigkeit einrühren. Öl und so viel Bier unterrühren, bis ein dicker, glatter Teig entsteht. 30 Minuten ruhen lassen. Den Fisch aus der Marinade nehmen, trockentupfen und beiseite stellen. Olivenöl zum Frittieren in einem Topf stark erhitzen. Das Eiweiß steif schlagen. Den Teig durchrühren, dann den Eischnee unterheben.

5 Die restlichen 4 Esslöffel Mehl auf einen Teller sieben und mit Salz und Pfeffer würzen. Den Fisch darin wenden, überschüssiges Mehl abschütteln. Den Fisch in den Bierteig tauchen und portionsweise 3–4 Minuten goldbraun ausbacken. Auf Küchenpapier abtropfen lassen. Auf einem großen Teller anrichten, mit Petersilie garnieren und mit Zitronenspalten servieren.

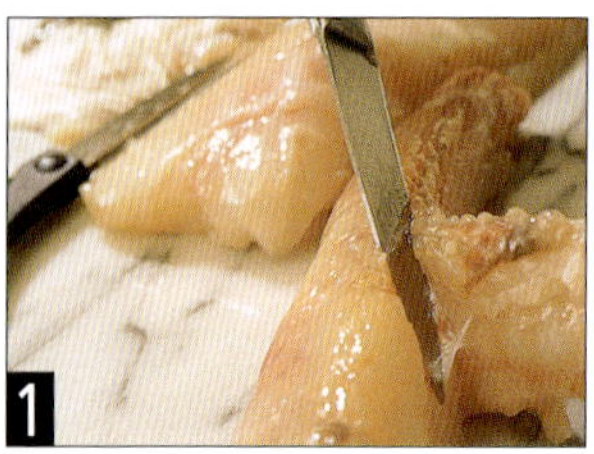
1

3

Marinierte Sardinen in Sherry-Essig

Für 6 Personen

12 frische kleine Sardinen
175 ml Olivenöl
4 EL Sherry-Essig
2 Karotten, in Stifte geschnitten
1 Zwiebel, in dünne Ringe geschnitten
1 Knoblauchzehe, zerdrückt
1 Lorbeerblatt
Salz und Pfeffer
4 EL frisch gehackte glatte Petersilie
frische Dillzweige, zum Garnieren
Zitronenspalten, zum Servieren

1 Die Sardinen vorsichtig mit einem Messer schuppen, ohne die Haut zu beschädigen. Dann nach Belieben entweder Kopf und Schwanz abschneiden oder die Fische ganz lassen. Am Bauch entlang aufschneiden und unter fließend kaltem Wasser die Innereien entfernen. Die Fische mit Küchenpapier gut trockentupfen.

2 4 Esslöffel Olivenöl in einer gusseisernen Pfanne erhitzen. Die Sardinen darin 10 Minuten beidseitig anbraten. Mit einem Pfannenwender sehr vorsichtig herausnehmen und nebeneinander in eine große flache Schale legen.

3 Den Sherry-Essig und das restliche Olivenöl in einem großen Topf erhitzen. Karotten, Zwiebel, Knoblauch und Lorbeer zufügen und 5 Minuten köcheln lassen. Mit Salz und Pfeffer würzen. Die Mischung leicht abkühlen lassen, dann über die Sardinen geben.

4 Abgedeckt abkühlen lassen, dann im Kühlschrank 8 Stunden oder über Nacht marinieren, dabei gelegentlich mit der Marinade begießen. Vor dem Servieren die Sardinen wieder zimmerwarm werden lassen. Mit Petersilie bestreut und mit Dillzweigen und Zitronenspalten garniert servieren.

Sardinen mit Romesco-Sauce

Für 6 Personen

24 frische Sardinen, geschuppt und ausgenommen (s. S. 394)
100 g Mehl
4 Eier, leicht verquirlt
250 g frische Semmelbrösel
6 EL frisch gehackte Petersilie
4 EL frisch gehackter Majoran
Pflanzenöl, zum Frittieren

ROMESCO-SAUCE
1 rote Paprika, halbiert
2 Tomaten, halbiert
4 Knoblauchzehen
125 ml Olivenöl
1 Scheibe Weißbrot, gewürfelt
4 EL Mandeln, blanchiert und abgezogen
2 Schalotten, gehackt
1 frische rote Chili, gehackt
1 TL Paprikapulver
2 EL Rotweinessig
2 TL Zucker
1 EL Wasser

1 Für die Sauce den Backofen auf 220 °C vorheizen. Paprika, Tomaten und Knoblauch in eine Auflaufform legen, mit 1 Esslöffel Olivenöl beträufeln und rundherum benetzen.

1

2

20–25 Minuten im vorgeheizten Ofen rösten. Dann das Gemüse abkühlen lassen und häuten bzw. schälen. Das Fruchtfleisch in einen Mixer geben.

2 1 Esslöffel Olivenöl in einer Pfanne erhitzen. Die Brotwürfel und Mandeln darin bei schwacher Hitze einige Minuten goldbraun rösten. Aus der Pfanne nehmen und auf Küchenpapier abtropfen lassen. Die Schalotten mit Chili und Paprika 5 Minuten in der Pfanne glasig dünsten.

3 Die Mandel- und die Schalottenmischung in den Mixer geben. Essig, Zucker und Wasser zufügen. Zu einer Paste verarbeiten. Bei laufendem Gerät langsam das restliche Olivenöl zugießen. In eine Schüssel geben und abgedeckt beiseite stellen.

4 Die Sardinen mit der Haut nach oben auf ein Brett legen und mit den Daumen das Rückgrat entlang drücken. Umdrehen und die Gräten entfernen. Mehl und Eier in getrennte Schüsseln geben. Semmelbrösel und Kräuter in einer dritten Schüssel mischen. Die Sardinen im Mehl wenden, in die Eimischung tauchen und mit den Semmelbröseln panieren.

5 Pflanzenöl in einem großen Topf auf 180–190 °C erhitzen (ein Brotwürfel sollte in 30 Sekunden braun werden). Die Sardinen darin 4–5 Minuten goldbraun frittieren. Abtropfen lassen und mit der Sauce servieren.

Chili-Zitronen-Sardinen

Für 4 Personen

- 450 g frische Sardinen, geschuppt und ausgenommen (s. S. 394)
- 4 EL Zitronensaft
- 1 Knoblauchzehe, fein gehackt
- 1 EL frisch gehackter Dill
- 1 TL frisch gehackte rote Chili
- Salz und Pfeffer
- 4 EL Olivenöl

1 Die Sardinen mit der Haut nach oben auf ein Brett legen und mit den Daumen das Rückgrat entlang drücken. Die Fische umdrehen und die Gräten entfernen.

2 Die Filets mit der Haut nach unten in eine flache Schüssel legen und mit Zitronensaft beträufeln. Mit Klarsichtfolie abgedeckt 30 Minuten in den Kühlschrank stellen.

3 Überschüssigen Zitronensaft abgießen. Knoblauch, Dill und Chili über die Sardinen streuen. Mit Salz und Pfeffer würzen und mit Olivenöl beträufeln. Mit Frischhaltefolie abgedeckt 12 Stunden kalt stellen.

TIPP

Servieren Sie diese Sardinen nach Belieben in mundgerechten Stücken, auf Zahnstocher aufgespießt, mit einem Schälchen Picada (s. S. 336).

Sardinen in Escabeche

Für 6 Personen

175 ml Olivenöl

1 kg frische Sardinen, geschuppt und ausgenommen (s. S. 394)

3 EL Rotweinessig

½ EL Wasser

4 Knoblauchzehen

1 Lorbeerblatt

2 frische Thymianzweige

2 frische Rosmarinzweige

4 EL frisch gehackte Petersilie

2 frische rote Chillies, entkernt und gehackt

Salz und Pfeffer

TIPP

Sardinen lassen sich am einfachsten schuppen, indem man sie am Schwanz festhält und mit der Hand vom Schwanz zum Kopf hin abstreift.

1 6 Esslöffel Olivenöl in einer großen Pfanne erhitzen. Die Sardinen darin portionsweise auf jeder Seite 4–5 Minuten braten. Dann den Fisch mit einem Pfannenwender herausnehmen, gut abtropfen lassen und in eine flache Schüssel legen. Mit Frischhaltefolie abgedeckt beiseite stellen.

2 Das restliche Olivenöl in die Pfanne geben und langsam erhitzen. Essig, Wasser, Knoblauch, Lorbeer, Thymian, Rosmarin, Petersilie und Chillies zufügen und mit Salz und Pfeffer würzen. Aufkochen, dann herunterschalten und 15 Minuten köcheln lassen.

3 Vom Herd nehmen und vollständig abkühlen lassen. Die Mischung über die Sardinen geben. Vor dem Servieren abgedeckt mindestens 24 Stunden im Kühlschrank marinieren.

Sauer eingelegte Makrele

Für 4–6 Personen

- 8 frische Makrelenfilets mit Haut
- 300 ml natives Olivenöl extra
- 2 rote Zwiebeln, in Spalten geschnitten
- 2 Karotten, in Scheiben geschnitten
- 2 Lorbeerblätter
- 2 Knoblauchzehen, in dünne Scheiben geschnitten
- 2 getrocknete rote Chillies
- 1 Fenchelknolle, halbiert und in dünne Streifen geschnitten
- 300 ml Sherry-Essig
- 1½ EL Koriandersamen
- Salz und Pfeffer
- aufgebackene Baguettescheiben

1 Den Backofengrill vorheizen. Die Makrelenfilets mit der Haut nach oben auf ein Grillblech legen und mit Öl bestreichen. Auf der oberen Schiene unter dem Grill 4–6 Minuten braten, bis die Haut braun und knusprig wird und das Fleisch sich leicht in Stücke teilen lässt. Beiseite stellen.

2 Das restliche Öl in einer großen Pfanne erhitzen. Die Zwiebeln darin 5 Minuten glasig dünsten. Die restlichen Zutaten – bis auf das Baguette – zugeben und 10 Minuten köcheln lassen.

1

2

3 Die Makrelenfilets in grobe Stücke teilen, dabei Haut und evtl. Gräten entfernen. Die Fischstücke in ein Schraubglas schichten und das Gemüse mitsamt Aufguss darüber geben (die Glasgröße so auswählen, dass Fisch, Gemüse und Aufguss gerade hineinpassen und oben möglichst wenig Luft bleibt). Vollständig abkühlen lassen, dann fest verschließen und mindestens 24 Stunden oder bis zu 5 Tage kalt stellen. Die Makrelenstücke auf aufgewärmten Baguettescheiben mit etwas Aufguss beträufelt servieren.

4 Alternativ die Makrele und das eingelegte Gemüse als Vorspeisensalat reichen.

VARIATION

Dieser Aufguss ist auch bestens zum Einlegen gegrillter Kabeljau- oder Seehechtfilets, gegrillter Miesmuscheln (ohne Schalen) oder Thunfischsteaks geeignet.

Angulas

Für 4 Personen

175 ml Olivenöl
4 Knoblauchzehen, gehackt
1 frische rote Chili, in 4 Stücke geschnitten
550 g Glasaale, Sprotten oder gesäuberte Stinte

TIPP

Dies ist ein berühmtes Tapas-Gericht aus dem Baskenland, wo es meist mit kleinen Holzgabeln serviert wird, damit man sich nicht den Mund verbrennt. Glasaale sind eine saisonale Spezialität und nicht überall erhältlich. Ersatzweise können Stinte, die ähnlich wie Sardinen aussehen, aber zur Lachsfamilie gehören, oder Sprotten verwendet werden.

1 Olivenöl in 4 kleinen Auflaufformen auf dem Herd erhitzen. Knoblauch und Chili hineingeben.

2 Den Fisch zufügen und unter Rühren einige Sekunden braten. Stinte oder Sprotten 2 Minuten zusätzlich braten.

3 Sobald Fische und Öl kochend heiß sind, sofort servieren.

Thunfischröllchen

Für 4 Personen

3 rote Paprika
125 ml Olivenöl
2 EL Zitronensaft
5 EL Rotweinessig
2 Knoblauchzehen, fein gehackt
1 TL Paprikapulver
1 TL Chiliflocken
2 TL Zucker
2 EL Salzkapern
200 g Thunfischstücke in Öl aus der Dose, abgetropft

1 Den Backofengrill vorheizen. Die Paprika auf ein Backblech legen und auf der oberen Schiene unter dem Grill unter häufigem Wenden 10 Minuten rösten, bis die Haut rundherum schwarz ist und Blasen wirft. Mit einer Zange in einen Gefrierbeutel geben, den Beutel verschließen und die Paprika abkühlen lassen.

2 Unterdessen Olivenöl, Zitronensaft, Essig, Knoblauch, Paprikapulver, Chiliflocken und Zucker in einer kleinen Schüssel verquirlen.

3 Die lauwarme Paprika häuten, putzen und das Fleisch längs dritteln. Die Paprikastreifen in eine Schüssel legen und das Dressing darüber geben. 30 Minuten an einem kühlen Ort ziehen lassen.

1

2

4

4 Das Salz von den Kapern abreiben. Kapern und Thunfisch mischen. Die Paprikastreifen abtropfen lassen (das Dressing aufbewahren) und die Thunfischmischung darauf verteilen. Die Paprika aufrollen und mit Zahnstochern zusammenstecken. Die Thunfischröllchen auf einer Platte anrichten, das Dressing darüber geben und zimmerwarm servieren.

Thunfisch-Kartoffelsalat mit Ei

Für 4 Personen

350 g Frühkartoffeln, ungeschält
1 hart gekochtes Ei, abgekühlt und geschält
3 EL Olivenöl
1½ EL Weißweinessig
Salz und Pfeffer
125 g Thunfischstücke in Öl aus der Dose, abgetropft
2 Schalotten, fein gehackt
1 Tomate, geschält und gewürfelt
2 EL frisch gehackte Petersilie

VARIATION

Dieser Salat schmeckt sogar noch besser mit frischem Thunfisch: auf jeder Seite 2 Minuten scharf anbraten und dann würfeln.

1 Die Kartoffeln in einem Topf mit leicht gesalzenem Wasser 10 Minuten kochen, dann vom Herd nehmen und abgedeckt 15–20 Minuten ziehen lassen.

2 Unterdessen das Ei in Scheiben schneiden und die Scheiben halbieren. Olivenöl und Essig in einer Schüssel verquirlen und mit Salz und Pfeffer würzen. Den Boden einer Schale mit etwas Vinaigrette bedecken.

3 Die Kartoffeln abgießen, pellen und in dünne Scheiben schneiden. Die Hälfte auf dem Boden der Schale verteilen und mit Salz würzen. Je die Hälfte Thunfisch, Eierscheiben und Schalotten darüber geben. Mit der Hälfte des restlichen Dressings beträufeln. Den Rest Kartoffeln, Thunfisch, Ei und Schalotten nacheinander darauf schichten und das restliche Dressing darüber geben.

4 Den Salat abschließend mit Tomate und Petersilie bestreuen. Mit Klarsichtfolie abgedeckt 1–2 Stunden kalt stellen, dann servieren.

Thunfisch mit gefüllten Oliven

Für 6 Personen

- 2 frische Thunfischsteaks (ca. 250 g), ca. 2,5 cm dick
- 3 EL Rotweinessig
- 5 EL Olivenöl
- 4 frische Thymianzweige, plus etwas mehr zum Garnieren
- 1 Lorbeerblatt
- Salz und Pfeffer
- 2 EL Mehl
- 1 Zwiebel, fein gehackt
- 2 Knoblauchzehen, fein gehackt
- 75 g grüne Oliven mit Paprikafüllung, in Scheiben geschnitten
- Baguette, zum Servieren

1 Am Vortag die Thunfischsteaks marinieren. Dafür die Haut entfernen und die Steaks entlang der Faser halbieren. Jede Hälfte quer zur Faser in 1 cm dicke Scheiben schneiden.

2 Essig und 3 Esslöffel Olivenöl in eine große flache Schüssel geben. Thymianblätter von den Zweigen ab-

1

zupfen und mit dem Lorbeerblatt sowie Salz und Pfeffer in die Schüssel geben. Den vorbereiteten Thunfisch zufügen und abgedeckt über Nacht im Kühlschrank marinieren.

3 Am nächsten Tag Mehl in einen Gefrierbeutel geben. Den Thunfisch aus der Marinade nehmen (Marinade aufbewahren), in den Beutel geben und durch Schütteln dünn mit Mehl bestäuben.

4 Das restliche Olivenöl in einer gusseisernen Pfanne erhitzen. Zwiebel und Knoblauch darin 5–10 Minuten glasig dünsten und leicht bräunen. Den Thunfisch in die Pfanne geben und unter mehrmaligem Wenden 2–5 Minuten braten, bis er seine Farbe verändert. Oliven und die aufbewahrte Marinade zufügen und 1–2 Minuten unter Rühren köcheln lassen, bis der Fisch gar und die Sauce eingedickt ist.

5 Sehr heiß mit frischen Thymianzweigen garniert servieren. Dazu Baguette zum Auftunken der Sauce reichen.

Pikant frittierte Sprotten

Für 4 Personen

100 g Mehl

½ TL Cayennepfeffer

½ TL gemahlener Kreuzkümmel

1 TL Paprikapulver

1 Prise Salz

1,25 kg Sprotten

Pflanzenöl, zum Frittieren

Zitronenscheiben, zum Garnieren

2

3

4

1 Mehl, Cayennepfeffer, Kreuzkümmel, Paprikapulver und Salz in einer großen Schüssel oder auf einem großen Teller mischen.

2 Die Fische abspülen und mit Küchenpapier trockentupfen. In kleinen Portionen in das gewürzte Mehl geben und gut darin wenden.

3 Öl in einer Fritteuse oder einem Topf auf 180–190 °C erhitzen (ein Brotwürfel sollte in 30 Sekunden braun werden). Die Fische darin portionsweise 2–3 Minuten goldbraun frittieren.

4 Auf Küchenpapier abtropfen lassen und warm stellen, bis alle Fische frittiert sind. Auf vorgewärmten Tellern mit Zitronenscheiben garnieren und servieren.

VARIATION

Dies ist auch ein köstliches Rezept für Sardinen. Im Gegensatz zu Sprotten müssen die Sardinen jedoch zuvor geschuppt und gesäubert werden.

TIPP

Achten Sie bei Verwendung tiefgefrorener Sprotten darauf, dass die Fische vor der Zubereitung vollständig aufgetaut sind.

Gefüllter Tintenfisch in der eigenen Tinte

Für 6–8 Personen

60 Babytintenfische oder 30 Tintenfische
150 ml Olivenöl
Salz
125 ml Weißwein
4 rote Zwiebeln, gehackt
1 Knoblauchknolle, in Zehen zerteilt und geschält
2 grüne Paprika, gewürfelt
2 Tomaten, in Scheiben geschnitten
125 ml Rotwein
125 ml Wasser
frisch gehackter Schnittlauch, zum Garnieren

1 Eine Schüssel mit etwas kaltem Wasser füllen. Die Tintenfische säubern: den Körper festhalten und vorsichtig den Kopf mitsamt den Innereien herausziehen. Den Tintensack herauslösen und in die Schüssel mit dem Wasser legen. Die Tentakel vom Kopf abtrennen, den Schnabel herausdrücken und die Saugnäpfe mit einem scharfen Messer abschaben. Die Tentakel hacken. Die Tuben abspülen und die Haut abreiben. Die Tuben mit den Tentakeln füllen.

1

2 4 Esslöffel Olivenöl in einer gusseisernen Pfanne erhitzen. Den Tintenfisch salzen und in der Pfanne, ggf. portionsweise, abgedeckt bei schwacher Hitze unter gelegentlichem Wenden 5 Minuten rundherum goldbraun braten. Herausnehmen und gut abtropfen lassen.

2

3 Tintensäcke und Weißwein im Mixer glatt verarbeiten. Beiseite stellen.

4 4 Esslöffel Olivenöl in einer anderen Pfanne erhitzen. Die Zwiebeln darin bei schwacher Hitze unter gelegentlichem Rühren 5 Minuten andünsten. Knoblauch und Paprika zufügen und abgedeckt 15–20 Minuten sehr weich dünsten. Tomaten unterrühren, dann die Tintenmischung zugießen. Alles gut durchrühren, dann aus der Pfanne in einen Schmortopf gießen.

5 Den Tintenfisch in die Pfanne geben und im Bratensatz auf dem Boden der Pfanne wenden, dann in den Schmortopf legen. Die Pfanne mit Rotwein ablöschen. Wasser zugießen, bei schwacher Hitze köcheln lassen und durch Rühren den restlichen Bratensatz vom Boden lösen. Diese Flüssigkeit über den Tintenfisch im Schmortopf geben.

6 Den Tintenfisch in der Sauce abgedeckt bei schwacher Hitze 1 Stunde schmoren lassen. Sofort mit Schnittlauch bestreut servieren oder beiseite stellen und zum Servieren auf kleiner Stufe wieder erhitzen.

Tintenfisch-Bohnensalat

Für 6 Personen

500 g küchenfertige Tintenfische
3 Knoblauchzehen, gehackt
300 ml trockener Rotwein
Salz und Pfeffer
500 g Frühkartoffeln, ungeschält
225 g grüne Bohnen, in kurze Stücke geschnitten
4 EL Olivenöl
1 EL Rotweinessig

1 Backofen auf 180 °C vorheizen. Die Tintenfische mit einem scharfen Messer in 1 cm breite Ringe schneiden und in eine Auflaufform legen. Mit der Hälfte Knoblauch bestreuen. Rotwein darüber gießen und mit Salz und Pfeffer würzen. Mit Alufolie abgedeckt im Ofen 45–50 Minuten backen, bis sich der Tintenfisch mit einer Messerspitze einstechen lässt.

2 Unterdessen die Kartoffeln in einem Topf mit leicht gesalzenem Wasser 15–20 Minuten weich kochen. Abgießen und leicht abkühlen lassen. In dicke Scheiben schneiden und in eine große Schüssel geben.

3 Bohnen in einem anderen Topf mit leicht gesalzenem Wasser 10 Minuten weich kochen. Abgießen und zu den Kartoffeln geben. Den Tintenfisch abgießen und ebenfalls zufügen.

4 Olivenöl, Essig und den restlichen Knoblauch in einer Schüssel verquirlen. Mit Salz und Pfeffer würzen. Das Dressing über den Salat geben und unterheben. Salat auf 6 Teller verteilen und warm servieren.

VARIATION

In Schritt 3 zusätzlich 2 Esslöffel Pinienkerne und/oder 4 in Streifen geschnittene getrocknete Tomaten zugeben.

Krebsfleisch mit Mandeln

Für 4 Personen

450 g Krebsfleisch, frisch, aus der Dose oder Tiefkühlware aufgetaut
100 g Butter
75 g gehobelte Mandeln
Salz und Pfeffer
125 g Crème double
1 EL frisch gehackte Petersilie

1 Das Krebsfleisch verlesen, um Knorpel oder Schalenreste zu entfernen. Die Hälfte der Butter in einer Pfanne zerlassen. Das Krebsfleisch darin bei mittlerer Hitze unter gelegentlichem Rühren 10 Minuten anbraten. Vom Herd nehmen und beiseite stellen.

2 Die restliche Butter in einer anderen Pfanne zerlassen. Die Mandeln darin bei schwacher Hitze unter gelegentlichem Rühren 5 Minuten goldbraun rösten.

3 Die Mandeln unter das Krebsfleisch mischen. Mit Salz und Pfeffer würzen. Crème double und Petersilie unterrühren und aufkochen. Die Hitze herunterschalten und alles 3 Minuten köcheln lassen. In eine vorgewärmte Schale füllen und sofort servieren.

TIPP

Diese Tapa alternativ in Ramequin-Formen oder gesäuberte Jakobsmuschelschalen füllen und kurz unter dem Grill überbacken. Dazu Baguette reichen.

1

2

3

Spitzpaprika mit Krebssalatfüllung

Ergibt 16 Stück

16 Pimientos del Piquillo, abgetropft, oder frisch geröstete Spitzpaprika, ohne Deckel (s. Tipp)
frisch gehackte Petersilie, zum Garnieren

KREBSSALAT
250 g Krebsfleisch aus der Dose, abgetropft und ausgedrückt
1 rote Paprika, gegrillt, gehäutet (s. S. 330) und gewürfelt
2 EL frisch gepresster Zitronensaft
Salz und Pfeffer
350 g Frischkäse

1 Zuerst den Krebssalat zubereiten. Dafür das Krebsfleisch verlesen, um Schalenreste zu entfernen. Die Hälfte Krebsfleisch, die Paprikawürfel, 1½ Esslöffel Zitronensaft sowie Salz und Pfeffer im Mixer gut mischen. In eine Schüssel geben. Frischkäse und das restliche Krebsfleisch unterrühren. Abschmecken und ggf. den restlichen Zitronensaft zufügen.

2 Die Pimientos del Piquillo trockentupfen und alle Kerne entfernen. Die Pimientos großzügig löffelweise mit der Krebsmasse füllen. Auf einer großen Platte oder mehreren Tellern anrichten und abgedeckt bis zum Servieren kalt stellen. Kurz vor dem Servieren mit Petersilie bestreuen.

1

2

TIPP

Falls Pimientos del Piquillo nicht erhältlich sind und Sie die Paprika selbst rösten, bevorzugt Spitzpaprika verwenden. Sollten Sie nur Gemüsepaprika bekommen können, schneiden Sie diese in 4–6 Spalten und richten den Krebssalat auf den Spalten an.

Ausgebackene Garnelen mit Koriander-Dip

Für 4 Personen

12 rohe große Garnelen
1 Ei
125 ml Wasser
100 g Mehl
1 TL Cayennepfeffer
Pflanzenöl, zum Frittieren
Orangenspalten, zum Garnieren

KORIANDER-DIP

1 großes Bund Koriander, grob gehackt
3 Knoblauchzehen, gehackt
2 EL Tomatenmark
2 EL Zitronensaft
1 EL abgeriebene Zitronenschale
1½ EL Zucker
1 TL gemahlener Kreuzkümmel
5 EL Olivenöl

1 Für den Korianderdip Koriander, Knoblauch, Tomatenmark, Zitronensaft, Zitronenschale, Zucker und Kreuzkümmel im Mixer gut mischen. Bei laufendem Gerät langsam das Olivenöl zugießen und vollständig einarbeiten. Den Dip in eine Schale füllen und bis zum Servieren mit Frischhaltefolie abgedeckt kalt stellen.

2 Die Köpfe der Garnelen abdrehen. Die Garnelen auslösen, Schwanzenden dabei intakt lassen. Am Rücken einschneiden und den dunklen Darmfaden entfernen. Kalt abspülen und mit Küchenpapier trockentupfen.

3 Ei und Wasser in einer kleinen Schüssel verquirlen. Nach und nach Mehl und Cayennepfeffer hineinsieben und jeweils gut glatt rühren.

4 Pflanzenöl in einer Fritteuse oder einem Topf auf 180–190 °C erhitzen (ein Brotwürfel sollte in 30 Sekunden braun werden). Die Garnelen am Schwanzende anfassen und einzeln in den Teig tauchen, überschüssigen Teig abschütteln. Die Garnelen in das heiße Öl geben und 2–3 Minuten knusprig ausbacken. Mit einem Schaumlöffel herausnehmen und auf Küchenpapier gut abtropfen lassen. Sofort mit Orangenspalten garniert servieren. Den Korianderdip dazu reichen.

VARIATION

Die ausgebackenen Garnelen schmecken auch köstlich mit Chilisauce (s. S. 267).

1

2

3

Knoblauchgarnelen mit Zitrone und Petersilie

Für 6 Personen

60 rohe Riesengarnelen, Tiefkühlware aufgetaut
150 ml Olivenöl
6 Knoblauchzehen, in dünne Scheiben geschnitten
3 getrocknete scharfe rote Chillies (nach Belieben)
6 EL frisch gepresster Zitronensaft
6 EL frische, fein gehackte Petersilie
Baguette, zum Servieren

1 Garnelen auslösen, Kopf und Darmfaden entfernen, Schwanzenden intakt lassen. Abspülen und trockentupfen.

2 Olivenöl in einer großen tiefen Pfanne erhitzen. Knoblauch und ggf. Chillies hineingeben und unter ständigem Rühren erhitzen, bis sie zischend zu braten beginnen. Die Garnelen zufügen und so lange weiterbraten, bis sie rosa werden und sich zu krümmen beginnen.

TIPP

Zum Entfernen des Darmfadens die Garnelen am Rücken entlang vom Kopf bis zum Schwanz leicht einschneiden und dann den dünnen schwarzen Darm herausziehen.

3 Die Garnelen mit einem Schaumlöffel herausnehmen und in vorgewärmte Schalen geben. Mit Zitronensaft beträufelt und mit Petersilie bestreut servieren. Dazu viel Brot zum Auftunken der Ölsauce reichen.

Riesengarnelen mit Knoblauch

Für 4 Personen

125 ml Olivenöl
4 Knoblauchzehen, fein gehackt
2 frische scharfe rote Chillies, gehackt
450 g gekochte Riesengarnelen, ausgelöst
2 EL frisch gehackte glatte Petersilie
Salz und Pfeffer
Zitronenspalten, zum Garnieren
Baguette, zum Servieren

TIPP

Bei Verwendung roher Garnelen die Bratzeit auf 5–6 Minuten verlängern, bis die Garnelen gar und leuchtend rosa sind. Bei Tiefkühlware darauf achten, dass die Garnelen vor dem Braten vollständig aufgetaut sind.

1 Olivenöl in einer gusseisernen Pfanne oder im Wok auf kleiner Stufe erhitzen. Knoblauch und Chillies darin unter gelegentlichem Rühren 1–2 Minuten weich dünsten.

2 Die Garnelen zufügen und 2–3 Minuten unter Rühren anbraten, bis sie heiß und gut mit dem Knoblauchöl benetzt sind.

3 Den Herd ausschalten. Petersilie zu den Garnelen geben und gut untermischen. Nach Geschmack mit Salz und Pfeffer würzen.

4 Die Garnelen und das Knoblauchöl auf 4 vorgewärmte Teller verteilen und mit Zitronenspalten garniert servieren. Dazu viel Baguette reichen.

1

2

3

Garnelen mit Safrandressing

Für 6–8 Personen

1 große Prise Safranfäden
2 EL warmes Wasser
175 ml Mayonnaise
2 EL geriebene Zwiebel
4 EL Zitronensaft
1 TL Dijon-Senf
Salz und Pfeffer
1 kg gekochte Garnelen
1 Romanasalat-Herz, in Blätter zerteilt
4 Tomaten, in Spalten geschnitten
8 schwarze Oliven

1

1 Safran und Wasser in einer kleinen Schüssel verrühren. Mayonnaise, geriebene Zwiebel, Zitronensaft und Senf in einer anderen Schüssel vorsichtig vermischen. Mit Salz und Pfeffer abschmecken, dann das Safranwasser einrühren. Mit Frischhaltefolie abgedeckt bis zum Servieren kalt stellen.

2

2 Die Köpfe der Garnelen abdrehen und die Garnelen auslösen. Am Rücken einschneiden und den dunklen Darmfaden entfernen. Die Garnelen abspülen und trockentupfen.

3

3 Salatblätter auf einer großen Platte oder auf Serviertellern anrichten. Die Garnelen darauf geben und die Tomaten und Oliven darüber verteilen. Mit Safrandressing servieren.

Pikante Sherry-Garnelen

Für 4 Personen

12 rohe große Garnelen

2 EL Olivenöl

2 EL trockener Sherry

1 Prise Cayennepfeffer oder
1 Spritzer Tabasco

Salz und Pfeffer

1 Die Köpfe der Garnelen abdrehen. Die Garnelen auslösen, die Schwanzenden intakt lassen. Am Rücken entlang einschneiden und den dunklen Darmfaden entfernen. Die Garnelen abspülen und trockentupfen.

2 Olivenöl in einer gusseisernen Pfanne erhitzen. Die Garnelen darin bei mittlerer Hitze unter gelegentlichem Rühren 2–3 Minuten rosarot anbraten. Mit Sherry ablöschen. Mit Cayennepfeffer, Salz und Pfeffer abschmecken.

3 Den Inhalt der Pfanne in eine flache Schale geben und jede Garnele auf einen Zahnstocher stecken. Sofort servieren.

2

3

Safrangarnelen mit Zitronenmayonnaise

Für 6–8 Personen

1,25 kg rohe Riesengarnelen
125 g Mehl
125 ml helles Bier
2 EL Olivenöl
1 Prise Safranpulver
2 Eiweiß
Pflanzenöl, zum Frittieren

ZITRONENMAYONNAISE
4 Knoblauchzehen
Meersalz und Pfeffer
2 Eigelb
1 EL Zitronensaft
1 EL fein abgeriebene Zitronenschale
300 ml Maiskeimöl

1 Für die Mayonnaise die Knoblauchzehen auf ein Brett legen, mit etwas Meersalz bestreuen und mit einer breiten Messerklinge flach drücken. Fein hacken und erneut flach drücken.

TIPP
Diese Mayonnaise passt zu allen gebratenen Fischgerichten, z. B. auch zu Tintenfisch, Sardinen oder frittierten Miesmuscheln.

2 Den Knoblauch in den Mixer geben. Eigelb, Zitronensaft und Zitronenschale zufügen. Kurz mischen. Bei laufendem Gerät langsam das Maisöl zugießen und vollständig einarbeiten. Die Mayonnaise in eine Schale füllen, mit Salz und Pfeffer abschmecken und bis zum Servieren abgedeckt kalt stellen.

3 Die Köpfe der Garnelen abdrehen. Die Garnelen auslösen, die Schwanzenden intakt lassen. Am Rücken entlang einschneiden und den dunklen Darmfaden entfernen. Die Garnelen kalt abspülen und mit Küchenpapier trockentupfen.

4 Mehl in eine Schüssel sieben. Bier, Öl und Safran in einem Krug mischen und nach und nach in das Mehl einrühren. Abgedeckt bei Zimmertemperatur 30 Minuten ruhen lassen.

5 Das Eiweiß in einer sehr sauberen, fettfreien Schüssel steif schlagen. Den Eischnee vorsichtig unter den Teig heben.

6 Öl in einer Fritteuse oder einem großen Topf auf 180–190 °C erhitzen (ein Brotwürfel sollte in 30 Sekunden braun werden). Die Garnelen am Schwanzende anfassen und einzeln in den Teig tauchen, überschüssigen Teig abschütteln. Im heißen Öl 2–3 Minuten knusprig frittieren. Mit einem Schaumlöffel herausnehmen und auf Küchenpapier gut abtropfen lassen. Sofort mit der Mayonnaise servieren.

Garnelentäschchen

Für 8–10 Personen

- 225 g Mehl, plus etwas mehr zum Bestäuben
- Salz und Pfeffer
- 225 g Butter
- 150 ml Eiswasser
- 1 TL Zitronensaft
- 250 ml Milch
- frisch geriebene Muskatnuss
- 1 Lorbeerblatt
- 450 g kleine gekochte Garnelen, ausgelöst
- 1 hart gekochtes Ei, geschält und gehackt
- 1 EL Paprikapulver
- 1 Prise Cayennepfeffer
- 1 EL frisch gehackte Petersilie
- Pflanzenöl, zum Frittieren

1 200 g Mehl und 1 Prise Salz in eine Schüssel geben. 50 g Butter zufügen und mit den Fingern einarbeiten, sodass eine krümelige Mischung entsteht. Eiswasser und Zitronensaft zufügen und alles zu einem Teig verarbeiten. Leicht durchkneten, zu einer Kugel formen und abgedeckt 15 Minuten kalt stellen. 150 g Butter zwischen 2 Lagen Backpapier zu einem 5 mm dicken Rechteck ausrollen.

2 Den Teig auf einer leicht bemehlten Arbeitsfläche ebenfalls zu einem 5 mm dicken Rechteck ausrollen. Die Butterplatte in die Mitte legen. Das obere und das untere Teigdrittel über die Mitte falten. In Frischhaltefolie eingewickelt 10 Minuten kalt stellen.

2

3 Den Teig mit einer gefalteten Kante nach vorne auf eine leicht bemehlte Arbeitsfläche legen. 5 mm dick ausrollen, dann erneut in Dritteln falten. Einwickeln und 15 Minuten kalt stellen. Das Ausrollen und Falten noch zwei weitere Male wiederholen.

4 Unterdessen die restliche Butter in einem Topf zerlassen. Das restliche Mehl zufügen und unter ständigem Rühren 2 Minuten goldgelb anschwitzen. Vom Herd nehmen und langsam die Milch einrühren. Zurück auf den Herd stellen und unter ständigem Rühren aufkochen und eindicken lassen. Auf sehr kleine Stufe herunterschalten. Mit Salz, Pfeffer und Muskat würzen und das Lorbeerblatt zugeben. Vom Herd nehmen und abkühlen lassen.

5 Garnelen und Ei in einer Schüssel mischen. Die Sauce unterziehen. Paprikapulver, Cayennepfeffer und Petersilie unterrühren.

6 Den Teig zu einem 5 mm dicken Rechteck ausrollen und in 7,5 cm große Quadrate schneiden. Je 1 Teelöffel Garnelenmischung auf die Quadrate setzen. Den Teig am Rand mit Wasser bestreichen, zu Dreiecken zusammenfalten und am Rand andrücken.

6

7 Öl in einer Fritteuse oder einem Topf auf 180–190 °C erhitzen (ein Brotwürfel sollte in 30 Sekunden braun werden). Die Teigtäschchen darin portionsweise 2 Minuten goldbraun frittieren. Mit einem Schaumlöffel herausnehmen und auf Küchenpapier abtropfen lassen. Heiß servieren.

Chiligarnelen

Für 6 Personen

500 g rohe Riesengarnelen

1 kleine frische rote Chili

6 EL Olivenöl

2 Knoblauchzehen, fein gehackt

1 Prise Paprikapulver

Salz

Baguette, zum Servieren

1 Die Köpfe der Garnelen abdrehen. Die Garnelen auslösen, die Schwanzenden intakt lassen. Am Rücken entlang einschneiden und den dunklen Darmfaden entfernen. Die Garnelen kalt abspülen und mit Küchenpapier trockentupfen.

1

2 Die Chili längs halbieren, entkernen und fein hacken.

3 Öl in einer gusseisernen Pfanne recht stark erhitzen. Den Knoblauch darin 30 Sekunden anbraten. Garnelen, Chili, Paprikapulver und 1 Prise Salz zufügen und unter ständigem Rühren 2–3 Minuten braten, bis die Garnelen rosa sind und sich krümmen.

4 Sofort sehr heiß in der Pfanne servieren. Dazu Zahnstocher zum Aufspießen der Garnelen und Baguettestücke zum Auftunken des Öls reichen.

TIPP

Beim Hacken der Chillies entweder Handschuhe tragen oder die Hände danach sehr gründlich waschen, da die Chilisäfte die Schleimhäute um Augen, Nase oder Mund reizen können. Nach Berühren einer geschnittenen Chili nie die Augen reiben!

Apfelwein-Jakobsmuscheln

Für 4–5 Personen

1 l trockener Apfelwein (Cidre)
4 EL Zitronensaft
Salz und Pfeffer
20 ausgelöste Jakobsmuscheln
75 g Butter
2 EL Mehl
250 g saure Sahne
125 g Champignons

1

2

4

1 Den Backofen auf 110 °C vorheizen. Apfelwein und Zitronensaft in einen großen flachen Topf geben und mit Salz und Pfeffer würzen. Die Jakobsmuscheln hineingeben und 10 Minuten gar pochieren. Die Muscheln mit einem Schaumlöffel in eine Auflaufform legen. 30 g Butter in kleinen Stücken darauf setzen. Mit Alufolie abgedeckt im Ofen warm stellen.

2 Den Muschelsud aufkochen und auf die Hälfte einkochen lassen. 30 g Butter und das Mehl mit einer Gabel zu einer Paste mischen. Die Mehlpaste nach und nach in den Sud einrühren und eindicken lassen. Saure Sahne unterziehen und 5–10 Minuten köcheln lassen.

TIPP

Obgleich wir bei Spanien meist an Wein oder Sherry denken, wird in dem Land auch viel *sidra* (Apfelwein) produziert, der für die Zubereitung von Meeresfrüchten ebenso beliebt ist wie als Getränk.

3 Die Sauce abschmecken. Jakobsmuscheln aus dem Backofen nehmen, in die Sauce geben und alles 2–3 Minuten erhitzen.

4 Unterdessen die restliche Butter in einer kleinen Pfanne zerlassen. Die Champignons darin bei schwacher Hitze unter häufigem Rühren 2–3 Minuten andünsten. Zu den Jakobsmuscheln in die Sauce geben. Auf Tellern anrichten und servieren.

Jakobsmuscheln mit Serrano-Schinken

Für 4 Personen

2 EL Zitronensaft
3 EL Olivenöl
2 Knoblauchzehen, fein gehackt
1 EL frisch gehackte Petersilie
12 ausgelöste Jakobsmuscheln, bevorzugt mit Rogensack (Corail)
16 dünne Scheiben Serrano-Schinken
Pfeffer

1 Zitronensaft, Olivenöl, Knoblauch und Petersilie in einer Schüssel verrühren. Corail und Muschelfleisch trennen, beides in die Marinade geben und umrühren. Mit Frischhaltefolie abgedeckt bei Zimmertemperatur 20 Minuten marinieren.

2 Den Backofengrill vorheizen. Die Muscheln abtropfen lassen, die Marinade aufbewahren. Eine Schinkenscheibe fälteln und auf einen Metallspieß stecken, gefolgt von weißem Muschelfleisch, einem Corail und einem zweiten Schinkenknäuel. Auf diese Weise insgesamt 4 Spieße zubereiten.

3 Unter dem Backofengrill auf mittlerer Schiene 5 Minuten braten, bis die Muscheln gar sind und der Schinken knusprig ist. Dabei häufig wenden und mit Marinade bestreichen.

4 Auf vorgewärmte Teller geben und mit Pfeffer bestreuen. Mit dem Bratensaft aus der Grillpfanne beträufelt servieren.

TIPP

Zitronensaft aus der Flasche ist zwar praktisch für Notfälle, doch frisch gepresster Zitronensaft hat deutlich mehr Aroma. Für eine maximale Saftausbeute sollten Zitrusfrüchte zimmerwarm sein und vor dem Auspressen einige Male mit leichtem Druck auf der Arbeitsplatte hin- und hergerollt werden.

1

2

3

Jakobsmuscheln mit Cabrales

Für 4–6 Personen

4 EL Olivenöl
3 EL Orangensaft
2 TL Haselnussöl
Salz und Pfeffer
24 ausgelöste Jakobsmuscheln
Salatblätter (nach Belieben)
175 g Cabrales oder anderer Blauschimmelkäse, zerbröckelt
2 EL frisch gehackter Dill

1 3 Esslöffel Olivenöl, Orangensaft und Haselnussöl in einem Krug verrühren und mit Salz und Pfeffer würzen.

2 Restliches Olivenöl in einer Pfanne erhitzen. Die Jakobsmuscheln darin bei starker Hitze auf jeder Seite 1 Minute goldbraun braten.

3 Die Muscheln auf einem Bett aus Salatblättern oder pur auf Tellern anrichten. Mit Käse und Dill bestreuen und mit dem Dressing beträufeln. Warm servieren.

TIPP

Das Fleisch von Jakobsmuscheln lässt sich leichter aus den Schalen lösen, wenn man die Muscheln zunächst mit der flachen Seite nach oben einige Minuten bei 150 °C in den Backofen legt. Die Schalen öffnen sich dadurch ein wenig, und die Muscheln lassen sich leichter mit einer Klinge aufbrechen.

Jakobsmuscheln in Orangensaft

Für 6 Personen

Mehl, zum Bestäuben
30 ausgelöste Jakobsmuscheln, bevorzugt mit Rogensack (Corail)
4 EL Olivenöl
Salz und Pfeffer
125 ml frisch gepresster Orangensaft
frische Petersilienzweige, zum Garnieren

1 Mehl auf einem flachen Teller verteilen. Jeweils einige Jakobsmuscheln gut darin wenden, überschüssiges Mehl abschütteln.

2 Olivenöl in einer gusseisernen Pfanne erhitzen. Die Jakobsmuscheln darin unter einmaligem Wenden 2 Minuten braten. Mit Salz und Pfeffer würzen. Orangensaft zugießen und 2 Minuten köcheln lassen.

3 Die Muscheln auf vorgewärmte Teller geben und mit Petersilie garniert sofort servieren.

TIPP

Tiefgefrorene Jakobsmuscheln vor der Zubereitung ganz auftauen lassen – frische Muscheln sind jedoch viel aromatischer als Tiefkühlware. Nicht zu lange garen, da Jakobsmuscheln leicht zäh werden.

Jakobsmuscheln in Safransauce

Für 8 Personen

150 ml trockener Weißwein
150 ml Fischfond
einige Safranfäden
900 g ausgelöste große Jakobsmuscheln
Salz und Pfeffer
3 EL Olivenöl
1 kleine Zwiebel, fein gehackt
2 Knoblauchzehen, fein gehackt
150 g Crème double
1 Spritzer Zitronensaft
frisch gehackte glatte Petersilie plus einige Zweige, zum Garnieren
Baguette, zum Servieren

1 Wein, Fischfond und Safran in einem Topf aufkochen. Den Herd herunterschalten und die Mischung abgedeckt 15 Minuten köcheln lassen.

2 Unterdessen die Jakobsmuscheln vom zähen weißen Schließmuskel, der gegenüber dem Corail (Rogen) liegt, befreien. Den Rogensack vom Muschelfleisch trennen und beides senkrecht in dicke Scheiben schneiden. Mit Küchenpapier gut trockentupfen und mit Salz und Pfeffer würzen.

3 Das Olivenöl in einer gusseisernen Pfanne erhitzen. Die Zwiebel und den Knoblauch darin 5 Minuten glasig dünsten und leicht bräunen. Die Muschelscheiben zufügen und unter gelegentlichem Rühren bei mittlerer Hitze 5 Minuten braten, bis sie milchig weiß werden. Wichtig: Die Muscheln nicht zu lange garen, da sie sonst zäh werden.

4 Die Muscheln mit einem Schaumlöffel aus der Pfanne nehmen und auf einen vorgewärmten Teller legen. Den Safranfond in die Pfanne geben, aufkochen und sprudelnd auf die Hälfte einkochen lassen. Die Hitze reduzieren und nach und nach die Crème double einrühren. Leicht köcheln und eindicken lassen.

5 Die Muscheln zurück in die Pfanne geben und 1–2 Minuten erhitzen. Zitronensaft zugeben und mit Salz und Pfeffer abschmecken. Das Gericht heiß mit Petersilie garniert servieren. Dazu Baguettescheiben oder -stücke zum Auftunken der Safransauce reichen.

Überbackene Jakobsmuscheln

Für 4 Personen

700 g ausgelöste Jakobsmuscheln, klein geschnitten
2 Zwiebeln, fein gehackt
2 Knoblauchzehen, fein gehackt
3 EL frisch gehackte Petersilie
1 Prise frisch geriebene Muskatnuss
1 Prise Gewürznelkenpulver
Salz und Pfeffer
2 EL frische Semmelbrösel
2 EL Olivenöl

TIPP

Dieses Tapas-Gericht sieht besonders hübsch aus, wenn man es in den Muschelschalen serviert (bei guten Fischhändlern erhältlich). Es stammt aus der Pilgerstadt Santiago de Compostela, die dem Heiligen Jakob gewidmet ist und dessen Symbol die Jakobsmuschel ist.

1 Den Backofen auf 200 °C vorheizen. Jakobsmuscheln, Zwiebeln, Knoblauch, 2 Esslöffel Petersilie, Muskat und Nelkenpulver in einer Schüssel mischen. Mit Salz und Pfeffer würzen.

2 Die Mischung auf 4 gesäuberte Jakobsmuschelschalen oder 4 Ramequin-Formen verteilen. Mit Semmelbröseln und der restlichen Petersilie bestreuen und alles mit Olivenöl beträufeln.

3 Im vorgeheizten Backofen 15–20 Minuten goldbraun backen und sofort servieren.

Katalanische Miesmuscheln

Für 4 Personen

2 kg Miesmuscheln, abgebürstet und Bärte entfernt
5 EL Olivenöl
2 Zwiebeln, gehackt
2 Knoblauchzehen, fein gehackt
4 große Tomaten, geschält, entkernt (s. Tipp S. 421) und fein gewürfelt
1 Lorbeerblatt
1 EL Weinbrand
½ TL Paprikapulver
Salz und Pfeffer
Baguette, zum Servieren

TIPP

Achten Sie beim Kauf von Miesmuscheln auf einen frischen, salzigen Geruch und unbeschädigte Schalen. Meiden Sie schwere Muscheln, da diese voll Sand sein können, ebenso wie sehr leichte Muscheln, da diese oft tot sind.

1 Muscheln mit zerbrochenen Schalen sowie Muscheln, die sich auf kräftiges Klopfen mit der Rückseite eines Messers hin nicht sofort schließen, aussortieren.

2 Olivenöl in einer gusseisernen Pfanne oder einem Schmortopf erhitzen. Zwiebel und Knoblauch darin auf kleiner Stufe unter gelegentlichem Rühren 5 Minuten glasig dünsten. Die Tomaten und das Lorbeerblatt zugeben und unter gelegentlichem Rühren 5 Minuten köcheln lassen.

3 Weinbrand und Paprikapulver untermischen und mit Salz und Pfeffer würzen. Die Hitze erhöhen und die Muscheln in den Topf geben. Abgedeckt unter gelegentlichem Rütteln des Topfes 5 Minuten kochen, bis sich die Muscheln geöffnet haben. Lorbeerblatt und nicht geöffnete Muscheln entfernen. Die Muscheln in eine vorgewärmte Schale geben und die Sauce darüber gießen. Entweder sofort servieren oder abkühlen lassen. Dazu Baguette reichen.

Gratinierte Miesmuscheln

Für 4–6 Personen

500 g Miesmuscheln
175 ml Wasser
4 EL Olivenöl
1 Knoblauchzehe, fein gehackt
2 EL frisch gehackte Petersilie
75 g frische Semmelbrösel
1 Tomate, geschält (s. Tipp S. 421) und gewürfelt

1 Die Miesmuscheln kalt abbürsten und die Bärte entfernen. Muscheln mit zerbrochenen Schalen sowie Muscheln, die sich auf kräftiges Klopfen mit der Rückseite eines Messers hin nicht sofort schließen, aussortieren.

2 Muscheln und Wasser in einem Topf aufkochen. Abgedeckt bei starker Hitze unter gelegentlichem Rütteln des Topfes 3–5 Minuten kochen, bis sich die Muscheln geöffnet haben. Nicht geöffnete Muscheln aussortieren.

3 Die leeren Muschelhälften wegwerfen. Aus den anderen Muschelhälften das Fleisch auslösen, diese Schalen beiseite stellen. Muschelfleisch, Olivenöl, Knoblauch und Petersilie in einer Schüssel mischen. Mit Klarsichtfolie abgedeckt 30 Minuten kalt stellen.

TIPP

Die etwas größeren, bräunlichen Mittelmeer-Miesmuscheln sind für dieses Rezept ideal, doch ersatzweise sind auch die schwarzen Nordsee-Miesmuscheln gut geeignet.

4 Den Backofen auf 220 °C vorheizen. Semmelbrösel und Tomate in einer anderen Schüssel mischen. Das Muschelfleisch zurück in die aufbewahrten Schalenhälften geben und nebeneinander in eine Auflaufform legen. Die Semmelbröselmischung auf die Muscheln verteilen und im Backofen 5 Minuten goldbraun überbacken. Sofort servieren.

2

3

4

Marinierte Chili-Miesmuscheln

Für 6–8 Personen

1 kg Miesmuscheln
1 Zitrone, in Scheiben geschnitten
2 Knoblauchzehen, fein gehackt
175 ml Weißwein
125 ml Olivenöl
3 EL Zitronensaft
1 EL Dijon-Senf
2 TL Zucker
1 frische rote Chili, entkernt und fein gehackt
2 EL frisch gehackte Petersilie
1 EL Kapern, abgetropft und gehackt
grobes Salz oder zerstoßenes Eis, zum Servieren (nach Belieben)

VARIATION

Für eine luxuriöse Variante anstelle der Miesmuscheln Austern verwenden. Zum Garen die Austern aufbrechen, aus den Schalen lösen und in einen Topf geben, die Muschelflüssigkeit durch ein Sieb zufügen. Bei schwacher Hitze gar pochieren, dann wie im Rezept angegeben fortfahren.

1 Die Miesmuscheln kalt abbürsten und die Bärte entfernen. Muscheln mit zerbrochenen Schalen sowie Muscheln, die sich auf kräftiges Klopfen mit der Rückseite eines Messers hin nicht sofort schließen, aussortieren.

2 Zitrone, Knoblauch und Wein in einem gusseisernen Topf aufkochen. Die Muscheln zugeben und abgedeckt bei starker Hitze unter gelegentlichem Rütteln des Topfes 3–5 Minuten kochen, bis sich die Muscheln geöffnet haben. Nicht geöffnete Muscheln aussortieren.

3 Die leeren Muschelhälften wegwerfen. Aus den anderen Muschelhälften das Fleisch auslösen, diese Schalen beiseite stellen. Olivenöl, Zitronensaft, Senf, Zucker, Chili, Petersilie und Kapern in einer großen Schüssel mischen. Das Muschelfleisch zugeben und umrühren. Mit Frischhaltefolie abgedeckt bis zu 24 Stunden im Kühlschrank marinieren.

4 Zum Servieren die Muscheln zurück in die aufbewahrten Schalen geben. Nach Belieben auf einem Bett aus grobem Salz oder zerstoßenem Eis anrichten. Die Marinade über die Muscheln träufeln und servieren.

Miesmuscheln mit Knoblauchbutter

Für 8 Personen

800 g Miesmuscheln
1 Schuss trockener Weißwein
1 Lorbeerblatt
75 g Butter
350 g frische Semmelbrösel
4 EL frisch gehackte glatte Petersilie, plus einige Zweige zum Garnieren
2 EL frisch gehackter Schnittlauch
2 Knoblauchzehen, fein gehackt
Salz und Pfeffer
Zitronenspalten, zum Servieren

1 Die Miesmuscheln abbürsten und die Bärte entfernen. Muscheln mit zerbrochenen Schalen sowie Muscheln, die sich auf kräftiges Klopfen mit der Rückseite eines Messers hin nicht sofort schließen, aussortieren. Die Muscheln in ein Sieb geben und kalt abspülen.

2 Muscheln, Wein und Lorbeerblatt in einen großen Topf geben. Abgedeckt bei starker Hitze unter gelegentlichem Rütteln des Topfes kochen, bis sich die Muscheln geöffnet haben. Abgießen und nicht geöffnete Muscheln aussortieren.

3 Das Muschelfleisch auslösen und in eine Muschelschalenhälfte legen (die anderen Schalenhälften wegwerfen). Die Muscheln nebeneinander in eine große Auflaufform legen.

4 Die Butter zerlassen und in eine Schüssel geben. Semmelbrösel, Petersilie, Schnittlauch und Knoblauch sowie Salz und Pfeffer zufügen und gut mischen. Ruhen lassen, bis die Butter leicht fest wird. Mit den Fingern oder 2 Teelöffeln je 1 Portion Semmelbröselmischung auf die Muscheln geben und gut andrücken. Bis kurz vor dem Servieren kalt stellen.

5 Den Backofen auf 230 °C vorheizen. Die Miesmuscheln im Ofen 10 Minuten erhitzen. Sofort mit Petersilienzweigen garniert servieren. Dazu Zitronenspalten zum Beträufeln reichen.

Frittierte Miesmuscheln mit Chilidressing

Für 6–8 Personen

4 EL Olivenöl
2 EL Weißweinessig
1 EL frisch gehackte Petersilie
1–2 frische rote Chillies, fein gehackt
1 frische grüne Chili, fein gehackt
½ TL Zucker
1 kg Miesmuscheln
175 ml Wasser
50 g Instant-Polenta
Pflanzenöl, zum Frittieren

1 Olivenöl, Essig, Petersilie, Chillies und Zucker in einer Schüssel verrühren. Mit Frischhaltefolie abgedeckt bis zum Servieren kalt stellen.

2 Die Miesmuscheln kalt abbürsten und die Bärte entfernen. Muscheln mit zerbrochenen Schalen sowie Muscheln, die sich auf kräftiges Klopfen mit der Rückseite eines Messers hin nicht sofort schließen, aussortieren.

3 Muscheln und Wasser in einem Topf aufkochen. Abgedeckt bei starker Hitze unter gelegentlichem Rütteln des Topfes 3–5 Minuten kochen, bis sich die Muscheln geöffnet haben. Nicht geöffnete Muscheln aussortieren.

4 Das Muschelfleisch auslösen, die Schalen wegwerfen. Die Polenta auf einem flachen Teller verteilen. Die Muscheln in kleinen Portionen mit der Polenta panieren, überschüssige Polenta abschütteln.

5 Öl in einer Fritteuse oder einem großen Topf auf 180–190 °C erhitzen (ein Brotwürfel sollte in 30 Sekunden braun werden). Die Muscheln darin portionsweise einige Minuten goldbraun frittieren. Auf Küchenpapier abtropfen lassen. Heiß mit dem Dressing servieren.

Miesmuscheln mit Paprikasauce

Für 4–6 Personen

½ Gurke, geschält und längs halbiert
2 Zwiebeln, gehackt
2 EL frisch gehackte Petersilie
1 gelbe Paprika, gehackt
1 frische rote Chili, gehackt
Salz und Pfeffer
2 EL Olivenöl
1 EL Zitronensaft
150 ml trockener Weißwein
500 g Miesmuscheln

1 Die Gurke mit einem Teelöffel entkernen, fein hacken und in eine Schüssel geben. Je die Hälfte Zwiebeln und Petersilie, die Paprika und Chili zufügen und mit Salz und Pfeffer würzen. Olivenöl, Zitronensaft und 2 Esslöffel Wein unterrühren. Mit Frischhaltefolie abgedeckt bei Zimmertemperatur 30 Minuten ziehen lassen.

2 Die Miesmuscheln kalt abbürsten und die Bärte entfernen. Muscheln mit beschädigten Schalen sowie solche, die sich auf kräftiges Klopfen hin nicht sofort schließen, aussortieren.

TIPP

Servieren Sie diese Tapa als Teil einer Meeresfrüchte-Platte, zusammen mit Safrangarnelen mit Zitronenmayonnaise (s. S. 424), Thunfischröllchen (s. S. 402), Jakobsmuscheln mit Serrano-Schinken (s. S. 430) und frischen, mit Pfeffer bestreuten Austern in der Schale.

3 Den Rest Wein, Zwiebel und Petersilie in einem gusseisernen Topf aufkochen. Die Miesmuscheln hineingeben und abgedeckt bei starker Hitze unter gelegentlichem Rütteln des Topfes 3–5 Minuten kochen, bis sich die Muscheln geöffnet haben. Nicht geöffnete Muscheln aussortieren.

4 Die leeren Muschelschalenhälften wegwerfen. Die Muscheln (in der anderen Schalenhälfte) auf Tellern anrichten. Die Paprikasauce darüber geben und servieren.

1

2

Almejas a la plancha

Für 4–6 Personen

500 g Teppichmuscheln oder eine andere Venusmuschel-Sorte
Olivenöl, zum Bestreichen und Beträufeln
Zitronenspalten, zum Garnieren

TIPP

In Spanien werden oft auch Schwertmuscheln auf diese einfache, aber köstliche Weise zubereitet. Leider sind Schwertmuscheln andernorts nur schwer erhältlich, doch wenn Sie welche kaufen oder selbst sammeln können, sollten Sie sich den Genuss nicht entgehen lassen.

1 Die Muscheln kalt abbürsten. Muscheln mit zerbrochenen Schalen sowie Muscheln, die sich auf kräftiges Klopfen mit der Rückseite eines Messers hin nicht sofort schließen, aussortieren.

2 Eine Grillpfanne auf hoher Stufe erhitzen und mit Olivenöl ausstreichen. Die Muscheln nebeneinander hineinlegen. Sobald sie sich öffnen, die Muscheln wie abgebildet wenden. 2 Minuten braten.

3 Die Muscheln nochmals wenden und mit etwas Öl beträufeln. Auf einer Platte anrichten und den Saft aus der Pfanne darüber geben. Mit Zitronenspalten garniert sofort servieren.

2

2

3

Venusmuscheln mit dicken Bohnen

Für 4–6 Personen

4 Sardellenfilets in Öl aus der Dose, abgetropft
1 TL Salzkapern
3 EL Olivenöl
1 EL Sherry-Essig
1 TL Dijon-Senf
Salz und Pfeffer
500 g Venusmuscheln
175 ml Wasser
500 g dicke Bohnen, gepalt
2 EL frisch gehackte Kräuter, z. B. Petersilie, Schnittlauch und Minze

1 Sardellenfilets in einer kleinen Schüssel mit Wasser bedecken und 5 Minuten stehen lassen. Abgießen, mit Küchenpapier trockentupfen. Salz von den Kapern entfernen. Sardellen und Kapern im Mörser zu einer Paste zermahlen.

2 Olivenöl, Essig und Senf in einer Schüssel verquirlen. Die Sardellenpaste untermischen und mit Salz und Pfeffer abschmecken. Mit Frischhaltefolie abgedeckt bei Zimmertemperatur beiseite stellen.

1

3

4

3 Die Muscheln kalt abbürsten. Muscheln mit zerbrochenen Schalen sowie Muscheln, die sich auf kräftiges Klopfen mit der Rückseite eines Messers hin nicht sofort schließen, aussortieren. Muscheln und Wasser in einem gusseisernen Topf abgedeckt bei starker Hitze aufkochen. Unter gelegentlichem Rütteln des Topfes 3–5 Minuten kochen, bis sie sich geöffnet haben. Nicht geöffnete Muscheln aussortieren.

4 Unterdessen einen großen Topf mit leicht gesalzenem Wasser aufkochen. Dicke Bohnen hineingeben, wieder aufkochen und 5 Minuten blanchieren. Abgießen, kalt abschrecken und abtropfen lassen. Die äußeren Häute entfernen und die Bohnen in eine Schüssel geben.

5 Die Muscheln abgießen und auslösen. Zu den Bohnen geben und mit Kräutern bestreuen. Die Sardellen-Vinaigrette darüber geben und vorsichtig umrühren. Warm servieren.

Venusmuscheln in Tomaten-Knoblauch-Sauce

Für 6–8 Personen

2 hart gekochte Eier, längs halbiert
3 EL Olivenöl
1 Gemüsezwiebel, gehackt
2 Knoblauchzehen, fein gehackt
700 g Tomaten, gehäutet und gewürfelt
75 g frische Semmelbrösel
Salz und Pfeffer
1 kg Venusmuscheln
450 ml trockener Weißwein
2 EL frisch gehackte Petersilie
Zitronenspalten, zum Garnieren

1 Die 2 Eigelb mit einem Teelöffel auslösen und durch ein feines Sieb in eine Schüssel streichen. Eiweißhälften hacken und beiseite stellen.

2 Olivenöl in einer gusseisernen Pfanne erhitzen. Die Zwiebel darin auf kleiner Stufe unter gelegentlichem Rühren 5 Minuten glasig dünsten. Knoblauch zufügen und 3 Minuten andünsten. Tomaten, Semmelbrösel und Eigelb zugeben. Mit Salz und Pfeffer würzen. 10–15 Minuten köcheln lassen, dabei gelegentlich die Tomaten mit einem Holzlöffel zerdrücken, sodass eine dicke Sauce entsteht.

3 Unterdessen die Muscheln kalt abbürsten. Muscheln mit zerbrochenen Schalen sowie Muscheln, die sich auf kräftiges Klopfen mit der Rückseite eines Messers hin nicht sofort schließen, aussortieren.

4 Muscheln und Wein in einem großen Schmortopf aufkochen. Abgedeckt bei starker Hitze unter gelegentlichem Rütteln des Topfes 3–5 Minuten kochen, bis sich die Muscheln geöffnet haben. Nicht geöffnete Muscheln aussortieren.

5 Die Muscheln mit einem Schaumlöffel auf vorgewärmte Schalen verteilen. Den Sud durch ein Sieb in die Tomatensauce geben. Die Sauce gut umrühren und über die Muscheln geben. Mit dem gehackten Eiweiß und Petersilie bestreuen und mit Zitronenspalten garnieren. Sofort servieren.

Austern mit Sherry-Essig

Für 4 Personen

1 Schalotte, fein gehackt
3 EL Sherry-Essig
3 EL Rotweinessig
1 EL Zucker
Pfeffer
24 Austern
grobes Salz oder zerstoßenes Eis, zum Servieren (nach Belieben)

1 Schalotten, Sherry-Essig, Rotweinessig und Zucker in einer Schüssel mischen und kräftig mit Pfeffer würzen. Mit Frischhaltefolie abgedeckt bei Zimmertemperatur mindestens 15 Minuten ziehen lassen.

2 Unterdessen die Austern öffnen. Dafür ein Geschirrtuch als Schutz um eine Hand wickeln und damit eine Auster fest umfassen. Ein Austernmesser oder ein anderes starkes, scharfes Messer am Scharnier einstechen und die Schalen durch Drehen leicht auseinander drücken. Die Klinge entlang der oberen Schale führen und den Muskel durchtrennen. Die obere Schale vorsichtig abnehmen, ohne dass die Flüssigkeit aus der Muschel läuft. Dann die Klinge zwischen der unteren Schale und der Auster durchführen, um den zweiten Muskel zu durchtrennen. Die Austern in ihren Halbschalen nach Belieben auf einem Bett aus grobem Salz oder zerstoßenem Eis anrichten.

3 Das Dressing gleichmäßig über die Austern geben und alles bei Zimmertemperatur servieren.

TIPP

Fischhändler übernehmen das Öffnen der Austern für Sie. Allerdings geht dann beim Transport meist die Austernflüssigkeit verloren. Austern sollten am Tag des Einkaufs verzehrt werden.

1

2

2

Austern-Beignets

Für 6 Personen

40 g Mehl
1 Prise Salz
1 Prise Zucker
4 EL Wasser
2 TL Pflanzenöl
1 Eiweiß
36 Austern, ausgelöst (s. Schritt 2 S. 448)
Öl, zum Frittieren
Zitronenspalten, zum Garnieren

TIPP

Dies ist ein sehr leichter, zarter Ausbackteig, der sofort verarbeitet werden muss. Er kann nicht im Voraus zubereitet werden.

1 Mehl, Salz und Zucker in eine Schüssel sieben. Wasser und Öl zugeben und glatt rühren.

2 Öl in der Fritteuse oder einem großen Topf auf 180–190 °C erhitzen (ein Brotwürfel sollte darin in 30 Sekunden braun werden).

3 Unterdessen das Eiweiß in einer sehr sauberen, fettfreien Schüssel steif schlagen. Den Eischnee vorsichtig, aber gründlich unter die Mehlmischung heben.

4 Austern portionsweise in den Teig tauchen und dann im heißen Öl 3–4 Minuten knusprig und goldbraun ausbacken. Mit einem Schaumlöffel herausnehmen und auf Küchenpapier abtropfen lassen. Warm stellen, bis alle Austern frittiert sind. Mit Zitronenspalten garniert servieren.

1

3

4

Fleisch- und Geflügel-Tapas

Fleisch- und Geflügelgerichte sind in Spanien weniger verbreitet als in vielen anderen Ländern – Schweinefleisch (einschließlich Wurst) und Huhn sind die Ausnahme von der Regel und dominieren folglich dieses Kapitel. Daneben finden sich auch Rezepte für Fleischklößchen, die bereits seit dem 13. Jahrhundert in Spanien Tradition haben. Viele der Gerichte lassen sich auch mit anderen Hauptzutaten variieren. So kann z. B. die Hähnchenbrust auf S. 477 durch Puten- oder Schweinefleisch und die Hähnchenleber auf S. 478 durch Kalbs- oder Lammnieren ersetzt werden. Gerichte wie die Frittierten gefüllten Datteln (s. S. 468) gehören zur neuen Tapas-Generation, die sich in den Cocktailbars der spanischen Metropolen entwickelt hat.

Mini-Fleischspieße

Ergibt 12 Stück

450 g Schweinefleisch (s. Tipp)
3 EL Olivenöl, plus etwas mehr zum Einfetten (nach Belieben)
abgeriebene Schale und Saft von 1 großen Zitrone
2 Knoblauchzehen, zerdrückt
2 EL frisch gehackte glatte Petersilie, plus etwas mehr zum Garnieren
1 EL Ras-el-Hanout-Gewürzmischung (s. Tipp)
Salz und Pfeffer

TIPP

Dieses Rezept arabischer Herkunft wird dort mit Lamm statt mit Schweinefleisch zubereitet – beide Varianten sind sehr schmackhaft. Die Ras-el-Hanout-Gewürzmischung besteht aus Galgant, Rosenknospen, schwarzem Pfeffer, Ingwer, Kardamom, Schwarzkümmel, Cayennepfeffer, Piment, Lavendel, Zimt, Kassia, Koriander, Muskatblüte, Muskatnuss und Nelken.

1 Das Schweinefleisch bereits am Vortag marinieren. Das Fleisch in ca. 2 cm große Würfel schneiden und nebeneinander in eine große flache Schale geben.

2 Für die Marinade alle übrigen Zutaten in einer Schüssel verrühren. Die Marinade über das Fleisch geben und gut unterrühren. Abgedeckt im Kühlschrank unter zwei- bis dreimaligem Umrühren 8 Stunden oder über Nacht marinieren.

3 Für dieses Rezept sind 12 Holz- oder Metallspieße (15 cm lang) erforderlich. Holzspieße vor der Verwendung 30 Minuten in kaltem Wasser einweichen, damit sie nicht verbrennen. Metallspieße brauchen nur etwas eingefettet zu werden (flache Spieße sind runden Spießen vorziehen, da das Grillgut nicht so leicht herunterrutscht).

4 Backofengrill, Gartengrill oder Grillpfanne erhitzen. Je 3 marinierte Fleischstücke mit etwas Abstand auf die vorbereiteten Spieße stecken. Die Spieße unter mehrfachem Wenden und Bestreichen mit der restlichen Marinade 10–15 Minuten braten, bis sie gar und gut gebräunt sind. Mit Petersilie garniert sehr heiß servieren.

Lammspieße mit Zitrone

Für 8 Personen

2 Knoblauchzehen, fein gehackt
1 Gemüsezwiebel, fein gehackt
2 TL abgeriebene Zitronenschale
2 EL Zitronensaft
1 TL frischer Thymian
1 TL gemahlener Koriander
1 TL gemahlener Kreuzkümmel
2 EL Rotweinessig
125 ml Olivenöl
1 kg Lammfilet, in 2 cm große Würfel geschnitten
Orangen- oder Zitronenscheiben, zum Garnieren

TIPP

Diese Spieße lassen sich – wie viele andere Tapas – auch gut auf dem Holzkohlengrill braten. Für zusätzliches Aroma einige frische Rosmarinzweige auf die heißen Kohlen legen.

1 Knoblauch, Zwiebel, Zitronenschale, Zitronensaft, Thymian, Koriander, Kreuzkümmel, Essig und Olivenöl in einer großen flachen Schale gut verrühren.

2 Die Lammfleischwürfel auf 16 Holzspieße stecken, in die Schale geben und gründlich in der Marinade wenden. Mit Frischhaltefolie abgedeckt 2–8 Stunden kalt stellen, dabei gelegentlich wenden.

3 Den Backofengrill vorheizen. Die Spieße abtropfen lassen, Marinade auffangen. Auf der oberen Schiene unter dem Grill 10 Minuten bzw. nach Geschmack braten, dabei häufig wenden und mit der Marinade bestreichen. Mit Orangen- oder Zitronenscheiben garniert sofort servieren.

Fleischklößchen mit Tomatensauce

Ergibt ca. 60 Stück

Olivenöl, zum Braten
1 rote Zwiebel, sehr fein gewürfelt
500 g Lammhackfleisch
1 großes Ei, verquirlt
2 TL frisch gepresster Zitronensaft
½ TL gemahlener Kreuzkümmel
1 Prise Cayennepfeffer
2 EL frische, fein gehackte Minze
Salz und Pfeffer
300 ml Tomaten-Paprika-Sauce (s. S. 263), zum Servieren

TIPP

Die Klößchen sind ein idealer Snack für Stehpartys, da man sie im Voraus zubereiten kann und sowohl die Sauce als auch die Klößchen zimmerwarm serviert werden können. Tiefgefrorene Klößchen 3 Stunden bei Zimmertemperatur auftauen lassen.

1 1 Esslöffel Olivenöl in einer Pfanne auf mittlerer Stufe erhitzen. Die Zwiebel darin unter gelegentlichem Rühren 5 Minuten glasig dünsten.

2 Die Pfanne vom Herd nehmen und abkühlen lassen. Lammhack, Ei, Zitronensaft, Kreuzkümmel, Cayennepfeffer, Minze und die gebratene Zwiebel in eine große Schüssel geben und mit Salz und Pfeffer abschmecken. Mit den Händen gut mischen. Ein kleines Stück braten, kosten und die Masse ggf. nachwürzen.

3 Mit nassen Händen ca. 60 Klößchen aus der Masse formen. Auf ein Tablett legen und mindestens 20 Minuten kalt stellen.

4 Etwas Olivenöl in 1 oder 2 großen Pfannen erhitzen (die genaue Ölmenge ist vom Fettgehalt des Lammfleisches abhängig). Die Klößchen darin nebeneinander bei mittlerer Hitze 5 Minuten braten, bis sie außen braun, innen aber noch rosa sind. Die Pfannen nicht zu voll machen, ggf. portionsweise vorgehen und die bereits gebratenen Klößchen warm stellen.

5 Die Tomaten-Paprika-Sauce vorsichtig erhitzen und als Dip zu den Fleischklößchen reichen. Die Klößchen schmecken am besten heiß mit warmer Sauce, sind aber auch zimmerwarm ein Genuss.

Spanische Fleischklößchen in Mandelsauce

Für 6–8 Personen

50 g Weißbrot ohne Rinde
3 EL Wasser
450 g Schweine-, Rinder- oder Lammhackfleisch
1 große Zwiebel, fein gehackt
1 Knoblauchzehe, zerdrückt
2 EL frisch gehackte Petersilie, plus einige Zweige zum Garnieren
1 Ei, verquirlt
frisch geriebene Muskatnuss
Salz und Pfeffer
Mehl, zum Bestäuben
2 EL Olivenöl
1 Spritzer Zitronensaft
Baguette, zum Servieren

MANDELSAUCE
2 EL Olivenöl
25 g Grau- oder Weißbrot
125 g Mandeln, blanchiert und abgezogen
2 Knoblauchzehen, fein gehackt
150 ml trockener Weißwein
Salz und Pfeffer
450 ml Gemüsebrühe

1 Für die Fleischklößchen Brot und Wasser in eine Schüssel geben und 5 Minuten einweichen lassen. Das Brot mit den Händen gut ausdrücken und in eine große Schüssel geben. Hackfleisch, Zwiebel, Knoblauch, Petersilie und Ei zugeben. Mit Muskat und etwas Salz und Pfeffer würzen. Die Zutaten dann zu einer glatten Mischung verkneten.

2 Etwas Mehl auf einem Teller verteilen. Die Fleischmasse mit bemehlten Händen in ca. 30 gleich große Klößchen formen. Die Klößchen im Mehl wenden.

3 Olivenöl in einer gusseisernen Pfanne erhitzen. Die Klößchen darin portionsweise 4–5 Minuten anbraten und rundherum bräunen. Mit einem Schaumlöffel aus der Pfanne nehmen und beiseite stellen.

4 Für die Sauce das Olivenöl in derselben Pfanne erhitzen, in der die Klößchen gebraten wurden. Das Brot in Stücke brechen und mit den Mandeln in die Pfanne geben. Bei schwacher Hitze unter häufigem Rühren goldbraun braten. Den Knoblauch zugeben und 30 Sekunden anbraten, dann mit Wein ablöschen und 1–2 Minuten kochen lassen. Mit Salz und Pfeffer würzen und leicht abkühlen lassen.

5 Die Mandelmischung in den Mixer geben, die Gemüsebrühe zugießen und glatt pürieren. Die Sauce zurück in die Pfanne geben.

6 Die Klößchen vorsichtig in die Mandelsauce geben und bei schwacher Hitze 25 Minuten gar schmoren. Die Sauce ggf. mit Salz und Pfeffer nachwürzen.

7 Die Fleischklößchen mit der Sauce in eine vorgewärmte Schale füllen. Mit etwas Zitronensaft beträufeln und mit Petersilie bestreuen. Sehr heiß mit Baguette zum Auftunken der Mandelsauce servieren.

Steakhappen mit Chilisauce

Für 4–6 Personen

2 EL Olivenöl
1 Zwiebel, gehackt
1 TL Paprikapulver
1 Knoblauchzehe, fein gehackt
1 frische rote Chili, in Ringe geschnitten
2 EL trockener Weißwein
1 EL Tomatenmark
1 EL Sherry-Essig
2 TL Zucker
400 g Tomaten aus der Dose, gewürfelt
2 Rumpsteaks, je ca. 175–225 g
Salz und Pfeffer
2 TL Tabasco
1 EL frisch gehackte Petersilie

1 Für die Sauce 1 Esslöffel Olivenöl in einer großen Pfanne erhitzen. Die Zwiebel darin auf kleiner Stufe unter gelegentlichem Rühren 5 Minuten glasig dünsten. Paprikapulver, Knoblauch und Chili zufügen und 2–3 Minuten anschwitzen. Wein, Tomatenmark, Essig, Zucker und Tomaten mitsamt Saft zugeben. 15–20 Minuten köcheln und eindicken lassen.

2 Unterdessen eine Pfanne oder eine Grillpfanne auf hoher Stufe erhitzen und mit dem restlichen Öl ausstreichen. Die Steaks nach Geschmack mit Pfeffer würzen und mit Tabasco einreiben. In die Pfanne geben und auf jeder Seite 1–1½ Minuten anbraten. Herunterschalten und unter einmaligem Wenden nach Belieben 3–7 Minuten braten. Vom Herd nehmen und warm stellen.

2

3 Die Sauce in den Mixer geben und fast glatt pürieren. In einer Schüssel mit Salz und Pfeffer abschmecken und die Petersilie unterrühren.

4 Die Steaks auf einem Brett in mundgerechte Stücke schneiden und Zahnstocher hineinstecken. Sofort mit Sauce servieren.

VARIATION

Auf dieselbe Weise kann auch Schweinefilet zubereitet werden, dann jedoch den Tabasco weglassen und das Filet etwas länger braten, bis beim Einstechen mit einer Messerspitze klarer Fleischsaft austritt.

Gemischter Tapas-Teller mit Steak

Für 8–10 Personen

200 g kleine fest kochende Kartoffeln, ungeschält

5 EL Olivenöl

2 Hüftsteaks (je ca. 225 g)

Salz und Pfeffer

1 frische rote Chili, fein gehackt (nach Belieben)

350 g Queso del Montsec oder anderer Ziegenkäse, in Scheiben geschnitten

175 g gemischte Salatblätter

2 EL schwarze Oliven

2 EL grüne Oliven

50 g Sardellenfilets in Öl aus der Dose, abgetropft und längs halbiert

1 EL Kapern, abgespült, abgetropft

TIPP

Eine Auswahl von Salatblättern lässt den Tapas-Teller noch abwechslungsreicher und bunter ausfallen: z. B. mit Eichblatt, Radicchio, Frisée oder Rucola. Auf Wunsch können noch weitere Salatzutaten wie Kirschtomaten zugefügt werden.

1 Die Kartoffeln in einem Topf mit leicht gesalzenem Wasser 15–20 Minuten kochen. Abgießen und etwas abkühlen lassen.

2 Eine Pfanne oder eine Grillpfanne auf hoher Stufe erhitzen und mit 1 Esslöffel Olivenöl ausstreichen. Die Steaks nach Geschmack mit Pfeffer würzen, in die Pfanne geben und auf jeder Seite 1–1½ Minuten anbraten. Auf mittlere Hitze herunterschalten und auf jeder Seite weitere 1½ Minuten braten. Aus der Pfanne nehmen und 10–15 Minuten ruhen lassen.

3 2 Esslöffel Olivenöl in einer Pfanne erhitzen. Chili und Kartoffeln darin unter häufigem Wenden 10 Minuten knusprig und goldbraun braten.

4 Steaks in dünne Scheiben schneiden und abwechselnd mit den Käsescheiben auf dem Rand einer Platte anrichten. Salatblätter, Oliven, Sardellen und Kapern mischen und in die Mitte der Platte setzen. Mit dem restlichen Öl beträufeln, dann die Kartoffeln darauf geben. Heiß oder warm servieren.

Orangenmarinierte Rindfleisch-Schaschliks

Für 6–8 Personen

- 3 EL Weißwein
- 2 EL Olivenöl
- 3 Knoblauchzehen, fein gehackt
- Saft von 1 Orange
- 450 g Rumpsteak, gewürfelt
- Salz und Pfeffer
- 450 g Perlzwiebeln, geschält, halbiert
- 2 orangefarbene Paprika, in Quadrate geschnitten
- 225 g Kirschtomaten, halbiert

TIPP

Holz- oder Bambusspieße vor Gebrauch 30 Minuten in kaltem Wasser einweichen, damit sie unter dem Grill nicht verbrennen.

1 Wein, Olivenöl, Knoblauch und Orangensaft in einer flachen Schale verrühren. Die Steakwürfel hineingeben, mit Salz und Pfeffer würzen und gut mischen. Mit Frischhaltefolie abgedeckt 2–8 Stunden im Kühlschrank marinieren.

2 Den Backofengrill vorheizen. Das Fleisch abtropfen lassen, die Marinade auffangen. Fleisch, Zwiebeln, Paprika und Tomaten abwechselnd auf kleine Spieße stecken.

3 Auf der oberen Schiene unter dem Grill unter häufigem Wenden und Bestreichen mit der Marinade 10 Minuten braten. Auf vorgewärmte Teller geben und sofort servieren.

Serrano-Schinken mit Rucola

Für 6 Personen

150 g Rucola
4½ EL Olivenöl
1½ EL Orangensaft
Salz und Pfeffer
275 g Serrano-Schinken, dünn aufgeschnitten

1 Die Rucolablätter in eine Schüssel geben. Olivenöl und Orangensaft darüber träufeln. Mit Salz und Pfeffer würzen und alles gründlich umrühren.

2 Die Schinkenscheiben dekorativ auf 6 Tellern anrichten. Den Rucolasalat auf die Teller verteilen und sofort servieren.

TIPP

Jamón de Jabugo aus der Region Huelva ist der ideale Schinken für diese Tapa, da seine leichte Süße einen wunderbaren Kontrast zum nussigen Aroma des Rucola bildet.

Käse-Schinken-Taschen

Für 6 Personen

6 Scheiben Serrano-Schinken
Tabasco, zum Bestreichen
200 g Queso Majorero, Manchego oder Ziegenkäse
6 Blätter Filo-Teig (ca. 45 cm x 30 cm)
3–4 EL Olivenöl

TIPP

Filo-Teig ist natürlich keine typisch spanische Zutat, es gibt jedoch in Südspanien einen ähnlichen Teig aus Nordafrika namens Ouarka.

1 Den Backofen auf 200 °C vorheizen. Die Schinkenscheiben mit Tabasco bestreichen. Den Käse in 6 Scheiben schneiden. Je eine Käsescheibe in eine Schinkenscheibe einwickeln.

2 Die Filo-Teigblätter mit einem feuchten sauberen Tuch abdecken. Ein Teigblatt entnehmen, mit etwas Olivenöl bestreichen und in der Mitte zusammenfalten. Eine Schinken-Käse-Scheibe in die Teigmitte setzen, den Teig erneut mit Öl bestreichen und um den Käse wickeln. Mit der Naht nach unten auf ein Backblech legen und die Oberseite mit etwas Öl bestreichen. Mit den restlichen Zutaten ebenso verfahren.

3 Im vorgeheizten Ofen 15 Minuten knusprig goldbraun backen. Entweder sofort servieren oder leicht abkühlen lassen und warm servieren.

1

2

2

Schinken-Mandel-Beignets

Für 4–6 Personen

75 g Mehl

Salz und Pfeffer

150 ml Wasser

50 g Butter

2 Eier

50 g gehobelte Mandeln

125 g Schinken, gewürfelt

Pflanzenöl, zum Frittieren

1 Mehl und je 1 Prise Salz und Pfeffer auf eine Lage Backpapier sieben. Wasser in einem Topf aufkochen. Die Butter hineingeben. Sobald die Butter zerlassen ist, den Topf vom Herd nehmen. Das Mehl hineingeben und mit einem Holzlöffel gut verrühren, bis die Masse sich vom Topfrand löst.

2 Die Eier einzeln hineingeben und weiterrühren, bis sich ein glänzender Teig bildet. Mandeln und Schinken unterheben. Abkühlen lassen.

3 Pflanzenöl in einer Fritteuse oder einem Topf auf 180–190 °C erhitzen (ein Brotwürfel sollte in 30 Sekunden braun werden).

4 Gehäufte Esslöffel Teig portionsweise ins heiße Öl geben und 3–4 Minuten knusprig und goldbraun ausbacken. Mit einem Schaumlöffel herausnehmen und auf Küchenpapier abtropfen lassen. Heiß servieren.

VARIATION

Der Schinken kann nach Belieben durch gewürfelten Chorizo ersetzt werden. Verwenden Sie hierfür keine Chorizo-Kochwurst, da sie eine längere Garzeit benötigt als die Beignets.

Chorizo-Pilz-Spießchen

Ergibt 25 Stück

2 EL Olivenöl
25 Chorizo-Würfel (ca. 1 cm x 1 cm, 100 g)
25 kleine Champignons, geputzt und Stiele entfernt
1 grüne Paprika, gegrillt, gehäutet (s. Tipp) und in 25 Quadrate geschnitten

TIPP

Zum Häuten die Paprika mitsamt Stiel längs halbieren. Mit der Hautseite nach oben unter dem Backofengrill rösten, bis die Haut schwärzt. In einem Gefrierbeutel 15 Minuten leicht abkühlen lassen, dann die Haut abziehen und Stiel, Samen und Stränge entfernen. Alternativ die Paprika über einer offenen Flamme rösten. Gegrillte, gehäutete Paprika hält sich im Kühlschrank mit Olivenöl bedeckt bis zu 5 Tage.

1 Olivenöl in einer Pfanne auf mittlerer Stufe erhitzen. Chorizo darin 20 Sekunden unter Rühren anbraten.

2 Die Champignons zufügen und 1–2 Minuten anbraten, bis die Pilze zu bräunen beginnen.

3 Je 1 Paprikaquadrat, 1 Chorizo-Stück und 1 Champignon auf Zahnstocher spießen, bis alle Zutaten verarbeitet sind. Heiß oder zimmerwarm servieren.

Frittierte gefüllte Datteln

Für 6 Personen

3 Scheiben Chorizo
12 Datteln
6 Scheiben Schinkenspeck ohne Schwarte
2 EL Mehl, zum Bestäuben
1 Ei, leicht verquirlt
100 g frische Semmelbrösel
Pflanzenöl, zum Frittieren

VARIATION

Sie können die Datteln auch mit Käsewürfeln füllen und anschließend panieren und frittieren.

1 Pelle von der Chorizo entfernen und die Scheiben vierteln.

2 Die Datteln mit einem scharfen Messer seitlich einschneiden und entkernen. Mit je 1 Stück Chorizo füllen. Die Speckscheiben mit der Rückseite eines Messer lang ziehen, dann quer durchschneiden. Je 1 Dattel in eine halbierte Speckscheibe einwickeln.

3 Mehl, Ei und Semmelbrösel in 3 flache Schalen geben. Die Datteln im Mehl wenden, dann in das Ei tauchen und anschließend in den Semmelbröseln panieren. Unterdessen das Pflanzenöl in einer Fritteuse oder einem großen Topf auf 180–190 °C erhitzen (ein Brotwürfel sollte in 30 Sekunden braun werden).

4 Die Datteln, ggf. portionsweise, im heißen Öl unter gelegentlichem Wenden 3–4 Minuten goldbraun frittieren. Mit einem Schaumlöffel herausnehmen und auf Küchenpapier abtropfen lassen. Heiß servieren.

2

2

3

Chorizo-Empanadillas

Ergibt 12 Stück

125 g Chorizo, ohne Pelle
250 g Blätterteig, Tiefkühlware aufgetaut
Mehl, zum Ausrollen
verquirltes Ei, zum Bestreichen

GARNIERUNG
gemahlenes Paprikapulver
frische Basilikumzweige

1 Den Backofen auf 200 °C vorheizen. Die Chorizo in ca. 1 cm große Würfel schneiden. Den Blätterteig auf einer leicht bemehlten Arbeitsfläche dünn ausrollen. Mit einem runden Ausstecher (8 cm Ø) Kreise ausstechen. Die Teigreste erneut ausrollen und weitere Kreise ausstechen, sodass sich insgesamt 12 Stück ergeben.

2 Die Chorizo-Würfel auf die Teigkreise verteilen. Den Teig am Rand mit etwas Wasser befeuchten und zu Halbkreisen zusammenfalten. Den Rand erst mit den Fingern, dann mit den Zinken einer Gabel zusammendrücken, um die Taschen fest zu verschließen. Mit der Spitze eines scharfen Messers in die Seite jeder Tasche einen kleinen Schlitz schneiden. Entweder weiterverarbeiten oder kalt stellen und später bei Bedarf backen.

3 Die Teigtaschen auf befeuchtete Backbleche setzen und mit etwas Ei bestreichen. Im vorgeheizten Ofen 10–15 Minuten goldbraun backen. Die Empanadillas mithilfe eines Teesiebs dünn mit Paprikapulver bestäuben. Mit Basilikumzweigen garniert heiß oder warm servieren.

Chorizo mit Wachtelspiegeleiern

Ergibt 12 Stück

12 Scheiben Baguette, diagonal geschnitten, ca. 5 mm dick
12 dünne Scheiben Chorizo (ca. 50 g)
Olivenöl, zum Braten
12 Wachteleier
edelsüßes Paprikapulver
Salz und Pfeffer
frische glatte Petersilie, zum Garnieren

TIPP

Trotz ihres zarten Aussehens sind Wachteleier oft schwierig aufzuschlagen, da sie unter der Schale eine relativ dicke Eihaut besitzen. Legen Sie sich am besten eine Schere bereit, um diese Haut beim Aufschlagen der Eier ggf. durchschneiden zu können.

3

1 Den Backofengrill vorheizen. Die Baguettescheiben auf ein Backblech legen und auf der oberen Schiene unter dem Grill von beiden Seiten goldbraun toasten.

2 Chorizo-Scheiben ggf. auf die Größe der Toasts zuschneiden. Beiseite stellen.

3 Eine dünne Schicht Olivenöl in einer großen Pfanne auf mittlerer Stufe erhitzen, bis ein Brotwürfel zischend brät (dauert ca. 40 Sekunden). Wachteleier in die Pfanne schlagen und braten, bis das Eiweiß fest und das Eigelb nach Geschmack gegart ist.

4 Die Spiegeleier auf Küchenpapier abtropfen lassen. Sofort auf die mit Chorizo belegten Toasts geben und mit Paprikapulver bestäuben. Nach Geschmack mit Salz und Pfeffer würzen. Mit Petersilie garniert sofort servieren.

Chorizo in Rotwein

Für 6 Personen

200 g Chorizo
200 ml spanischer Rotwein
2 EL Weinbrand (nach Belieben)
frische glatte Petersilie,
zum Garnieren
Baguette, zum Servieren

1 Dieses Gericht schmeckt am besten, wenn man bereits am Vortag mit der Zubereitung beginnt. Die Chorizo mit einer Gabel 3-bis 4-mal einstechen. Chorizo und Wein in einen großen Topf geben. Aufkochen, dann den Herd herunterschalten und die Mischung abgedeckt 15–20 Minuten köcheln lassen. In eine Schüssel geben und abgedeckt 8 Stunden oder über Nacht marinieren.

2 Am nächsten Tag die Wurst aus der Schüssel nehmen, den Wein beiseite stellen. Die Chorizo-Pelle entfernen und die Wurst in 5 mm dicke Scheiben schneiden. In eine große gusseiserne Pfanne oder eine feuerfeste Form geben.

3 Weinbrand, sofern verwendet, in einem kleinen Topf leicht erhitzen und über die Chorizo-Scheiben geben. Vom Herd zurücktreten und den Weinbrand mit einem Streichholz entzünden. Wenn die Flammen erloschen sind, die Pfanne leicht rütteln und den beiseite gestellten Wein hineingeben. Bei starker Hitze fast den ganzen Wein verdampfen lassen.

4 Chorizo sehr heiß in der Pfanne bzw. Form, in der sie zubereitet wurde, mit Petersilie garniert servieren. Mit Baguettestücken oder -scheiben zum Auftunken der Sauce und Zahnstochern zum Aufspießen der Wurstscheiben reichen.

Gebratene Chorizo mit Kräutern

Für 6–8 Personen

700 g Chorizo

2 EL Olivenöl

2 Knoblauchzehen, fein gehackt

4 EL frisch gehackte Kräuter

TIPP

Es gibt scharfe und milde sowie geräucherte und ungeräucherte Chorizo-Wurstsorten. Für dieses Gericht sind alle Sorten geeignet.

1 Chorizo mit einem scharfen Messer in 5 mm dicke Scheiben schneiden. Eine Pfanne erhitzen. Die Chorizo-Scheiben darin ohne zusätzliches Fett bei mittlerer Hitze unter häufigem Rühren 5 Minuten knusprig braun braten.

2 Mit einem Wender oder Schaumlöffel aus der Pfanne nehmen und auf Küchenpapier gut abtropfen lassen. Das Fett aus der Pfanne gießen und die Pfanne mit Küchenpapier ausreiben.

3 Olivenöl in der Pfanne auf mittlerer Stufe erhitzen. Die Chorizo-Scheiben, Knoblauch und Kräuter darin unter gelegentlichem Rühren gut erhitzen. Sofort servieren.

Kichererbsensalat mit Chorizo

Für 4–6 Personen

- 250 g Chorizo am Stück ohne Pelle
- 4 EL Olivenöl
- 1 Zwiebel, fein gehackt
- 1 große Knoblauchzehe, zerdrückt
- 400 g Kichererbsen aus der Dose, abgespült und abgetropft
- 6 Pimientos del Piquillo (s. Tipp S. 414), abgetropft, trockengetupft und klein geschnitten
- 1 EL Sherry-Essig
- Salz und Pfeffer
- frisch gehackte Petersilie, zum Garnieren
- Baguette, zum Servieren

1 Die Chorizo in 1 cm große Würfel schneiden. Das Öl in einer Pfanne auf mittlerer Stufe erhitzen. Zwiebel und Knoblauch unter gelegentlichem Rühren glasig dünsten. Die Chorizo-Würfel untermischen und erhitzen.

2 Die Mischung in eine Schüssel geben. Die Kichererbsen und Pimientos zufügen. Mit Essig beträufeln und mit Salz und Pfeffer abschmecken. Umrühren. Heiß oder zimmerwarm mit Petersilie bestreut servieren. Dazu Baguette reichen.

Zitronen-Knoblauch-Huhn

Für 6–8 Personen

- 4 große Hähnchenbrustfilets
- 5 EL Olivenöl
- 1 Zwiebel, fein gehackt
- 6 Knoblauchzehen, fein gehackt
- abgeriebene Schale von 1 Zitrone, Zesten von 1 Zitrone und Saft von beiden Zitronen
- 4 EL frisch gehackte glatte Petersilie, plus einige Zweige zum Garnieren
- Salz und Pfeffer

ZUM SERVIEREN

- Zitronenspalten
- Baguette

1 Hähnchenfilets mit einem scharfen Messer quer in dünne Streifen schneiden. Olivenöl in einer Pfanne erhitzen. Die Zwiebel darin 5 Minuten glasig dünsten. Den Knoblauch zufügen und 30 Sekunden anschwitzen.

2 Hähnchenstreifen in die Pfanne geben und bei mittlerer Hitze 5–10 Minuten unter gelegentlichem Rühren garen und leicht bräunen.

3 Abgeriebene Zitronenschale und den Zitronensaft zugeben und aufkochen, dabei mit einem Holzlöffel den Bratensatz vom Boden der Pfanne lösen und mit dem Saft verrühren. Die Pfanne vom Herd nehmen. Die Petersilie untermischen und alles mit Salz und Pfeffer abschmecken.

4 Das Zitronen-Knoblauch-Huhn sehr heiß in eine vorgewärmte Schale geben. Mit den Zitronenzesten und Petersilienzweigen garnieren. Mit Zitronenspalten zum Beträufeln servieren. Dazu Baguettestücke oder -scheiben zum Auftunken der Zitronen-Knoblauch-Sauce reichen.

Hähnchenleber in Sherry-Sauce

Für 6 Personen

450 g Hähnchenleber
2 EL Olivenöl
1 kleine Zwiebel, fein gehackt
2 Knoblauchzehen, fein gehackt
100 ml trockener Sherry
Salz und Pfeffer
2 EL frisch gehackte glatte Petersilie, plus einige Zweige zum Garnieren
Baguette oder Toast, zum Servieren

1 Leber ggf. von Sehnen und Adern befreien. In kleine mundgerechte Stücke schneiden. Olivenöl in einer gusseisernen Pfanne erhitzen. Die Zwiebel darin 5 Minuten glasig dünsten. Knoblauch zufügen und 30 Sekunden anschwitzen.

2 Die Leberstücke in die Pfanne geben und unter ständigem Rühren 2–3 Minuten braten, bis sie außen fest und braun, innen aber noch weich und rosa sind. Mit einem Schaumlöffel aus der Pfanne nehmen und in eine große vorgewärmte Schale oder mehrere kleinere Schalen geben. Warm stellen.

3 Den Sherry in die Pfanne geben, dann hochschalten und den Alkohol 3–4 Minuten verdampfen lassen. Gleichzeitig mit einem Holzlöffel den Bratensatz vom Boden der Pfanne lösen und mit dem Sherry verrühren. Die Sauce mit Salz und Pfeffer abschmecken.

3

4 Die Sherry-Sauce über die Hähnchenleber geben. Mit gehackter Petersilie bestreuen und mit Petersilienzweigen garnieren. Sehr heiß mit Baguette oder Toast zum Auftunken der Sauce servieren.

Pikante Hähnchenleber

Für 4–6 Personen

100 g Mehl
½ TL gemahlener Kreuzkümmel
½ TL gemahlener Koriander
½ TL Paprikapulver
¼ TL frisch geriebene Muskatnuss
Salz und Pfeffer
350 g Hähnchenleber
6 EL Olivenöl
frische Minze, zum Garnieren

TIPP

Tiefgefrorene Hähnchenleber ist problemlos in Supermärkten erhältlich und sehr preiswert. Die Leber vor der Zubereitung unverpackt in einer Schale vollständig auftauen lassen.

1 Mehl auf einen großen Teller sieben und Kreuzkümmel, Koriander, Paprika und Muskat untermischen. Salzen und pfeffern.

1

2 Leber von Adern und Sehnen befreien, mit Küchenpapier trockentupfen und halbieren oder vierteln. In dem gewürzten Mehl wenden, überschüssiges Mehl abschütteln.

2

3 Das Olivenöl in einer gusseisernen Pfanne erhitzen. Die Leber darin portionsweise bei starker Hitze unter häufigem Rühren 3–5 Minuten braten, bis sie außen knusprig, innen aber noch zart ist. Auf Zahnstocher aufspießen und mit Minzezweigen garniert servieren.

3

Hähnchenflügel mit Tomatendressing

Für 6–8 Personen

175 ml Olivenöl
3 Knoblauchzehen, fein gehackt
1 TL gemahlener Kreuzkümmel
1 kg Hähnchenflügel
2 Tomaten, geschält, entkernt (s. S. 421) und gewürfelt
5 EL Weißweinessig
1 EL in feine Streifen geschnittenes Basilikum

VARIATION

Auf diese Weise können auch Unterkeulen zubereitet werden, allerdings muss die Backzeit dann auf 25–30 Minuten verlängert werden. Machen Sie dieselbe Garprobe wie bei den Flügeln.

1 Den Backofen auf 180 °C vorheizen. 1 Esslöffel Olivenöl, Knoblauch und Kreuzkümmel in einer flachen Schale mischen. Die Spitzen der Hähnchenflügel abschneiden und wegwerfen. Die Flügel in der Ölmischung wenden. Mit Frischhaltefolie abgedeckt 15 Minuten im Kühlschrank marinieren.

1

2 3 Esslöffel Olivenöl in einer großen Pfanne erhitzen. Die Flügel darin portionsweise unter häufigem Wenden goldbraun braten. In eine Auflaufform geben.

2

3 Im Ofen 10–15 Minuten gar backen (wenn man mit einer scharfen Messerspitze in die dickste Fleischstelle sticht, sollte der austretende Fleischsaft klar sein).

4 Unterdessen Tomaten, Essig, Basilikum und das restliche Olivenöl in einer Schüssel mischen.

5 Die Flügel mit einer Zange in eine Schale legen. Das Dressing darüber geben und untermischen. Mit Frischhaltefolie abgedeckt abkühlen lassen, dann 4 Stunden kalt stellen. 30–60 Minuten vor dem Servieren aus dem Kühlschrank nehmen und zimmerwarm werden lassen.

5

Hühnerrouladen mit Oliven

Für 6–8 Personen

125 g schwarze Oliven in Öl, abgetropft
125 g zimmerwarme Butter
4 EL frisch gehackte Petersilie
4 Hähnchenbrustfilets
2 EL Öl aus dem Olivenglas

1 Den Backofen auf 200 °C vorheizen. Oliven entsteinen und hacken. Butter, Petersilie und die Hälfte der Oliven in einer Schüssel mischen.

2 Die Hähnchenbrüste zwischen 2 Lagen Frischhaltefolie vorsichtig mit einem Fleischhammer oder Nudelholz flach klopfen.

3 Die Brüste auf einer Seite mit der Oliven-Kräuterbutter bestreichen und aufrollen. Mit einem Zahnstocher zusammenstecken oder mit Küchenzwirn zusammenbinden.

VARIATION

Das Öl aus dem Olivenglas kann durch Chiliöl ersetzt werden, das küchenfertig gekauft oder selbst hergestellt werden kann: 2–3 rote Vogelaugen-Chillies und 625 ml Olivenöl in einem Schraubglas ca. 3 Wochen ziehen lassen. Vor Gebrauch in eine saubere Flasche seihen.

4 Die Rouladen in eine Auflaufform geben. Mit dem Öl beträufeln und im vorgeheizten Ofen 45–55 Minuten backen, bis sie gar sind und beim Einstechen mit einer Messerspitze klarer Fleischsaft austritt.

5 Die Hühnerrouladen auf ein Brett legen, Zahnstocher bzw. Zwirn entfernen. Die Rouladen mit einem scharfen Messer in Scheiben schneiden. Auf vorgewärmten Tellern anrichten und servieren.

Knusprige Hühnchen-Schinken-Kroketten

Ergibt 8 Stück

4 EL Olivenöl oder 50 g Butter
4 EL Mehl
200 ml Milch
125 g gekochtes Hühnerfleisch, in der Küchenmaschine zerkleinert
50 g Serrano- oder Kochschinken, sehr fein gehackt
1 EL frisch gehackte glatte Petersilie, plus einige Zweige zum Garnieren
1 kleine Prise frisch gemahlene Muskatnuss
Salz und Pfeffer
1 Ei, verquirlt
100 g frische Semmelbrösel
Maiskeimöl, zum Frittieren
Aïoli (s. S. 268), zum Servieren

1 Olivenöl oder Butter in einem Topf erhitzen. Das Mehl zugeben und unter ständigem Rühren 1 Minute anschwitzen. Vom Herd nehmen und langsam die Milch einrühren. Wieder auf den Herd stellen. Unter ständigem Rühren aufkochen und eindicken lassen.

2 Den Topf vom Herd nehmen, das Hühnerfleisch hineingeben und glatt rühren. Schinken, Petersilie und Muskat zufügen und gut mischen. Mit Salz und Pfeffer abschmecken. Die Masse in einer Auflaufform verstreichen und 30 Minuten abkühlen lassen, dann abgedeckt 2–3 Stunden oder über Nacht kalt stellen. Diesen Schritt sollten Sie auf keinen Fall auslassen, da das Kühlen verhindert, dass die Kroketten beim Frittieren auseinander fallen.

3 Nach der Kühlzeit das Ei auf einen Teller geben und die Semmelbrösel auf einem zweiten Teller verteilen. Die Hühnermasse in 8 gleich große Portionen teilen und diese mit feuchten Händen zu Rollen formen. Die Kroketten einzeln in das Ei tauchen und in den Semmelbröseln panieren. Auf einen Teller legen und 1 Stunde kalt stellen.

4 Zum Frittieren das Maisöl in einer Fritteuse auf 180–190 °C erhitzen (ein Brotwürfel sollte in 30 Sekunden braun werden). Die Kroketten in kleinen Portionen hineingeben, damit die Temperatur nicht zu stark abfällt, und 5–10 Minuten knusprig goldbraun ausbacken. Mit einem Schaumlöffel herausnehmen und auf Küchenpapier gut abtropfen lassen.

5 Die Kroketten mit Petersilienzweigen garniert sehr heiß servieren. Dazu eine Schale Aïoli als Dip reichen.

Tapas mit Brot & Co.

Angesichts der Entwicklung der Tapa von der einfach belegten Brotscheibe hin zur weltweit beliebten, vielfältigen Leckerei ist es nur angemessen, dieses Buch mit einer Auswahl brotbasierter Rezepte zu beenden, die teilweise auch von den Küchen anderer Länder inspiriert sind. Die Garnelentoasts (s. S. 500) sind ein regionales Gericht, ähnlich einer Pizza, das mit verschiedenen Belägen wie Sardellenfilets, Paprika oder Schinken variiert wird, jedoch fast nie Käse enthält. Die Chorizo-Pizza (s. S. 504) dagegen ist eine Pizza nach echt italienischer Art mit spanischem Pfiff.

Gemüse-Fladenbrot mit Venusmuscheln

Für 4–6 Personen

2 EL natives Olivenöl extra
4 große Knoblauchzehen, zerdrückt
2 große Zwiebeln, in dünnen Ringen
10 Pimientos del Piquillo (s. Tipp S. 414), abgetropft, trockengetupft und in dünne Streifen geschnitten
250 g ausgelöste Mini-Venusmuscheln aus dem Glas, abgespült und abgetropft
Salz und Pfeffer

TEIG
350 g Mehl Type 550, plus etwas mehr zum Bestäuben
1 Tütchen Trockenhefe
1 TL Salz
½ TL Zucker
1 EL Olivenöl, plus etwas mehr zum Einfetten
1 EL trockener Weißwein
250 ml warmes Wasser

1 Für den Teig Mehl, Hefe, Salz und Zucker in einer Schüssel mischen und in die Mitte eine Vertiefung drücken. Olivenöl, Wein und Wasser verrühren und ¼ davon in die Vertiefung geben. Nach und nach das Mehl von den Seiten untermischen und so viel restliche Flüssigkeit zufügen, dass ein weicher Teig entsteht.

2 Den Teig auf einer leicht bemehlten Arbeitsfläche glatt kneten und zu einer Kugel formen. Die Schüssel reinigen und innen mit Olivenöl ausstreichen. Den Teig durch Rollen in der Schüssel leicht mit Öl benetzen. Mit Frischhaltefolie abgedeckt an einem warmen Ort auf doppelte Größe aufgehen lassen.

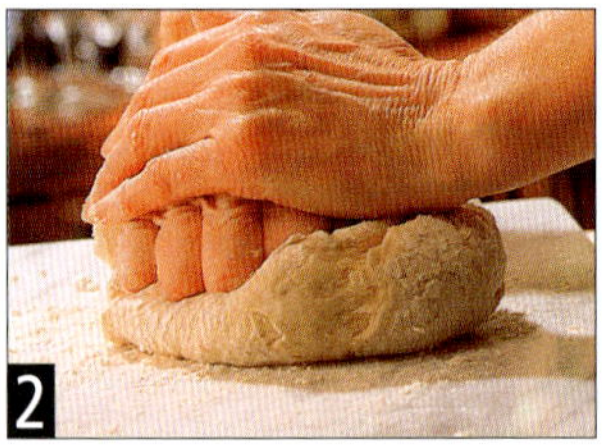
2

3 Olivenöl in einer gusseisernen Pfanne auf mittlerer Stufe erhitzen. Den Herd herunterschalten, Knoblauch und Zwiebelringe hineingeben und unter häufigem Rühren 25 Minuten goldbraun dünsten.

4 Den Backofen auf 230 °C vorheizen. Zwiebelringe und Knoblauch in eine Schüssel geben und abkühlen lassen. Pimientos und Muscheln zufügen und untermischen. Beiseite stellen.

5 Den Teig auf einer leicht bemehlten Arbeitsfläche kurz durchkneten. Unter der umgedrehten Schüssel 10 Minuten ruhen lassen (erleichtert das Ausrollen des Teiges).

6 Ein Backblech (32 cm x 32 cm) kräftig mit Mehl bestäuben. Den Teig zu einem 34 cm großen Quadrat ausrollen, auf das Blech legen und die Kanten zu einem dünnen Rand aufrollen. Den Boden gleichmäßig mit einer Gabel einstechen.

7 Den Belag auf dem Teig verteilen und mit Salz und Pfeffer würzen. Im vorgeheizten Ofen 25 Minuten backen, bis der Teigrand goldbraun ist und die Zwiebelspitzen dunkel werden. Auf einem Kuchengitter ganz abkühlen lassen. In 12–16 Stücke schneiden.

7

Gebratene Brotwürfel mit Chorizo

Für 6–8 Personen

200 g Chorizo
4 dicke Scheiben Bauernweißbrot vom Vortag
Olivenöl, zum Braten
3 Knoblauchzehen, fein gehackt
2 EL frisch gehackte glatte Petersilie
gemahlenes Paprikapulver, zum Garnieren

TIPP

Nehmen Sie für dieses Rezept eine weiche Chorizo-Wurst, da diese in der Regel nur kurz getrocknet bzw. gepökelt wurde und einen hohen Fettgehalt aufweist, was zum Braten vorteilhaft ist. Die Chorizo kann auch durch dicke Scheiben Serrano-Schinken oder Knoblauchwurst ersetzt werden.

1 Die Chorizo in 1 cm dicke Scheiben schneiden. Das Brot mitsamt Rinde in 1 cm große Würfel schneiden. Den Boden einer gusseisernen Pfanne großzügig mit Olivenöl bedecken. Das Öl erhitzen, den Knoblauch hineingeben und 30–60 Sekunden leicht bräunen.

2 Die Brotwürfel in die Pfanne geben und unter ständigem Rühren knusprig goldbraun braten. Chorizo-Scheiben zufügen und 1–2 Minuten erhitzen. Brot und Chorizo mit einem Schaumlöffel aus der Pfanne nehmen und auf Küchenpapier abtropfen lassen.

3 Brot, Chorizo und Petersilie in eine vorgewärmte Schale geben und umrühren. Mit Paprika bestäubt warm servieren. Dazu Zahnstocher reichen und zum Verzehr immer ein Wurststück und einen Brotwürfel zusammen aufspießen und verzehren.

Grillbrot mit Bohnen und Chorizo

Für 6 Personen

3 Knoblauchzehen
4 EL Olivenöl
1 rote Zwiebel, fein gehackt
150 g Chorizo, in Scheiben geschnitten
800 g Cannellini-Bohnen aus der Dose, abgespült und abgetropft
Salz und Pfeffer
6 dicke Scheiben Bauernweißbrot
4 Tomaten, gewürfelt
frische Petersilie, zum Garnieren

1 2 Knoblauchzehen in dünne Scheiben schneiden. 2 Esslöffel Olivenöl in einer Pfanne erhitzen. Die Zwiebel und die Knoblauchscheiben darin auf kleiner Stufe unter gelegentlichem Rühren 5 Minuten glasig dünsten.

VARIATION

Dieses Gericht kann auch mit Flageolett- oder Perlbohnen zubereitet werden. Braune Bohnen verleihen eine nordafrikanische Note.

2 Die Chorizo-Scheiben halbieren, in die Pfanne geben und 2 Minuten anbraten. Die Bohnen zufügen und mit Salz und Pfeffer abschmecken.

3 Die Brotscheiben beidseitig grillen oder toasten. Unterdessen die Tomaten in die Pfanne rühren.

4 Die restliche Knoblauchzehe halbieren und mit den Schnittflächen das gegrillte Brot einreiben. Mit dem restlichen Öl beträufeln.

5 Das Brot auf Teller legen und die Bohnen-Chorizo-Mischung darauf verteilen. Mit Petersilie garnieren und sofort servieren.

Getoastetes Brot mit Bohnenpüree

Für 4 Personen

275 g getrocknete weiße Bohnen

½ Zwiebel, fein gehackt

4 dicke Scheiben Bauernweißbrot

2 EL Olivenöl

2 EL frisch gehackte Minze

Salz und Pfeffer

TIPP

Das Bohnenpüree mit Frischhaltefolie abgedeckt im Kühlschrank aufbewahren. Vor dem Servieren wieder auf Zimmertemperatur bringen.

1 Die Bohnen in einer Schüssel mit kaltem Wasser bedecken. 4 Stunden oder bevorzugt über Nacht einweichen lassen, dann abgießen.

2 Bohnen und Zwiebel in einen Topf geben, knapp mit Wasser bedecken und aufkochen. 1½ Stunden weich kochen, dann abgießen und leicht abkühlen lassen.

3 Die Brotscheiben beidseitig toasten. Die Bohnen im Mixer zu einer Paste pürieren. In eine Schüssel geben und das Olivenöl und die Minze unterrühren. Mit Salz und Pfeffer abschmecken. Das Püree auf die Brotscheiben verteilen und zimmerwarm servieren.

Klippfischcreme auf Knoblauchtoasts

Für 6 Personen

200 g Klippfisch (getrockneter gesalzener Kabeljau)
5 Knoblauchzehen
250 ml Olivenöl
250 g Crème double
Pfeffer
6 dicke Scheiben Bauernweißbrot

1 Klippfisch 48 Stunden kalt wässern, das Wasser dabei dreimal täglich wechseln. Abgießen, den Fisch in große Stücke schneiden und in eine große Pfanne geben. Knapp mit kaltem Wasser bedecken und vorsichtig aufkochen. 8–10 Minuten bei schwacher Hitze gar pochieren. Abgießen und etwas abkühlen lassen.

2 4 Knoblauchzehen fein hacken. Die restliche Zehe halbieren und beiseite stellen.

3 Die Fischstücke häuten, dann grob hacken und in einen Mixer geben.

4 Das Olivenöl und den gehackten Knoblauch in einem Topf auf kleiner Stufe aufkochen. Crème double in einem zweiten Topf auf kleiner Stufe ebenfalls vorsichtig aufkochen. Beide Töpfe vom Herd nehmen.

5 Den Fisch kurz pürieren. Bei laufendem Gerät etwas von dem Knoblauchöl zugießen und einarbeiten. Dann etwas Crème double zugeben und einarbeiten. Auf diese Weise fortfahren, bis das ganze Öl und die ganze Crème double eingearbeitet ist. Die Masse in eine Schüssel geben und mit Pfeffer abschmecken.

6 Das Brot beidseitig toasten, dann mit der Schnittfläche der halbierten Knoblauchzehe gründlich einreiben. Die Fischcreme auf die Toasts verteilen und anschließend die Knoblauchtoasts servieren.

3

4

5

Tomatenbrot

Für 4 Personen

Bauernweißbrot oder Baguette
Tomaten
Knoblauch (nach Belieben)
Olivenöl (nach Belieben)

1 Für das Grundrezept das Brot in Scheiben schneiden und einfach nur mit einer frischen Tomatenhälfte einreiben (weiches Brot zuvor toasten). Alternativ das Brot erst mit Knoblauch aromatisieren und/oder anschließend noch mit Olivenöl beträufeln.

VARIATION

Für einen sättigenderen Imbiss servieren Sie das Tomatenbrot mit einer Scheibe dünn aufgeschnittenem Serrano-Schinken und Manchego.

TIPP

In Barcelona gibt es kaum eine Mahlzeit, die nicht mit Tomatenbrot beginnt – egal ob in einer Tapas-Bar, einem Restaurant oder bei Privatleuten. Dies ist einer der Klassiker der Region.

Tomatentoasts mit dreierlei Belägen

Für 4–6 Personen

12 dicke Scheiben Bauernweißbrot
12 Tomaten, geschält, entkernt (s. Tipp S. 421) und gewürfelt
8 Knoblauchzehen, fein gehackt
Salz und Pfeffer
Olivenöl, zum Beträufeln

SCHINKEN-KAPERN-BELAG
2 Scheiben Schinken, in dünne Streifen geschnitten
8 Kapern, abgespült und abgetropft

CHORIZO-KÄSE-BELAG
8 Scheiben Chorizo
50 g Manchego oder Gouda, in Scheiben geschnitten
2 Oliven mit Paprikafüllung, halbiert

SARDELLEN-OLIVEN-BELAG
12 Sardellenfilets in Öl aus der Dose, abgetropft
4 grüne Oliven mit Sardellenfüllung

TIPP
Sie können auch kleinere Toasts zubereiten, indem Sie Baguette verwenden oder mit einem Ausstecher Kreise aus größeren Brotscheiben ausstechen.

1 Die Brotscheiben beidseitig toasten. Unterdessen die Tomaten in einer Schüssel mit einer Gabel grob zerdrücken und den Knoblauch untermischen. Gleichmäßig auf die Toasts streichen, mit Salz und Pfeffer würzen und mit Olivenöl beträufeln.

1

2

3

2 Für den Schinken-Kapern-Belag die Schinkenstreifen s-förmig auf 4 Toasts anrichten. Je 1 Kaper in die Bögen des „s" legen.

3 Für den Chorizo-Käse-Belag die Chorizo-Scheiben mit dem Käse auf 4 Toasts legen. Mit je 1 Olivenhälfte garnieren.

4 Für den Sardellen-Oliven-Belag je 3 Sardellenfilets zu Schnecken aufrollen, auf die restlichen 4 Toasts setzen und je 1 Olive darauf legen.

Grilltomaten auf Brot

Für 4 Personen

3 EL Olivenöl

6 Tomaten, in dicken Scheiben

4 dicke Scheiben Bauernweißbrot

1 Knoblauchzehe, halbiert

4 TL Sherry-Essig

Salz und Pfeffer

VARIATION

Nach Belieben mit einigen Hartkäsespänen, wie z. B. Manchego oder Queso Ibérico, garnieren.

1 Eine Grillpfanne erhitzen und mit 1 Esslöffel Olivenöl ausstreichen. Die Tomatenscheiben darin bei starker Hitze auf jeder Seite 2 Minuten braten, bis sie dunkel werden.

2 Unterdessen das Brot beidseitig toasten, dann mit den Schnittflächen der Knoblauchzehe einreiben.

3 Die Tomatenscheiben auf die Toasts verteilen und mit dem restlichen Öl und dem Essig beträufeln. Mit Salz und Pfeffer würzen und servieren.

Spargelrollen

Für 8 Personen

100 g Butter, zimmerwarm, plus etwas mehr zum Einfetten
8 Stangen grüner Spargel, geputzt
8 Scheiben Toastbrot, ohne Rinde
1 EL frisch gehackte Petersilie
abgeriebene Schale von 1 Orange
Salz und Pfeffer

1 Den Backofen auf 190 °C vorheizen und ein Backblech dünn einfetten. Holzige Spargelstiele abschneiden, dann die Stangen locker mit Küchenzwirn zusammenbinden. In einem Spargeltopf mit kochendem Wasser 3–5 Minuten blanchieren. Abgießen und kalt abschrecken. Abtropfen lassen und mit Küchenpapier trockentupfen.

2 Die Toastscheiben mit einem Nudelholz leicht flach drücken. 60 g Butter, Petersilie und Orangenschale in einer Schüssel mischen und mit Salz und Pfeffer würzen. Toastscheiben mit der aromatisierten Butter bestreichen.

3 Eine Spargelstange auf die Kante eines Toasts legen und in den Toast einrollen. Mit den restlichen Spargelstangen und Toastscheiben ebenso verfahren. Die Spargelrollen auf das vorbereitete Blech legen.

4 Die restliche Butter in einem kleinen Topf zerlassen und die Spargelrollen damit bestreichen. Im vorgeheizten Ofen 15 Minuten knusprig goldbraun backen. Leicht abkühlen lassen, dann warm servieren.

TIPP

Statt frischem Spargel ersatzweise Tiefkühlware verwenden: vollständig auftauen und Schritt 1 auslassen. Dosenspargel ist für diese Tapa ungeeignet.

Sardellen-Brotrouladen

Für 4 Personen

Butter, zum Einfetten und Bestreichen
8 gesalzene Sardellendoppelfilets
4 EL Milch
4 Scheiben Toastbrot, ohne Rinde
1 EL Dijon-Senf
2 EL geriebener Manchego oder Gouda

TIPP

Mit Salz konservierte Sardellenfilets sind sehr kräftig und müssen vor Gebrauch immer eingeweicht werden. Ersatzweise können Sie 12 abgetropfte, in Öl eingelegte Sardellenfilets verwenden. Diese sind auch recht salzig, aber wer es gerne kräftig mag, muss sie nicht unbedingt einweichen.

1 Den Backofen auf 220 °C vorheizen und ein Backblech dünn einfetten. Die Sardellenfilets in eine flache Schale geben und mit Milch übergießen. 10–15 Minuten einweichen lassen. Abgießen (Milch wegschütten) und mit Küchenpapier trockentupfen.

2 Die Toastscheiben erst mit Butter und dann mit Senf bestreichen. Mit Käse bestreuen. Die Sardellenfilets auf die Brotscheiben verteilen und die Scheiben aufrollen.

3 Die Brotrouladen mit der Naht nach unten auf das Blech setzen und im vorgeheizten Ofen 6–7 Minuten backen. Leicht abkühlen lassen, dann servieren.

ven-Paprika-Crostini

Für 4–6 Personen

- 2 rote Paprika, halbiert
- 3 Knoblauchzehen
- 2 TL Kapern, abgespült, abgetropft und halbiert
- 4 EL frisch gehackte Petersilie
- 1 EL Zitronensaft
- 1 TL gemahlener Kreuzkümmel
- 2 TL Zucker
- 50 g schwarze Oliven, entsteint und gehackt
- 1 Baguette
- 2 EL Olivenöl

VARIATION

Für Oliven-Auberginen-Crostini die Paprika durch 1 große Aubergine ersetzen. Die Aubergine mehrfach leicht einschneiden und bei 200 °C im Ofen weich rösten. Leicht abkühlen lassen, dann die Schale abziehen und das Fleisch in den Mixer geben. Wie oben in Schritt 2 beschrieben fortfahren.

1 Den Backofengrill vorheizen. Die Paprika nebeneinander auf ein Backblech legen. Auf der oberen Schiene unter dem Grill 8–10 Minuten rösten, bis die Haut schwarz wird und Blasen wirft. Mit einer Zange in einen Gefrierbeutel geben, den Beutel verschließen und die Paprika abkühlen lassen, dann die Haut abziehen.

2

3

4

2 1 Knoblauchzehe fein hacken. Paprika, Kapern, Petersilie, Zitronensaft, Kreuzkümmel, Zucker und den gehackten Knoblauch im Mixer glatt pürieren. Die Paste in eine Schüssel geben. Die Oliven untermischen.

3 Das Baguette in 1 cm dicke Scheiben schneiden (Endstücke nicht verarbeiten). Die Scheiben beidseitig toasten. Die restlichen Knoblauchzehen halbieren. Die Crostini mit den Schnittflächen der Zehen einreiben und mit Olivenöl bestreichen.

4 Die Paprikapaste auf die Crostini geben. Auf einer Platte anrichten und sofort servieren.

Zwiebel-Oliven-Crostini

Für 4–8 Personen

2 EL Olivenöl
1 Zwiebel, in Ringe geschnitten
1 Knoblauchzehe, fein gehackt
2 TL frisch gehackter Thymian
Salz und Pfeffer
1 Baguettebrötchen
1 EL Tapenade oder Butter
8 Sardellenfilets in Öl aus der Dose, abgetropft
12 Oliven mit Mandel- oder Zwiebelfüllung, halbiert

TIPP

Tapenade ist eine französische Paste aus schwarzen Oliven und Kapern, die das Aroma dieser Tapa jedoch enorm verfeinert. Oliven mit Mandel- oder Zwiebelfüllung sind eine spanische Spezialität – ersatzweise Oliven mit Paprikafüllung oder einfach schwarze entsteinte Oliven verwenden.

1 Das Olivenöl in einer großen Pfanne erhitzen. Zwiebelringe und Knoblauch darin auf kleiner Stufe unter gelegentlichem Rühren 15 Minuten goldbraun dünsten. Den Thymian untermischen und mit Salz und Pfeffer abschmecken.

2 Unterdessen das Baguettebrötchen in 8 Scheiben schneiden (Endstücke nicht verarbeiten). Beidseitig toasten und mit der Tapenade oder Butter bestreichen.

3 Die Zwiebelmischung auf die Toasts verteilen und je 1 Sardellenfilet und 3 Olivenhälften darauf legen. Heiß servieren.

Garnelentoasts

Für 4 Personen

3 Knoblauchzehen
4 EL Olivenöl
1 Gemüsezwiebel, fein gehackt
400 g weiße Bohnen aus der Dose, abgespült und abgetropft
4 Tomaten, gewürfelt
Salz und Pfeffer
4 dicke Scheiben Bauernweißbrot
275 g gekochte Garnelen, ausgelöst
Brunnenkresse, zum Garnieren

1 1 Knoblauchzehe halbieren und beiseite stellen. Die restlichen Zehen fein hacken. 2 Esslöffel Olivenöl in einer großen Pfanne erhitzen. Die Zwiebel und den gehackten Knoblauch darin auf kleiner Stufe unter gelegentlichem Rühren 5 Minuten glasig dünsten.

2 Die Bohnen und Tomaten untermischen und mit Salz und Pfeffer abschmecken. 5 Minuten andünsten.

3 Unterdessen das Brot beidseitig toasten, dann mit der Schnittfläche der beiseite gestellten Knoblauchzehe einreiben und mit dem restlichen Öl beträufeln.

4 Die Garnelen unter die Bohnenmischung rühren und 2–3 Minuten erhitzen. Die Mischung auf die Toasts verteilen und mit Brunnenkresse garniert sofort servieren.

2

3

4

Auberginen-Ziegenkäse-Toasts

Für 4 Personen

5 EL Olivenöl

2 Auberginen, in Scheiben geschnitten

2 Tomaten, halbiert

2 TL frisch gehackter Thymian

125 g Ziegenkäse, zerbröckelt

Salz und Pfeffer

4 dicke Scheiben Bauernweißbrot

1 Knoblauchzehe, halbiert

1 Eine Grillpfanne erhitzen und mit 1 Esslöffel Olivenöl ausstreichen. Die Auberginenscheiben und Tomatenhälften darin bei mittlerer Hitze unter gelegentlichem Wenden 5 Minuten braten. Auf ein Schneidebrett geben und grob hacken.

2 In eine Schüssel geben und den Thymian und die Hälfte des Ziegenkäses untermischen. Mit 2–3 Esslöffeln Olivenöl beträufeln, mit Salz und Pfeffer abschmecken und alles gut mischen. Unterdessen den Backofengrill vorheizen.

3 Das Brot unter dem Grill beidseitig toasten. Mit den Schnittflächen des Knoblauchs einreiben und mit dem restlichen Öl beträufeln.

4 Die Auberginenmischung auf die Toasts verteilen, verstreichen und mit dem restlichen Käse bestreuen. Auf der oberen Grillschiene 2–3 Minuten überbacken. Sofort servieren.

TIPP

Die Brotscheiben können statt unter dem Grill auch in der Grillpfanne geröstet werden.

1

2

4

Spanische Spinat-Tomaten-Pizza

Ergibt 32 Stück

2 EL Olivenöl, plus etwas mehr zum Einfetten und Beträufeln
1 Zwiebel, fein gehackt
1 Knoblauchzehe, fein gehackt
400 g Tomaten aus der Dose, gewürfelt
125 g Blattspinat
Salz und Pfeffer
2 EL Pinienkerne

PIZZATEIG
125 ml warmes Wasser
½ TL Trockenhefe
1 Prise Zucker
175 g Mehl Type 550, plus etwas mehr zum Bestäuben
½ TL Salz

1 Für den Pizzateig das Wasser in eine kleine Schüssel geben und Hefe und Zucker darüber streuen. An einem warmen Ort 10–15 Minuten schaumig werden lassen.

2 Unterdessen Mehl und Salz in eine Schüssel sieben. In die Mitte eine Vertiefung drücken und die Hefemischung hineingeben. Verrühren, dann mit den Händen verkneten, bis sich der Teig vom Rand löst.

3 Den Teig auf eine leicht bemehlte Arbeitsfläche geben und 10 Minuten glatt und elastisch kneten. Zu einer Kugel formen und in eine saubere Schüssel legen. Mit einem sauberen, feuchten Geschirrtuch abgedeckt an einem warmen Ort 1 Stunde auf doppelte Größe aufgehen lassen.

4 Für den Belag das Olivenöl in einer gusseisernen Pfanne erhitzen. Die Zwiebel darin 5 Minuten glasig dünsten. Den Knoblauch zufügen und 30 Sekunden anschwitzen. Die Tomaten zugeben und unter gelegentlichem Rühren 5 Minuten zu einer dicken Sauce einkochen lassen. Den Spinat in die Sauce geben und unter Rühren leicht zusammenfallen lassen. Mit Salz und Pfeffer abschmecken.

5 Während der Teig geht, den Backofen auf 200 °C vorheizen. Mehrere Backbleche mit Olivenöl einfetten. Den Teig auf eine leicht bemehlte Arbeitsfläche geben und 2–3 Minuten kräftig durchkneten.

6 Den Teig sehr dünn ausrollen und mit einem Ausstecher (6 cm Ø) 32 Kreise ausstechen. Auf die vorbereiteten Bleche legen.

7 Die Teigkreise mit der Spinatmischung bestreichen, mit Pinienkernen bestreuen und mit etwas Olivenöl beträufeln. Im vorgeheizten Ofen 10–15 Minuten backen, bis die Teigränder goldbraun sind. Die Spinat-Tomaten-Pizzas heiß servieren.

Chorizo-Pizza

Für 4–6 Personen

6 Tomaten, in Scheiben geschnitten
Salz und Pfeffer
2 Zwiebeln, fein gehackt
12 schwarze Oliven
4 Scheiben Serrano-Schinken
10 Scheiben Chorizo
2 EL frisch gehackte Kräuter
50 g Tronchón oder Mozzarella, in dünne Scheiben geschnitten
4 EL Olivenöl

PIZZABODEN
½ Würfel Hefe
225 g Mehl, plus etwas mehr zum Bestäuben
250 ml lauwarmes Wasser
1 Prise Salz
4 EL Olivenöl

TIPP

Tronchón ist ein Schnittkäse aus Aragonien mit kräftig würzigem Geschmack. Er ist in Spanien vor allem zum Überbacken sehr beliebt. Ersatzweise auch italienischen Fontina verwenden.

1 Für den Pizzaboden die Hefe, 50 g Mehl und Wasser in einer Schüssel verrühren. 10 Minuten ruhen lassen.

2 Unterdessen das restliche Mehl mit dem Salz in eine große Schüssel sieben und in die Mitte eine Vertiefung drücken. Das Olivenöl und die Hefemischung hineingeben. Mit einem Rührgerät 5–10 Minuten gut mischen. Mit einem sauberen Geschirrtuch abgedeckt an einem warmen Ort auf doppelte Größe aufgehen lassen.

3 Den Backofen auf 220 °C vorheizen und ein Blech im Ofen erhitzen. Den Pizzateig auf einer leicht bemehlten Arbeitsfläche zu einem 28–30 cm großen runden Boden ausketen und am Rand eine leicht erhöhte Kante formen.

4 Die Tomatenscheiben auf dem Teig verteilen und salzen, dann die Zwiebeln darüber geben. Oliven, Schinken und Chorizo auf der Pizza verteilen. Mit Pfeffer würzen und mit Kräutern bestreuen. Den Käse darüber geben. Mit dem Olivenöl beträufeln.

5 Die Pizza vorsichtig auf das vorgeheizte Blech legen und im Ofen 30 Minuten backen, bis der Käse geschmolzen und der Teigrand leicht gebräunt ist. In Tortenstücke geschnitten servieren.

T

V

W

Z